KB164473

쇼펜하우어의 철학 이야기

Fragmente zur Geschichte der Philosophie

by

Arthur Schopenhauer

1986

쇼펜하우어의 철학 이야기

아르투어 쇼펜하우어 지음 | 홍성광 옮김

Fragmente
zur Geschichte
der Philosophie

연암서가

옮긴이 홍성광

서울대학교 인문대 독문과 및 동 대학원을 졸업하고, 토마스 만의 장편 소설『마의 산』으로 박사학위를 취득했다. 2001년 한독문학번역연구소 번역상 수상, 2022년 한독문학번역연구소 창립 30주년 기념 특별 번역가 문학상 수상. 저서로는『독일 명작 기행』과『글 읽기와 길 잃기』가 있다. 옮긴 책으로는 쇼펜하우어의『의지와 표상으로서의 세계』『쇼펜하우어의 행복론과 인생론』,『쇼펜하우어와 니체의 책 읽기와 글쓰기』, 니체의『비극의 탄생』『차라투스트라는 이렇게 말했다』『도덕의 계보학』, 괴테의『이탈리아 기행』,『젊은 베르터의 고뇌·노벨레』, 게오르크 루카치의『영혼과 형식』, 헤세의『헤세의 문장들』『청춘은 아름다워』『헤세의 여행』『헤세의 책 읽기와 글쓰기』『데미안』『수레바퀴 밑에』『싯다르타』『환상동화집』, 뷔히너의『보이체크·당통의 죽음』, 토마스 만의『예술과 정치』『마의 산』『부덴브로크 가의 사람들』중단편 소설집『베네치아에서의 죽음』, 카프카의『성』『소송』중단편 소설집『변신』, 실러의『빌헬름 텔·간계와 사랑』, 페터 한트케의『어느 작가의 오후』등이 있다.

쇼펜하우어의 철학 이야기

2023년 2월 20일 제1판 1쇄 인쇄
2023년 2월 25일 제1판 1쇄 발행

지은이 | 아르투어 쇼펜하우어
옮긴이 | 홍성광
펴낸이 | 권오상
펴낸곳 | 연암서가

등 록 | 2007년 10월 8일(제396-2007-00107호)
주 소 | 경기도 고양시 일산서구 호수로 896, 402-1101
전 화 | 031-907-3010
팩 스 | 031-912-3012
이메일 | yeonamseoga@naver.com
ISBN 979-11-6087-107-4 03160

값 18,000원

옮긴이의 글

이 책은 쇼펜하우어의 서양철학사를 소개하고 있다. 그의 에세이집인 『소품과 부록*Parerga und Paralipomena*』(Arthur Schopenhauer, Parerga und Paralipomena I, Sämtliche Werke Band IV, suhrkamp taschenbuch wissenschaft)에서 '철학의 역사에 대한 단편斷片들'과 '관념적인 것과 실재적인 것에 관한 학설의 역사 스케치'를 묶고 알기 쉽게 '쇼펜하우어의 철학 이야기'라는 제목을 달았다. 지금까지 우리나라에 알려지지 않은 쇼펜하우어의 철학서를 처음으로 소개했다는 점에서 중요성과 의의가 있다고 할 수 있겠다. 그리고 저자의 머리말은 이 책에만 한정되지 않고 책 전체에 대한 내용을 담고 있다.

쇼펜하우어는 이 책에서 서양철학사를 개관하면서 선대 철학자들의 수용과 비판을 통해 자신의 철학 체계인 의지론의 성립 과정을 간략히 다루고 있다. 그는 이전 철학의 역사에 대한 그 나름의 일관된 입장을 가지고 세계에 대한 일관된 개념 체계를 통해 삶과 관련해 연민 철학이라는 실천적 지향을 제시한다. 그의 서술은 고대 그리스 철학자들로부터 시작되며, 소크라테스, 플라톤, 아리스토텔레스, 스토아학파, 신플라톤주의자, 영지주의자, 스코투스 에리게나, 스콜라 철학, 베이컨, 그리고 데카르트 이후의 스피노자, 라이프니츠와 버클리, 흄 같은 근대 철학자들을 다루고 있다. 마지막으로 칸트 철학의 공과를 상세히 설명하고 이어서 쇼펜하우어 자신의 철학에 대해서도 간략하게 서술하고 있다. 피히테, 셸링, 헤겔에 대해서는 칸트 철학을 왜곡하고 훼손했다면서 부정적으로 간단히 처리하고 있다. 쇼펜하우어는 고대와 중세, 근대 철학자들에 대한 그의 서술에서 학자로서 상당한 능력을 보여주며, 광범위한 출처에 대한 상세하고 통찰력 있는 분석을 제공한다.

쇼펜하우어는 다른 여러 시대의 철학자들이 본질적으로 시대를 초월한 진리를 추구한다고 생각한다. 그는 아낙사고라스, 엠페도클레스, 데모크리토스의 근본 명제를 데카르트, 스피노자, 라이프니츠, 심지어 칸트의 작품에서도 찾을 수 있다고 생각한다. 그는 자신이 옳다고 생각하는 것이 이전 철학자들에게서도 나타난다는 것을 강조하는데, 예를 들어 쇼펜하우어는 엘레아학파가 현상과 본체를 칸트식으로 구분했다고 보았고, 엠페도클레스의 사랑과 미움의 질서 원리를 '맹목적인 추진력, 즉 인지하지 못한 인과법칙'으로 파악했다. 특히 엠페도클레스와 아낙사고라스의 대결에서 자신과 헤겔의 대결을 은연중에 암시하고 있다. 알렉산드리아의 클레멘스의 "그러므로 의지는 모든 것에 우선한다. 이성의 힘은 의지의 시녀이기 때문이다."라는 말과 스피노자의 "욕망은 모든 사람의 본성과 본질을 이루는 바로 그것이다."라는 말에서 자신의 의지론의 씨앗을 본다. 그는 이러한 철학자들의 남아 있는 학설에도 진실로 증명될 수 있는 많은 것들이 있다고 주장했고, 소크라테스에게 칸트와의 몇 가지 유사점이 있음을 보여준다.

영국의 철학자 버트런드 러셀은 이례적으로 쇼펜하우어는 국가주의에 얽매이지 않고, '의지' 개념을 강조하면서 철학을 전개했다면서, 루소와 칸트가 그와 유사한 의지 이론을 개진했으나 그토록 순수한 의지론을 가장 먼저 설파한 철학자는 쇼펜하우어였다고 본다. 또한 오스트리아 태생의 영국 철학자 카를 포퍼는 칸트의『순수이성비판』을 읽었지만, 그의 글이 무슨 뜻인지 몰라서 전혀 이해할 수가 없었는데 쇼펜하우어의 여러 저서를 읽은 덕분에 칸트의 책도 제대로 이해하면서 읽을 수 있었다고 피력한다. 이처럼 쇼펜하우어의 글은 칸트로 들어가는 입문서로서도 중요한 가치를 지닌다고 할 수 있다.

2022년 겨울
홍성광

　나의 더 중요한 체계적인 작품들을 보충하여 덧붙여진 이 부수 작업은 일부는 특별한, 매우 상이한 주제에 대한 몇 편의 에세이로, 일부는 더욱 다양한 주제에 대한 산발적인 생각들로 이루어져 있는데, 이 모든 것을 여기에 한데 묶은 것은 대체로 그것의 소재 때문에 체계적인 작품들 안에서 자리를 찾지 못했기 때문이다. 그렇지만 몇몇 개는 단지 마땅히 얻어야 자리를 그곳에서 차지하기에는 너무 늦게 생겨났기 때문이다.

　그런데 나는 사실 무엇보다 나의 연관성 있고 더 무거운 내용을 담고 있는 작품들을 잘 알고 있는 독자들을 염두에 두었다. 그러한 독자는 아마 여기서 바라던 해명을 발견할 것이다. 그러나 대체로 이 책의 내용은 몇 군데를 제외하고는 그러한 사전 지식이 없는 사람들에게도 이해하기 쉽고 읽을 만할 것이다. 그렇지만 내 철학에 친숙한 독자는 여전히 유리한 점이 있을 것이다. 이 철학은 비록 먼 곳에서일지라도 내가 생각하고 쓰는 모든 것에 항시 도로 빛을 반사하기 때문이다. 또한 이와 마찬가지로 다른 한편 내 철학은 내 머리에서 나오는 모든 것에서 여전히 약간의 조명을 받기도 한다.

1850년 12월, 프랑크푸르트 암 마인

아르투어 쇼펜하우어

Vitam impendere vero.

[Sein Leben der Wahrheit. To devote one's life to truth.
Juvenal, Satires, IV. 91]

"자신의 삶을 진리에 바치기 위해."

유베날리우스, 『풍자시』, 4, 91

차례

철학사에 대한 단편斷片들

Fragmente
zur Geschichte
der Philosophie

1

철학사에 대하여

철학자들의 학설, 또는 일반적으로 철학사에 관한 온갖 종류의 설명을 읽는 것은 직접 그들의 원작을 읽는 대신에 다른 누군가가 우리 대신 음식을 씹도록 하는 것과 같다. 만약 우리가 우리의 관심을 끌었던 과거의 사건들을 우리 눈으로 자유롭게 볼 수 있다면 누가 세계사를 읽겠는가? 그런데 철학의 역사와 관련하여 철학자들의 원본에서 그 주제에 대한 부검이 실제로 가능하다. 어쨌든 우리는 간결함을 위해 잘 선택된 주요 장들로 그 대상을 한정할지도 모른다. 같은 내용의 반복을 피할 필요가 있기 때문이다. 이런 식으로 우리는 그들 학설의 본질을 왜곡되지 않은 진실된 형태로 알게 될 것이다. 반면에 우리는 매년 나타나는 대여섯 개의 철학사 중에서 철학 교수의 머릿속에 들어간 것, 그것도 그에게 두드러져 보이는 것만 받아들일 뿐이다. 이때 위대한 정신의 사고들이 철학 기생충의 3파운드 두뇌에서 자리를 잡기 위해 현저하게 줄어들 것은 불을 보듯 뻔하다.

거기서 그 사고들은 이제 당대의 그때마다의 전문용어의 옷을 입고 그의 건방진 판단과 함께 다시 모습을 드러낼 것이다.

게다가 우리는 그런 식으로 돈벌이하는 철학 역사가가 자신이 보고하는 글의 10분의 1도 읽지 못했을 것으로 추정할 수 있다. 제대로 연구하려면 그들은 오랜 세월 동안 무척 근면하게 생활해야 한다. 이를테면 훌륭한 **브루커**[1]가 열심히 일하던 옛 시절에 연구에 매진했듯이 말이다. 반면에 끊임없는 강의, 공식적인 업무, 휴가 여행과 산만한 휴식에 시간을 빼앗기면서 대체로 이미 젊은 나이에 철학사를 연구하기 시작한 사람들이 대관절 무엇을 철저하게 탐구했을 수 있었을까? 게다가 그들은 실용적인 사고를 하려 하고, 체계의 생성과 그 결과의 필연성을 규명했다고 주장하고 설명하려고 한다. 심지어 그들은 이전 시대의 진지하고 진정한 철학자들을 평가하고 질책하며 훈계하려고 한다. 그들이 옛사람들을 모방하는 일과 서로가 서로를 베끼는 일이 어떻게 일어나지 않을 수 있겠는가? 하지만 이런 사실을 숨기기 위해, 또한 그와 같은 정신에 따라 옛사람들을 평가하는 것과 마찬가지로, 현재 5년간의 근대적 형세를 그 사람들에게 전하려고 노력함으로써, 그들은 일을 점점 더 망칠 수도 있다. 이와는 달리 정직하고 통찰력 있는 학자들이 힘을 합쳐 양심적으로 편찬하고, 연대기적이고 실용적인 순서로 배열한 모든 주요 철학자의 중요한

---

1   브루커(Johann Jakob Brucker, 1696~1770): 예나대학 교수, 독일 남부 성당의 가톨릭 신부, 독일 철학사가.

구절과 필수적인 장들의 모음은 처음에는 **게디케**(Gedicke)가, 나중에는 **리터**(Ritter)와 **프렐러**(Preller)가 고대 철학을 가지고 했던 것과 같은 방식에서, 매우 유용하면서도 훨씬 더 상세할지도 모른다. 이리하여 신중함과 전문 지식으로 작성된 위대하고 보편적인 앤솔로지가 생겨난다.

내가 여기서 제공하고 있는 단편斷片적 역사는 적어도 전통적인 것이지 남의 것을 베껴 쓴 것이 아니다. 오히려 그것들은 나 자신이 원작들을 연구하면서 생겨난 생각들이다.

소크라테스 이전의 철학

엘레아학파[1] **철학자**들은 아마도 직관된 것과 사유된 것, 현상 (phainomena)과 본체(noumena) 사이의 대립을 알게 된 최초의 사람들일 것이다. 그들에게는 본체만이 진정으로 존재하는 것이었다. 그들은 이 본체야말로 유일자이며 불변하고 부동하는 것이라고 주장한다. 반면에 그들이 현상, 즉 직관된 것, 현상하는 것, 경험적으로 주어진 것에 대해 같은 주장을 한다면 완전히 우스꽝스러운 일이었을 것이다. 이러한 이유로 디오게네스는 그런 식으로 오해받은 그 명제를 잘 알려진 방식으로 반박했다. 그러므로 그들은 이미 **현상**과 **사물 자체**를 구별했다. 후자는 감각적으로 직관할 수 없고, 오직 사고를 통해서만 파악할 수 있기 때문에 본체였다(아리스토텔레스, 『형이상학』

---

1   엘레아학파 철학자로는 크세노파네스, '있는 것은 존재한다. 있지 않은 것은 존재하지 않는다'라고 말한 파르메니데스, 제논의 역설을 말한 엘레아의 제논이 있다.

I, 5, 986쪽, 숄리아 판, 베를린 판, 429, 430, 509쪽). 아리스토텔레스에 대한 숄리아 판에서(460, 536, 544, 798쪽) 파르메니데스[2]의 저서 『의견에 관한 학설』이 언급된다. 그러므로 그것은 **현상**에 관한 학설, 즉 물리학이었을 것이다. 의심할 여지 없이 『진리에 관한 학설』이라는 또다른 저작은 **사물 자체**에 관한 학설, 즉 형이상학을 다루었을 것이다. 필로포노스[3]의 방주傍註는 **멜리소스**[4]에 관해 명시적으로 말한다. "진리와 관련해서 그는 존재하는 것은 하나이며, 견해와 관련하여 두 가지(여러 가지가 있을 것이다)가 있다고 말한다." **헤라클레이토스**[5]는 엘

---

2 파르메니데스(Parmenides, BC 515경~?): 이탈리아 엘레아 태생의 그리스 철학자. 소크라테스 이전 그리스의 주요 학파 중 하나인 엘레아학파를 세웠다. 그는 존재하는 다수의 사물과 그들의 형태 변화 및 운동이란 단 하나의 영원한 실재('존재')의 현상일 뿐이라고 주장하고 '모든 것은 하나'라는 이른바 파르메니데스 원리를 세웠다. 이러한 존재 개념을 바탕으로 그는 변화와 비존재를 주장하는 것은 비논리적이라고 말했다. 논리적 존재 개념을 바탕으로 현상에 대한 주장을 펼쳤다는 점 때문에 그는 형이상학의 창시자 중 한 사람으로 여겨진다.

3 필로포노스(Joannes Philoponus, 490~570): 알렉산드리아 출신으로 비잔틴의 그리스 문헌학자·철학자·기독교 신학자. 그는 아리스토텔레스의 해설자로 신플라톤주의 관념론과 그리스도교 신학에 비추어 아리스토텔레스를 비판적으로 해석한 결과 아리스토텔레스의 제1원인 개념을 그리스도교의 인격신 개념과 동일하게 보았다.

4 멜리소스(Melissus of Samos): BC 5세기에 활동한 그리스 엘레아 학파의 마지막 주요 철학자. 실재를 하나밖에 없는 불변의 전체로 본 파르메니데스의 학설을 추종했지만, 실재를 끝없고 무한한 지속(과거와 현재를 가진 지속)으로 본 점에서는 그와 달랐다. BC 441~440년에 아테네군을 물리친 사모스 함대의 사령관으로도 알려져 있다.

5 헤라클레이토스(Heraclitus, BC 540년경~BC 480년경): 그리스의 철학자. 헤라클레이토스는 불을 만물을 통일하는 근본 물질로 보고, 세계질서는 "일정한 정도로 타오르고 일정한 정도로 꺼지는 영원히 사는 불"이라고 썼다. 그는 불의 현상 형태를 확장하여 연료·불꽃·연기뿐 아니라 대기의 에테르까지 포함했다. 이 공기 또는 순수한 불의 일부가 바다 또는 비로 변하고, 바다의 일부가 땅으로 변한다. 이와 동시에 모든 곳에서 똑같은 양의 땅과 바다

레아학파와 상반되며, **그들**이 절대적인 부동을 가르친 반면, 그는 모든 것의 끊임없는 운동을 설파한 것으로 보아 아마도 그들의 주장에 의해 자극받은 셈이었다. 그래서 그는 현상에 머물러 있었다(아리스토텔레스, 『천체론*de caelo*』, III, 1, 298쪽, 베를린 판). 그 때문에 헤라클레이토스는 아리스토텔레스의 설명(『형이상학』, 1078쪽)에서 드러났듯, **자신의** 대척점에 해당하는 **플라톤**의 이데아론을 유발했다.

우리가 쉽게 열거할 수 있고, 우리에게 보존된 소크라테스 이전 철학자들의 주요 명제들(Haupt-Lehrsätze)이 고대인들의 문헌에서 수없이 되풀이되는 것은 주목할 만한 일이다. 그러나 그 이상은 거의 없다. 그러므로 예컨대 우리는 정신과 동질의 원소에 대한 아낙사고라스의 가르침, 사랑과 증오, 그리고 네 가지 원소에 대한 엠페도클레스[6]의 가르침, 원자와 모사模寫에 대한 데모크리토스[7]와 레

가 각자 바다와 불의 모습으로 되돌아가는 결과 동적인 평형이 이루어지며, 그로써 세계의 질서 있는 균형이 유지된다. 변화 속에서도 이처럼 통일이 유지되는 것을 헤라클레이토스는 이런 유명한 비유로 보여주었다. "사람들은 같은 강에 발을 담그지만 흐르는 물은 늘 다르다." 뒷날 플라톤은 우리의 감각에 어떻게 나타나든 상관없이 만물은 끊임없이 변화한다는 것을 나타내기 위해 이 원리를 채택했다.

6   엠페도클레스(Empedocles, BC 490경~BC 430): 그리스의 철학자·정치가·시인·종교 교사·생리학자. 모든 사물의 단일성을 강조한 파르메니데스의 영향을 강하게 받았음에도 불구하고, 엠페도클레스는 모든 물질이 불·공기·물·흙이라는 네 가지 본질적 원소들의 합성물이며, 사물은 이 기본 원소의 비율에 따라 서로 형태를 바꿀 뿐 어떤 사물도 새로 탄생하거나 소멸하지 않는다고 생각했다. 헤라클레이토스처럼 그도 '사랑'과 '투쟁'이라는 두 힘이 상호작용하여 4원소들을 결합·분리한다고 생각했다. 처음에는 사랑이 지배했으므로 4원소는 모두 함께 혼합되어 있었다. 우주가 형성되는 동안 싸움이 개입하여 공기·불·흙·물이 서로 떨어져나왔다. 그 뒤 4원소는 특정한 장소에서 부분적으로 결합하여 다시 배열되었다. 전하는 이야기에 따르면 엠페도클레스는 자살한 자칭 신이었다. 영국의 시인 매슈 아널드의

우리는 근대 철학자들, 즉 데카르트, 스피노자, 라이프니츠,
심지어 칸트의 저작에서도 그들 철학의 몇 가지 기본 명제가
무수히 반복되는 것을 발견하기 때문이다.
그러므로 이 철학자들은 모두 이미
"좋은 말은 두 번 세 번도 말할 수 있다"라는
반복 부호의 애호가였을지도 모르는
엠페도클레스의 모토를 채택한 것으로 보인다.

엠페도클레스   Empedoklcles

우키포스[8]의 가르침, 사물의 연속적인 흐름에 대한 헤라클레이토스의 가르침, 위에서 설명한 엘레아학파의 가르침, 그리고 수와 윤회(Metempsychose)에 관한 피타고라스 등의 가르침을 접하게 된다. 반면에 이것이 어쩌면 그들의 모든 철학적 논의의 총합이었을지도 모른다. 왜냐하면 우리는 근대 철학자들, 즉 데카르트, 스피노자, 라이프니츠, 심지어 칸트의 저작에서도 그들 철학의 몇 가지 기본 명제가 무수히 반복되는 것을 발견하기 때문이다. 그러므로 이 철학자들은 모두 이미 "좋은 말은 두 번 세 번도 말할 수 있다"라는 반복 부호의 애호가였을지도 모르는 엠페도클레스의 모토를 채택한 것으로 보인다(슈투르츠의 『아크라가스의 엠페도클레스*Empedocles of Acragas*[9]』(Leipzig

---

시「에트나 산정의 엠페도클레스Empedocles on Etna」에 따르면 엠페도클레스는 자기를 따르는 사람들에게 자기가 신이라는 점을 확신시키기 위해 에트나 화산 꼭대기의 분화구 속에 스스로 몸을 던져 자살을 감행했다고 한다.

7   데모크리토스(Demokritos, BC 460경~370경): 원자론 발전에 중요한 역할을 한 그리스 철학자. 그의 물리학과 우주론은 스승 레우키포스의 이론을 체계화한 것이다. 그는 실재 또는 존재가 영원하고 나눌 수 없는 통일체라는 엘레아학파의 주장에는 동의했지만, 그 실재가 하나뿐이고 고정되어 있다는 주장에는 반대했다. 세계의 변화하는 물리적 현상을 설명하기 위해 공간 또는 빈 공간도 실재 존재와 동등한 권리를 갖는다고 주장했다. 그는 빈 공간은 무한한 공간인 진공이며, 존재를 이루고 있는 무수한 원자들이 이 진공 속을 움직이고 있다고 생각했다.

8   레우키포스(Leukippus): BC 5세기경 활동한 그리스의 철학자. 아리스토텔레스와 테오프라스토스에 의해 원자론의 주창자로 인정받았다. 그의 저술은 제자인 데모크리토스의 저술과 구분하기가 매우 어렵다. 그의 이론에 의하면, 사물은 동일성을 지니고 있지만 더 이상 쪼갤 수 없는 무한대의 작은 원자들로 이루어져 있다. 이 원자들은 끊임없이 움직이며 이들의 충돌과 재결합을 통해 다양한 혼합물을 형성한다. 하나의 우주(조화)는 이 '소용돌이'로 모여드는 원자들의 충돌로 생겨나며 북 모양의 지구는 인간이 모인 우주의 중심에 자리잡고 있다는 것이다.

1805, 504쪽 참조).

덧붙여서 말하면 방금 언급한 **아낙사고라스**[10]의 두 가지 도그마는 밀접하게 연관되어 있다. 다시 말해 "모든 일에는 모든 일의 몫이 있다"라는 말은 동질성(Homoiomerie) 도그마에 관한 그의 상징적 묘사이기 때문이다. 따라서 모든 사물의 균질한 부분들은(생리학적 의미에서) 혼돈의 원시 덩어리 속에서 완전한 형태로 존재했다. 그것들을 분리하고 특별히 상이한 것들(이질적인 부분들)로 결합하고 정돈하고 형성하기 위해, 정신은 구성 요소들을 선택하는 방법으로 혼돈에 질서를 부여할 필요가 있었다. 혼돈은 사실상 모든 물질의 가장 완전한 혼합물을 포함하고 있었기 때문이다(아리스토텔레스에 대한 숄리아 판, 337쪽). 그러나 정신은 이 첫 번째 분리를 완전히 이루지 못하였다. 그런 이유로 사람들은 비록 그 정도가 덜하긴 하지만, 여전히 모든 사물에서 다른 모든 것의 요소를 발견할 수 있었다(아리스토텔레스에 대한 숄리아 판, 337쪽).

---

9 슈투르츠(Friedrich Wilhelm Sturz)가 엠페도클레스의 생애와 철학에 대해 상세히 설명하고, 머리말과 색인을 첨가하여 고대 작가들로부터 수집한 그의 명언들을 수정하고 설명하였다.

10 아낙사고라스(Anaxagoras, BC 500경~BC 428경): 이오니아의 철학을 아테네에 최초로 가져온 그리스의 자연철학자. 천체 현상을 비롯한 세상 만물을 자연적 방법으로 이해하려 했으며, 원소들의 혼돈에 질서를 부여하여 만물을 이루게 하는 정신이자 운동 원리인 누스(nous)를 강조했다. 아테나에서 소피스트로 활동하였고 페리클레스와 같은 제자를 두었다. 일식의 진짜 원인을 최초로 발견했으며, 세계를 무한대의 다양한 원소를 통해 설명하려 했다. 그리고 만물에는 모든 종류의 원소가 들어 있으나, 각 사물은 그 속에 가장 많은 종류의 원소와 같은 모습으로 나타난다고 말했다. 또한 이 원소들이 서로 결합하고 움직이게 만드는 힘이 누스, 즉 정신이며 이것에 의해 우주는 생성되고 생명체는 발전해 나간다고 믿었다.

아낙사고라스의 두 가지 도그마는 밀접하게 연관되어 있다.
다시 말해 "모든 일에는 모든 일의 몫이 있다"라는 말은
동질성 도그마에 관한 그의 상징적 묘사이기 때문이다.

아낙사고라스   Anaxagoras

반면에 **엠페도클레스**는 무수한 동질성 대신에 오직 네 가지 원소만을 가지고 있었는데, 사물들은 그 원소로부터 산물로서 나타나지, 아낙사고라스의 경우처럼 화학 추출물로서 나타나는 것이 아니었다. 엠페도클레스의 경우에는 결합하고 분리하는, 그러므로 정돈하는 마음의 역할을 수행하는 것은 필리아(philia)와 네이코스(neikos), 즉 사랑과 미움이다. 이 두 가지가 훨씬 더 분별력이 있다. 엠페도클레스는 사물의 배열을 지성(누스)이 아닌 의지(필리아와 네이코스)에 맡긴다. 그리고 상이한 종류의 실체(Substanz)들은 아낙사고라스의 경우처럼 단순한 화학 추출물들이 아니라 실제적인 산물들이다. 아낙사고라스는 분리하는 지성(Verstand)을 통해 그 산물들이 산출되도록 하는 반면, 엠페도클레스는 의지와 같은 맹목적인 충동(Trieb), 즉 인식 없는 의지를 통해 그것들이 산출되도록 한다.

무릇 **엠페도클레스**는 완전한 남자이며 그의 필리아(사랑)와 네이코스(미움)의 밑바탕에는 심오하고 진실한 통찰력(Aperçu)이 있다. 이미 비유기적인 자연에서 우리는 친화성의 법칙에 따라 물질(Stoff)들이 서로를 찾거나 피하고, 결합되거나 분리되는 것을 본다. 그러나 화학적으로 결합하는 가장 강한 경향, 유동적인 상태에서만 충족될 수 있는 가장 강한 경향을 보이는 물질들이 고체 상태에서 서로 접촉할 때 전기적으로 가장 단호한 반대극으로 나타난다. 그것들은 이제 적대하며 반대 극성으로 분리되었다가, 다시 서로 찾고 포옹하기에 이른다. 그런데 전체 자연에서 더없이 다양한 형태로 흔히 나타나는 양극의 대립은 어찌 된 일인가? 이는 끊임없이 새롭게 분열을 거듭하면서 간절히 화해를 욕구하는 것과 다르지 않은가? 그러므로 사실상 필리아와 네이코스는 어디에나 존재하며, 오직 상황에 따라서만 그때마다 어떤 것이 또는 다른 것이 나타날 것이다. 따라서 우리 자신은 우리에게 다가오는 어떤 인간과도 금세 친구나 적이 될 수 있다. 두 가지 가능성이 모두 존재하고, 그것은 상황에 따라 달라진다.

단순히 현명함만이 우리가 무심함이라는 무반응점을 고수하도록 한다. 비록 그것이 동시에 빙점氷點일지라도 말이다. 이와 마찬가지로 우리가 낯선 개에게 다가가면 그 개는 즉시 친근한 태도나 적대적인 태도를 취할 준비가 되어 있으며, 짖고 으르렁거리다가 금세 꼬리를 흔들기도 한다. 또한 그 반대의 경우가 일어나기도 한다. 사랑과 미움이라는 이러한 일반적 현상의 밑바탕에 있는 것은 궁극적으로 모든 존재들(Wesen)의 그 존재(Seyn) 자체에 따른 통일과, 개체화의 원리(Prinzip der Individuation)[11]를 형식으로 갖는 현상 속에서 완전한 다양성 사이의 커다란 원초적 대립이다. 마찬가지로 엠페도클레스는, 루크레티우스가 『사물의 본성에 관하여』 제1권 749쪽 이하에서 우리에게 보고하는 것처럼, 이미 그에게 알려진 원자론을 잘못된 것으로 인식하고, 대신 물체의 무한한 분할성을 가르쳤다.

그러나 무엇보다도 엠페도클레스의 가르침에 담긴 단호한 비판

---

11 철학에서 보편자를 개체에 선행하는 우월한 존재로 볼 때 생겨나는 문제로서 어떻게 보편자로부터 개체가 성립되는가를 설명하는 원리.

론은 주목할 만하다. 그는 우리 현존재의 비참함을 완전히 인식했다. 그에게 세상은 진정한 그리스도교인과 마찬가지로 눈물의 골짜기[12], 즉 재앙의 초원(엠페도클레스, 『단편』, 31)이다. 엠페도클레스는 플라톤이 나중에 그랬던 것처럼 이미 세상을 우리가 갇혀 있는 어두운 동굴과 비교했다. 그는 지상에서의 우리의 현존을 유배와 비참의 상태로 본다. 그리고 육체는 영혼의 감옥이다. 이 영혼들은 한때 무한한 행복의 상태에 있었는데, 자신의 잘못과 죄악으로 현재의 파멸에 빠졌다. 그리고 거듭되는 죄악의 행위로 인해 그 영혼들은 점점 더 파멸에 휩쓸렸고, 윤회의 순환에 빠져들었다. 반면에 그 영혼들은 육식을 삼가는 것을 포함하는 미덕과 방정한 행실을 통해 지상의 향유와 소망을 외면함으로써 이전의 상태로 되돌아갈 수 있다.

따라서 이 고대 그리스인은 브라만교와 불교, 심지어 진정한 그리스도교(그것으로는 낙관적인 유대교-개신교 합리주의가 이해되지 않음)의 기본 사상을 구성하는 이 같은 원초적 지혜를 알고 있었다. 이를 통해 그에 대한 사람들의 합의가 완전해진다. 고대인들이 흔히 피타고라스라고 불렀던 엠페도클레스가 이런 견해를 피타고라스로부터 이어받았을 가능성이 다분하다. 특히 피타고라스의 영향을 받은 플라톤 역시 기본적으로 이러한 견해를 공유하고 있기 때문이다. 엠페도클레스는 이러한 세계관과 연관되는 윤회설을 단호히 주장한다. 엠

---

12   시편 84: 6-7: 그들이 눈물 골짜기로 지나갈 때에 그곳에 많은 샘이 있을 것이며 이른 비가 복을 채워 주나이다. 그들은 힘을 얻고 더 얻어 나아가 시온에서 하나님 앞에 각기 나타나리이다.

페도클레스의 세계관을 증언하는 고대 구절들은 그의 시구와 함께 슈투르츠[13]의 『아카라가스 엠페도클레스』 448~458쪽에 대단히 공들여 편집되어 있다. 이집트인, 피타고라스인, 엠페도클레스는 육체는 하나의 감옥이고 고통과 정화의 상태라는 견해, 우리가 윤회(Seelenwanderung)에서 벗어날 때 죽음이 그 상태로부터 구원해준다는 견해를 힌두교, 불교도와 공유하고 있다. 윤회를 제외하고 그 견해 또한 그리스도교에 포함되어 있다. 디오도로스 시쿨루스(Diodorus Siculus), 키케로(Cicero) 등은 고대인들의 그러한 견해를 증명하고 있다. 키케로는 이 구절들에서 그들이 어느 철학 학파에 속하는지 언급하지 않았지만, 그것들은 피타고라스적 지혜의 잔재로 보인다.

이러한 소크라테스 이전 철학자들의 다른 학설에도 그것이 진실임을 증명할 수 있는 것들이 많이 남아 있는데, 나는 이것에 대한 몇 가지 예를 들어보기로 하겠다.

허셜(Herschel)의 관측을 통해 후천적으로 사실이 확인된 **칸트**와 **라플라스**(Laplace)의 우주 생성론(Kosmogonie)[14]에 따르면, **로스** 경(Lord Rosse)이 현재 영국 성직자들에게 위안을 주려고 거대 망원경의 도움으로 애쓴 결과, 행성계는 천천히 응고하고 회전하며 빛을 발

---

13   슈투르츠(Friedrich Wilhelm Sturz, 1762~1832): 독일 고전 문헌학자이자 교사.

14   칸트-라플라스 성운설(Kant-Laplace nebular hypothesis)은 태양계의 생성을 처음으로 과학적으로 설명한 학설로, 독일의 철학자 칸트가 1755년 태양과 그 주위 행성들은 회전하는 하나의 성운에서 동시에 생긴 것이라는 견해를 처음으로 발표하였다. 그 후 프랑스의 수학자 라플라스가 1796년 이 학설을 이어받아 칸트-라플라스의 성운설로 불린다.

하는 성운들로부터 응축되어 형성된다. 수천 년이 지나서 보니 공기와 증기를 만물의 원소라고 선언한 **아낙시메네스**[15]의 견해가 옳다(아리스토텔레스에 대한 숄리아 판, 514쪽). 그러나 이와 동시에 **엠페도클레스**와 **데모크리토스** 역시 확인을 얻고 있다. 그들은 라플라스와 마찬가지로 이미 세계의 기원과 존속을 하나의 소용돌이로부터 설명했기 때문이다. 이에 대해 **아리스토파네스**[16](『구름』[17])는 신을 모독하는 행위라고 비웃는다. 오늘날 이와 마찬가지로 진실이 밝혀지는 것을 언짢게 생각하는, 다시 말해 그들의 성직에 불안감을 느끼는 영국 사제들이 라플라스의 학설을 비웃고 있다.

심지어 우리의 화학적 화학량론[18]도 어느 정도 피타고라스의 수 철학으로 되돌아간다. "왜냐하면 수의 성질과 상태는 예를 들어 두 배, 1과 3분의 1, 1과 2분의 1과 같은 사물들의 성질과 상태에 대한

---

15 아낙시메네스(Anaximenes of Miletos): BC 545년경에 활동한 그리스의 자연철학자. 전통적으로 서양 세계 최초의 철학자들로 여겨져 온 밀레토스의 세 현인 중 한 사람. 나머지 두 사람은 탈레스와 아낙시만드로스이다. 탈레스는 물이 모든 질료의 근본 구성요소라고 주장한 반면, 아낙시만드로스는 그 본질적인 실체를 '무한자'라고 불렀다.

16 아리스토파네스(Aristophanes, BC 450경~BC 388경): 고대 그리스의 희극 작가로 만물의 근원은 공기라고 주장하였다. 작품으로 『구름』, 『말벌들』, 『새들』, 『개구리들』 등이 있다.

17 아리스토파네스는 이 작품에서 소피스트들이 보급하고 가르친 '근대' 교육과 도덕을 공격하고 있다. 이 희극에서 소크라테스와 그의 제자들은 조롱당하고, 마지막에는 그들의 학교인 프론티스테리온('생각하는 가게')이 불타서 잿더미가 된다. 소크라테스는 이 독특한 소피스트에게 가장 적대적인 비판자였다.

18 화학량론(Stöchiometrie). 화학적 화합물의 결합과 비중 관계(Gewichtsverhältnis)에 관한 이론―원주. 원소, 화합물에 대하여 수량적으로 나타낸 성질 사이의 관계를 연구하는 화학의 한 부문.

근거이기 때문이다"(아리스토텔레스에 대한 숄리아 판, 543, 829쪽). 코페르니쿠스 체계는 **피타고라스 학파의 철학자**들이 예견한 것으로 알려져 있다. 실제로 이런 사실은 키케로의 『아카데미카*Academica*』(II, 39)에서 히케타스(Hicetas)에 대한 유명한 구절, 플루타르코스의 『철학자의 견해에 관하여』(제3권 13장)에서 **필로라오스**[19]에 대한 유명한 구절에서 자신의 기본 사상을 끌어낸 코페르니쿠스에게 알려져 있었다(매크로린[20]의 『뉴턴론』 45쪽). 아리스토텔레스는 그 후 자신의 허튼 생각을 그 자리에 놓기 위해 이 오래되고 중요한 인식을 거부했다. 그에 관해서는 5장에서 다루도록 하겠다(『의지와 표상으로서의 세계』 II 참조). 그러나 지구 내부의 열에 관한 푸리에(Fourier)와 코디에(Codier)의 발견조차도 고대인들의 가르침을 확인시켜준다. 피타고라스 학파의 철학자들은 지구에 온기와 생기를 준다는 불타는 불이 지구의 중간이나 중심 근처에 있다고 말했다(아리스토텔레스에 대한 숄리아 판, 504쪽). 그리고 이러한 발견의 결과로, 만약 지구의 지각地殼이 오늘날 두 매체(대기층과 뜨거운 녹아내리는 금속, 준금속) 사이의 얇은 층으로 간주된다면—그것들이 접촉하는 경우 불가피하게 지각을 파괴하는 불이 나게 된다—그러면 이것은 결국 세계가 불에 의해 소모될 것이라는 견해를 확인시켜준다. 고대의 모든 철학자가 그 견해에 동의하며, **힌두교도**들 역시 같은 견해이다(『교훈적인 편지

---

19   필로라오스(Philolaos): BC 475년경에 활동한 피타고라스 학파의 철학자.

20   매클로린(Colin Maclaurin, 1698~1746): 기하학과 대수학에 크게 기여한 스코틀랜드의 수학자.

Lettres édifiantes』, 1819년 판, 7권, 114쪽).

아리스토텔레스(『형이상학』 I, 5, 986쪽)에게서 볼 수 있듯, 피타고라스 학파 철학자들은 중국인들이 『역경*Buch der Wandlungen*』에서 말하는 **음양**(Tin und Tang)을 10원칙이라는 이름으로 파악했다는 점도 주목할 필요가 있다.

음악의 형이상학은, 내가 주저 『의지와 표상으로서의 세계』(I, 52장[21], II, 39장)에서 설명한 바와 같이, 피타고라스의 수 철학의 해석으로 간주될 수 있다.[22] 그런 사실을 나는 이미 그 책에서 간략히 암시했고, 여기서 조금 더 자세히 설명하려고 한다. 그러나 방금 언급한 구절들은 독자가 이미 알고 있을 것으로 전제한다. 음악의 형이상학에 따르면, **멜로디**는 인간의 자의식 속에서 자신을 알리는 의지의 모든 움직임, 즉 모든 정동, 감정 등을 표현한다. 반면에 **화음**은 자연의 나머지 부분에 있어서 의지의 객관화의 단계를 나타낸다. 이러한 의

---

21 "음악은 세계 자체와 마찬가지로, 즉 다양한 모습으로 나타나 개별적 사물의 세계를 이루는 이념들이 그러하듯이 전체 **의지의 직접적인** 객관화이자 모사이다. 그러므로 음악은 다른 예술들과 달리 이념의 모사가 아니라 **의지 자체의 모사**이며, 이념도 이 의지의 객관성에 불과하다. 바로 그 때문에 음악이 주는 효과가 다른 예술들이 주는 효과보다 훨씬 강렬하고 감동적이다. 다른 예술은 그림자에 관해 말하는 것에 불과하지만, 음악은 본질에 관해 말하기 때문이다."

22 I, 52장. "음악의 미적이거나 내적 의미는 별도로 하고, 단순히 외적으로 순수하게 경험적으로 고찰하면 음악은 우리가 보통 개념으로 파악함으로써 간접적으로밖에 인식할 수 없는 보다 큰 숫자나 복잡한 수의 비례를 직접 구체적으로 파악하기 위한 수단에 지나지 않는다. 그러므로 우리는 이제 두 개의 아주 상이하면서도 올바른 음악관을 합일시킴으로써 어떤 수 철학의 가능성을 이해할 수 있다. 피타고라스의 수 철학이나 중국인들의 『역경』에 있는 수 철학도 이와 마찬가지다."

미에서 음악은 제1의 현실과 완전히 유사하게 진행하지만, 또한 그것과는 전혀 다른 종류와 속성을 지닌 제2의 현실이다. 따라서 음악은 자연과 완전한 유사성을 지니지만 그러면서도 자연과 전혀 유사하지 않다. 그런데 음악은 **그 자체로** 우리의 청각 신경과 뇌 속에만 존재할 뿐이다. 그 밖에, 또는 **그 자체로(로크적인** 의미에서 이해할 때), 즉 음악은 처음에는 양에 따라, 박자와 관련해서, 그다음에는 질에 따라, 진동의 산술적 관계에 기초하는 음계와 관련하여 순전히 수치적 관계로만 구성된다. 또는 다른 말로 하면 음악은 리듬의 요소뿐만 아니라 화음의 요소에서도 존재한다. 따라서 미시적 우주로서뿐 아니라 거시적 우주로서의 세계의 전체 본질은 말할 것도 없이 단순한 수치적 관계를 통해 표현될 수 있으며, 따라서 어느 정도까지는 그러한 수치적 관계로 환원될 수 있다. 이런 의미에서 사물의 원래 본질이 수에 있다고 보는 피타고라스의 견해가 옳을지도 모른다. 그런데 수란 무엇일까? — 그것은 **시간**에 기초해 가능성이 주어지는 계승 관계이다.

아리스토텔레스에 대한 숄리아 판에서 피타고라스 학파 철학자들의 수 철학에 대해 하는 말을 읽어보면(베를린 판, 829쪽) 요한복음의 시작 부분에서 로고스라는 용어를 기묘하고 신비롭게, 거의 불합리하다고 할 만하게 사용하는 것은, 필론[23]의 경우 초기에 그것과 유

---

23   필론(Philon Judaeus, BC 20?~BC 45?): 고대 알렉산드리아의 유대인 철학자. 당시 알렉산드리아의 유대인 사회의 지도자이며, 구약성경의 창세기를 그리스 철학, 특히 플라톤의 이데아 사상을 사용하여 알레고리 해석을 최초로 시도한 학자이다. 필론의 사상은 알렉산드

사했던 것처럼, 피타고라스의 수 철학으로부터, 다시 말해 산술적 의미에서, 즉 수치적 관계로 수의 비율(ratio numerica)로서 로고스라는 단어의 의미로부터 비롯되었다고 추측할 수 있다. 피타고라스 학파 철학자들에 따르면, 그러한 관계는 모든 존재(Wesen)의 가장 깊고 파괴할 수 없는 본질(Essenz)이며, 따라서 그것의 으뜸가는 근원적 원리는 궁형(archê)이다. 따라서 "태초에 로고스가 있었다"(요한복음 1장 1절)라는 말은 모든 사물에 적용될 것이다. 여기서 아리스토텔레스가 (『영혼론』I, 1) "정동(Affekt)은 물질적인 수치 관계이다"라고 한 말과 그에 이어 "왜냐하면 로고스는 사물의 형식이기 때문이다"라는 말을 염두에 둬야 한다. 이것은 또한 스토아학파가 말한 생식력을 떠올릴 것인데, 나는 곧 그 문제로 돌아올 것이다.

이암블리코스[24]의 **피타고라스**[25] 전기에 따르면, 그는 주로 이집트

리아 학파와 알렉산드리아 교리학교의 신학자들에게 큰 영향을 주었다. 그의 저작들은 디아스포라에서의 유대주의의 발전에 관한 가장 명확한 견해를 제공해준다.

24   이암블리코스(Iamblichos, 250경~330경): 신플라톤주의 시리아파의 창시자이다. 작품으로는 『이집트의 신비에 대해서De Mysteriis』·『피타고라스의 생애On the Pythagorean Life』·『니코마코스 수론數論에 관하여On the Arithmetic of Nicomachos』·『수론의 신학적 원리Theological Principles of Arithmetic』 등이 있다. 플로티노스가 순수한 영혼과 지성의 신비주의를 주장한 데 비해 그는 주술과 마법을 옹호하면서 혼합주의적 이교도사상의 의례·신화·신 등을 망라한 신학을 전개하려고 한 첫 번째 신플라톤주의자였다. 선과 동일시된 플로티노스의 일자一者를 넘어서 그는 더 높은 일자는 인간의 지식과 능력의 영역 밖에 있다고 주장했다. 주술을 강조하고 이지적이지 않은 덕목을 강조한 것 때문에 그 뒤 2세기 동안 '신성한 사람' 또는 '계시를 받은 자'로 알려졌다.

25   피타고라스(Pythagoras, BC 580경~BC 500경): 이오니아의 그리스 철학자이자 피타고라스 학파라 불린 컬트 종교 단체의 교주이다. 피타고라스의 제자들은 그가 개발한 종교적 의식과 훈련을 수행하고 그의 철학 이론을 공부했다. 그는 위대한 수학자나 신비주의자,

피타고라스는 또한 보다 더 중요한
천문학의 기본 개념을 이집트인들로부터 물려받았다.
그런 이유로 이집트에서 피타고라스와 함께 있었던
오이노피데스는 황도 경사설에 관한 그의 우선권을 반박했다

피타고라스　　　Pythagoras

에서 사제들에게서 교육받았고, 그곳에 22세에서 56세까지 머물렀다. 56세에 고국으로 돌아온 그는 그리스인들에게 필요한 수정을 해서 이집트의 신전 위계질서를 모방한 일종의 사제 국가를 세울 생각이었다. 이 일은 조국 사모스(Samos)에서는 성공하지 못했지만, 크로톤(Kroton)에서는 어느 정도 성공을 거두었다. 그런데 이집트의 문화와 종교는 의심할 여지 없이 인도에서 유래하는데, 소(헤로도토스의 『역사』 2, 41)를 신성하게 보는 것과 그 밖의 수많은 다른 점에서 그런 사실을 알 수 있다. 그러므로 이런 점에서 소의 도축 금지(이암블리코스의 『피타고라스의 생애』, 28장 150절)와 모든 동물을 보호하는 것과 같은 피타고라스의 육식 금지규정이 설명된다. 이와 아울러 윤회에 대한 그의 가르침, 그의 흰 옷, 끝없이 비밀에 싸여 있는 척하는 그의 행동이 인도와의 관련성을 말해준다. 그러한 행동은 상징적 격언들을 낳게 했고, 심지어 수학 정리(Theorem)로까지 확장되었다. 게다가 엄격한 규율과 많은 의식儀式을 갖춘 일종의 사제 계급의 설립을 초래했고, 태양 숭배(35장 256절)와 그 외에 많은 다른 것을 유발했다. 피타고라스는 또한 보다 더 중요한 천문학의 기본 개념을 이집트인들로부터 물려받았다. 그런 이유로 이집트에서 피타고라스

과학자로서 흔히 추앙받고 있다. 그가 창설한 피타고라스 승려회는 플라톤과 아리스토텔레스 사고에 영향을 준 원리를 형성했고 수학과 서구 합리철학의 발달에 기여했다. 그는 객관세계 및 음악에서 수가 갖는 기능적 중요성에 관한 이론의 창시자로 알려져 있다. 피타고라스 종교의 주요 교리 중 하나는 영혼의 윤회를 믿는 것이고, 다른 하나는 콩을 먹는 것을 죄악시하는 것이다. 피타고라스에 따르면 혼이란 일시적인 현상이 아닌 불멸하는 실체이며, 몸이 소멸할 때마다 혼은 다른 동물의 몸 속으로 들어간다. 이를 혼의 전이설이라 한다.

와 함께 있었던 **오이노피데스**[26]는 황도 경사설에 관한 그의 우선권을 반박했다(디오도로스가 쓴 헤렌(Heeren)의 메모와 함께 스토바이오스(Stobaios)의 『선집*Eklogen*』 제1권 24장의 끝을 보라). 하지만 스토바이오스(특히 제1권 25장 이하)가 통합한 모든 그리스 철학자의 천문학 기본 개념을 찬찬히 살펴보면, 대체로 전적으로 올바른 견해를 견지하는 피타고라스 학파 철학자들을 제외하고, 우리는 그들이 일반적으로 불합리한 점을 초래했다는 것을 발견한다. 그런데 이런 견해가 그들 자신의 방법에서가 아니라 이집트에서 유래했다는 것은 의심할 여지가 없다.

피타고라스의 잘 알려진 콩 금지[27]는 순전히 이집트를 기원으로 하며, 단순히 그곳에서 받아들여진 미신에 불과하다. 헤로도토스(『역사』 II, 37)가 이집트에서는 콩이 불순한 것으로 여겨지고 혐오의 대상이므로, 사제들은 콩을 보는 것조차 힘들어한다고 보고하기 때문이다.

그런데 피타고라스의 학설이 단호한 범신론이었다는 것은 알렉

---

26   오이노피데스(Oinopides, BC 490~BC 420): 황도의 경사각을 알아냈고, 태양이 지구보다 엄청나게 크다는 것을 발견했으며 지구가 우주 중심이라고 생각했다.

27   피타고라스 종교 결사의 규칙은 다음과 같았다.
* 콩을 멀리할 것. * 떨어진 것을 줍지 말 것. * 흰 수탉을 만지지 말 것. * 빵을 뜯지 말 것.
* 빗장을 넣지 말 것. * 철로 물을 젓지 말 것. * 빵을 덩어리째로 뜯어 먹지 말 것.
* 화환의 꽃을 뜯지 말 것. * 말 위에 앉지 말 것. * 심장을 먹지 말 것.
* 공로를 다니지 말 것. * 제비가 사람의 지붕을 나누어 쓰지 못하게 할 것.
* 냄비를 불에서 꺼냈을 때, 재 속에 냄비 자리를 남겨두지 말고 저어서 없앨 것.
* 불빛 곁에서 거울을 보지 말 것. * 침상에서 일어날 때는 잠자리의 흔적을 남기지 말 것.

산드리아의 클레멘스[28]에 의해 『민족의 권고*Cohortatio ad gentes*』에서 우리에게 보존된 피타고라스 학파 철학자들의 잠언이 설득력 있고 간결하게 증언하고 있다. 그들의 도리스 방언이 그 잠언의 진정성을 보여주고 있다. 그 잠언은 다음과 같이 진행된다. "하지만 우리는 또한 신이 하나라고 말하는 피타고라스의 추종자들을 침묵으로 간과해서는 안 된다. 신은 몇몇이 추측하듯 세계 전체의 밖에 있지 않고, 그 안에 존재한다. 신은 온 세상에, 모든 생성에 대한 감시자로서, 모든 것의 침투자로서 존재한다. 그는 영원히 존재하고, 그의 모든 힘과 업적의 완수자이고, 하늘의 빛이고, 천지 만물의 아버지이고, 온 세상의 정신이자 그것에 혼을 불어넣는 자이며 천지 만물(Weltall)의 운동이다." 다시 말해 원래의 유신론과 유대교가 상관 개념임[29]을 언제든 기회 있을 때마다 확신하는 것은 좋은 일이다.

아풀레이우스[30](『플로리다*Florida*』, 비폰트판 130쪽)에 따르면, 피타고라스는 심지어 인도까지 가서 브라만들한테서 직접 교육받았을지도 모른다. 따라서 나는 높이 평가되는 피타고라스의 지혜와 인식은

---

28 클레멘스(Clemens Alexandrinus, 150~215): 알렉산드리아 학파의 그리스도교 신학자이자 철학자로 오리게네스의 스승. 그는 헬레니즘 철학, 특히 플라톤과 스토아학파의 영향을 받았다. 교회의 아버지로 여겨지는 그는 그리스의 철학적 전통들을 그리스도교 교의와 결합시켰고, 그리스도교인의 삶의 목표는 신격화라는 견해를 표명했다.

29 Wechselbegriff. 서로 관계가 깊어서 상대되는 것을 살필 때 그 의미가 또렷해지는 개념. 선생과 제자, 아버지와 아들, 위와 아래 따위가 이에 해당한다.

30 아풀레이우스(Lucius Apuleius, 124경~170 이후?): 플라톤주의 철학자·수사학자·작가. 작품으로 『플로리다』와 마술에 걸려 당나귀로 변한 한 젊은이의 모험을 그린 『황금 당나귀』가 있다.

그 자신이 생각한 것에 있다기보다는 오히려 그가 배운 것에 있다고 간주한다. 그러니까 그의 지혜와 인식은 그 자신의 것이라기보다는 다른 사람의 것이다. 이것은 그에 대한 헤라클레이토스의 발언에서 확인된다(디오게네스 라에르티우스, 『탁월한 철학자들의 생애와 견해』, 제8권 1장 5절). 그렇지 않았다면 그는 자신의 사상이 소멸되지 않기 위해 그것들을 기록했을 것이다. 반면에 그가 다른 사람한테서 배운 것은 원전에 안전하게 남아 있었다.

소크라테스[1]

소크라테스의 지혜는 철학적 신앙 개조이다. 플라톤의 소크라테스가 플라톤의 사상을 표현하는 관념적인, 그러므로 시적인 인물이라는 것은 분명하다. 반면에 크세노폰[2]의 소크라테스에서 찾을 수

---

1 소크라테스(Socrates, BC 470년경~BC 399년경): 서구문화의 철학적 기초를 마련한 고대 그리스의 철학자. 소크라테스는 자연에 관한 생각에 머물렀던 당시 철학의 초점을 인간 생활의 성격과 행위를 분석하는 데로 옮겼고, "너 자신을 알라"라는 질문으로 인간의 본질 탐구에 집중했다. 그는 공직이 자신의 원칙과 타협하는 것이라고 보고 정치적으로 어느 편에도 가담하지 않았다. 그는 "젊은이들을 타락시키고", "도시가 숭배하는 신들을 무시하고 새로운 종교를 끌어들였다"라는 이유로 기소되어, 사형을 선고받고 독배를 마시고 죽었다. 그는 글을 남기지 않았는데, 그의 인격이나 이론은 주로 플라톤의 대화편과 크세노폰의 『회고록』에 근거한 것이다.

2 크세노폰(Xenophon, BC 431~BC 350): 『소아시아 원정기』로 고대 문학 비평가들에게 높이 평가받은 역사가로 소크라테스의 제자. BC 401년 아테네에 민주주의가 다시 확립되자 외국으로 나가는 길을 선택했다. BC 399년 소크라테스가 유죄판결을 받고 처형되자, 극단적 민주주의에 대한 혐오감을 드러냈다. 그는 페르시아 왕자 키루스에게 고용된 그리스 용병대에 들어갔는데, 키루스가 죽은 뒤 '만인대'라고 부르는 그리스 군대의 지휘관으로 선출되었다. 그 후 그는 불가리아에서 트라키아 군주를 위해 복무했고, 그다음에는 소아시아에

소크라테스의 지혜는 철학적 신앙 개조이다.
플라톤의 소크라테스가 플라톤의 사상을 표현하는 관념적인,
그러므로 시적인 인물이라는 것은 분명하다.
반면에 크세노폰의 소크라테스에서 찾을 수 있는 지혜는 그리 많지 않다.

소크라테스   Socrates

있는 지혜는 그리 많지 않다. 루키아노스[3]의 『필롭세데우스, 거짓말을 좋아하는 사람들Philopseudes 24』[4]에 따르면 소크라테스는 배가 튀어나왔다고 한다. 그것은 천재의 표시에 속하지 않는다. 그러나 이와 마찬가지로 높은 지적 능력과 관련해서 글을 쓰지 않은 모든 사람에게 같은 의심이 적용되며, 따라서 피타고라스에게도 적용된다. 위대한 정신은 인류에 관한 자신의 소명과 위치를 점차 인식해야 하고, 결과적으로 그 정신이 무리가 아니라 목자牧者에게 속하는 것임을 자각해야 한다. 내 말은 위대한 정신은 인류의 교육자에 속한다는 뜻이다. 이런 사실로 미루어 볼 때 그는 우연히 자신에게 가까이에 다가오는 소수의 사람에게만 직접 확실한 영향을 끼칠 것이 아니라 인류 가운데 예외적인 자, 뛰어난 자, 그러니까 희귀한 자들에게 그러한 영향을 끼칠 수 있도록 인류에게까지 영향력을 확대해야 할 것이다. 그러나 우리가 **인류에게** 말을 거는 수단(Organ)은 오로지 문자(Schrift)뿐이다. 인간은 입을 통해 단순히 많은 수의 개인에게 말하므로, 그렇게 전달된 것은 인류와 관련하여 사적인 것으로 남는다.

서 스파르타의 지휘를 받아 싸웠는데, 그는 여기서 만난 스파르타 왕 아게실라오스 2세를 가장 존경하게 되었다.

3 루키아노스(Lukianos, 120경~180 이후): 로마 시대의 그리스 문학의 단편 작가, 웅변가, 팸플릿 저자, 풍자작가.

4 주로 초자연적인 것을 믿는 사람들을 놀리는 풍자적인 작품. 대화는 티키아데스라는 젊은 남자가 그의 친구 필로클레스에게 왜 대부분의 사람들이 거짓말을 그렇게 좋아하는지 물어보는 것으로 시작된다. 사람들은 그에게 이야기를 들려줌으로써 다양한 미신을 믿도록 설득하려고 하는데, 이 이야기는 대화가 진행될수록 점점 더 우스꽝스러워진다.

왜냐하면 그러한 개인은 대체로 고귀한 종자에게는 좋지 않은 토양이기 때문이다. 그 토양에서 씨앗은 전혀 번성하지 못하거나 그것의 생산물 속에서 빠르게 퇴화한다. 그러므로 씨앗 자체는 보존되어야 한다. 그러나 이 일은 모든 단계에서 변조되는 전통을 통해서가 아니라 사상의 유일하고 충실한 보존자인 문자를 통해 일어난다. 게다가 모든 심오한 사상가는 필연적으로 자기만족을 위해 자신의 사상을 기록하고 가능한 한 명료하고 뚜렷하게 표현하려는, 따라서 그것을 언어로 구체화하려는 충동을 지닌다. 그런데 이런 일은 무엇보다 문자를 통해 일어난다. 서면 진술은 본질적으로 구두 진술과는 다르기 때문이다. 왜냐하면 서면 진술만이 최고의 정확성, 간결성, 그리고 함축성 있는 간결함을 허용하므로, 따라서 사고의 순수한 복사물(Ektypos)이 되기 때문이다. 이 모든 것에 따르면 인류의 가장 중요한 발명품을 사용하지 않고 그냥 놔둔다는 것은 사상가의 이상한 오만함이 될 것이다. 따라서 나는 글을 쓰지 않은 사람들이 진정으로 위대한 정신을 지니고 있다는 것을 신뢰하기 어렵다. 오히려 나는 그들을 머리보다 성격을 통해 더 많은 영향을 끼친 실제적인 영웅들로 간주하려는 입장이다. 베다의 『우파니샤드Upanischad』의 숭고한 저자들은 글을 썼지만, 단순한 기도로 구성된 베다의 『산히타Sanhita』는 처음에 구두로만 전파되었을 수도 있다.

소크라테스와 **칸트** 사이에는 꽤 많은 유사점이 있음을 증명할 수 있다. 둘 다 모든 독단론을 배격한다. 둘 다 형이상학의 문제에서 완전한 무지를 공언하고, 그들의 특성을 이 무지의 명백한 의식에 둔다. 반면에 둘 다 실천적인 것, 인간이 해야 하고 하도록 해야 하는 것은 완전히 확실하다고, 더구나 추가되는 이론적 근거 제시 없이도 그 자체로 확실하다고 주장한다. 그럼에도 두 사람은 그들의 직계 후계자들과 공공연한 제자들이 바로 그 토대 면에서 그들로부터 벗어나는 운명, 그리고 형이상학을 논하면서 완전히 독단적인 체계를 확립하는 운명을 맞이했다. 더 나아가 둘 다 이 체계들이 완전히 상이한 결과로 나타나는 운명을 맞았다. 하지만 후계자들과 제자들 모두 각기 소크라테스 또는 칸트의 가르침으로부터 출발했다고 주장하는 데는 동의했다. 나 자신은 칸트주의 학자이므로 그와 나의 관계를 여기서 **한 마디**로 특징짓고자 한다. 칸트는 우리가 경험과 그 가능성을 넘어서는 것은 아무것도 알 수 없다고 가르친다. 나는 이 말에 동의한다. 하지만 나는 경험 자체가 그 전체로서 설명 가능하다고 주장한다. 그리고 나는 경험을 글로 된 텍스트처럼 해독함으로써 설명하려고 시도해왔다. 그러나 이전의 모든 철학자가 그랬듯, 칸트는 사실 증명할 수 없었던 것을 그 경험의 형식을 통해 넘어서려고는 시도하지 않았다.

우리가 플라톤으로부터 알게 된 **소크라테스식 방법**의 장점은 우리가 증명하고자 하는 명제의 근거에 대해, 대화 상대방이나 적대자가 그 근거의 결과를 대충 훑어보기 전에 그가 하나씩 차례로 인정하도록 하는 데에 있다. 반면에 그는 계속 교훈적인 대화를 나눔으로써 즉시 결과와 근거 그 자체를 인식할 기회를 가질 것이고, 만약 결과가 그의 마음에 들지 않는다면 그는 그 근거를 공격할 것이기 때문이다. 한편 플라톤이 우리가 믿도록 한 것 중 하나는, 소크라테스가 이 방법을 사용해서 매우 참을성 있게 궤변가들과 다른 바보들의 실체가 드러나도록 한 그러한 방법이다. 그것은 상상할 수 없는 일이다. 반대로 마지막 4분의 1쯤의 지점에서, 혹은 어쨌든, 그들은 이 방법이 자신들을 어디로 이끌어가는지를 깨닫자마자, 이전에 말한 것을 왜곡하거나 부인함으로써, 또는 의도적으로 오해함으로써, 또 그것 말고도 술책과 횡포를 위해 독선적인 부정직을 본능적으로 적용한 것이 소크라테스가 인위적으로 구상한 놀이를 망쳐버리고, 그의 그물을 찢었을 것이다. 아니면 그들이 너무 무례하고 모욕적으로 되어서, 그는 때맞춰 자신의 안전을 도모하는 것이 현명하다고 여겼을지도 모른다. 왜냐하면 누구든 서로를 동등하게 취급하고, 심지어 가장 큰 지적인 불평등을 한순간 없앨 수 있는 방법을 궤변가들이라고 어찌 모를 수 있겠는가? 그것은 모욕하는 일이다. 따라서 저열한 본성의 소유자는 지적 우월감을 느끼기 시작하자마자 심지어 모욕에 대한 본능적인 욕구를 느낀다.

플라톤 [1]

이미 **플라톤**의 경우에서 우리는 은밀히 형이상학적인 의도로, 즉
합리적인 심리학과 거기에 부가되는 영혼 불멸론을 위해 내세워진
어떤 그릇된 사고법칙론[2]의 기원을 발견한다. 이러한 학설은 이후
모든 것의 파괴자인 **칸트**가 마침내 그것의 정수리를 내려칠 때까지
고대, 중세와 현대의 전체 철학에 걸쳐 생존(Dasein)을 근근이 이어

---

1   플라톤(Plato, BC 428/427~BC 348/347): 서양문화의 철학적 기초를 마련한 고대 그
리스의 위대한 철학자이다. 논리학, 인식론, 형이상학 등에 걸친 광범위하고 심오한 철학 체
계를 전개했으며, 특히 그의 모든 사상의 발전에는 윤리적 동기가 바탕을 이루고 있다. 또한
이성이 인도하는 것이면 무엇이든 따라야 한다는 이성 중심적 입장을 고수했다. BC 5세기
중엽 아테네를 중심으로 소피스트의 활동이 시작된 뒤 그리스 철학은 소크라테스, 플라톤,
아리스토텔레스 시대로 넘어갔다. 소크라테스가 바탕을 마련하고 플라톤에 이르러 절정에
달한 그리스 철학은 아리스토텔레스에 의해 종합되어 더욱 보편적인 학문 체계를 갖추게 되
었다.

2   사고법칙론(Dianoiologie)은 사고의 논리적 법칙으로 기본적인 정신이나 그에 부여된
근본적 규율을 설명하는 용어이다. 플라톤에게 그것은 정신의 사고 능력이고, 쇼펜하우어도
그것을 사고의 과학으로 언급한다.

갔으므로, 더없이 끈질긴 생명력을 지닌 기만적인 학설로 입증되었다. 여기서 언급된 가르침은 형이상학적 최종 목적을 가진 인식론의 합리주의이다. 그것은 다음과 같이 간단히 요약할 수 있다. 우리 안의 인식하는 것은 신체와 완전히 다른 영혼이라고 불리는 비물질적(immateriell) 실체이다. 반면에 신체는 인식의 장애물이다. 따라서 감각을 통해 매개된 모든 인식은 기만적이다. 이와는 달리 유일하게 참되고, 올바르고 확실한 인식은 모든 감성(Sinnlichkeit)(따라서 모든 직관)으로부터 자유롭고 멀리 떨어진, 따라서 **순수한 사유**다. 즉 추상적인 개념만으로 작동하는 순수한 사유다. 왜냐하면 이 순수한 사유는 **영혼**을 전적으로 자신의 수단을 통해 처리하기 때문이다. 결과적으로 이 일은 영혼이 신체와 분리된 후에, 그러므로 우리의 사후에 가장 잘 되어갈 것이다.

이처럼 사고법칙론은 불멸설을 위해 합리적 심리학에 관여한다. 내가 여기서 요약했듯이, 이 학설은 플라톤의 『파이돈*Phaedo*』 10절에서 상세하고 명백히 발견할 수 있다. 그것은 『티마이오스*Timaeus*』에서는 조금 다르게 표현되는데, 섹스투스 엠피리쿠스[3]는 그것을 다

---

3   섹스투스 엠피리쿠스(Sextus Empiricus, AD 160?~ AD 210?): 알렉산드리아, 로마, 아테네 등에 살았다는 의학자, 철학자이다. 섹스투스는 모든 신념에 대한 판단을 정지해야 한다, 즉 어느 신념에 대해 참이나 거짓이라고 판단하는 것을 삼가야 한다고 주장한다. 이 입장은 피론적 회의론으로서 알려져 있다. 이 입장은 지식 그 자체를 부정하는 아카데메이아적 회의론과는 다르다. 섹스투스는 지식 그 자체의 가능성을 부정하지는 않는다. 참된 신념으로서 무엇인가를 아는 것은 불가능하다는 아카데메이아적 회의론의 입장을 비판하는 것이다. 그 대신 섹스투스는 무엇인가를 알 수 있을 거라는 판단을 중지할 것을 제안한다.

플라톤의 경우에서 우리는 은밀히 형이상학적인 의도로,
즉 합리적인 심리학과 거기에 부가되는 영혼 불멸론을 위해 내세워진
어떤 그릇된 사고법칙론의 기원을 발견한다.
이러한 학설은 이후 모든 것의 파괴자인 칸트가
마침내 그것의 정수리를 내려칠 때까지 갔으므로,
더없이 끈질긴 생명력을 지닌 기만적인 학설로 입증되었다.
여기서 언급된 가르침은 형이상학적 최종 목적을 가진 인식론의 합리주의이다.

플라톤　　　Platon

음과 같은 말로 매우 정확하고 분명히 제시한다. "동질성은 동질성에 의해 알 수 있다는 고대의 견해가 자연 철학자들에 의해 유포되고 있다." 그러나 플라톤은 『티마이오스』에서 영혼에 신체가 없다는 것을 설명하기 위해 그와 같은 증명 방식을 이용한다. 그는 이렇게 말하기 때문이다. 시각적 감각은 빛에 민감하기 때문에 빛과 같고, 청각적 감각은 공기의 진동, 즉 소리를 들을 수 있기 때문에, 공기와 같고, 후각은 증기를 감지하므로 증기와 같고, 그리고 미각은 즙액의 맛을 알아보므로 즙액과 같다면, 영혼은 무형의 이데아를 인식하므로, 예컨대 수의 이데아, 물체의 형태들의 이데아처럼 영혼 역시 필시 무형의 존재임이 틀림없다(『수학자들에 반대하여』, VII, 116, 119쪽).

아리스토텔레스조차도 첫 번째 책 『영혼론』 1장에서 적어도 가설적으로는 이 논증(Argumentation)을 받아들인다. 그는 영혼의 별도 존재는 신체가 관여하지 않는 어떤 표현이 이 영혼에 귀속되는지의 여부에 달려 있다고 말하기 때문이다. 그런 표현은 무엇보다도 사유인 것 같다는 것이다. 그러나 심지어 이 **사유**마저도 직관과 상상력이 없이는 가능하지 않다면, 그 또한 신체 없이는 일어날 수 없다는 것이다. 그러나 아리스토텔레스는 위에서 설정된 조건을 인정하지 않는다. 다시 말해 그는 "지성(Verstand)에는 이전에 감각(Sinn)에 없었던 것이 존재하지 않는다"(『영혼론』, III, 8장)라는 명제에서 공식화된 것을 나중에 가르치는 한 논증의 전제를 인정하지 않는다. 따라서 벌써 그는 순수하고 추상적으로 사유된 모든 것은 그것의 전체 질료(Stoff)와 내용을 먼저 직관적인 것으로부터 빌렸다는 것을 통찰했다.

이것은 또한 스콜라 철학자들도 불안하게 했다. 그 때문에 **순수한 이성적 인식**(reine Vernunfterkenntnis), 즉 이미지를 관련시키지 않는 사고(Gedanke), 그러므로 모든 질료를 그 자체로부터 파생시킨다는 하나의 사유(Denken)가 존재한다는 것을 밝히려는 노력이 이미 중세시대에 이루어졌다. 폼포나티우스[4]의 『영혼 불멸론*de immortalitate animi*』에서 이 점에 대한 노력과 논점이 모아지고 있는데, 이는 폼포나티우스가 중세의 논란으로부터 그의 주된 논거를 받아들이기 때문이다.

영원한 진리로 생각되는 보편 개념(Allgemeinbegriff)과 선험적 인식은 앞서 말한 요건을 충족시키기 위한 것이었다. 그 문제가 이미 **데카르트**[5]와 그의 학파를 통해 어떠한 상세한 설명을 얻었는지에 대

4　폼포나티우스(Petrus Pomponatius, 1462~1525): 이탈리아의 철학자. 그는 『영혼 불멸론』에서 아퀴나스와 아리스토텔레스가 영혼의 불멸에 대한 문제를 놓고 충돌한다고 주장했다. 그는 아리스토텔레스에 대한 그리스 주석가로부터 영향을 받은 것으로 보인다. 또한 그는 영혼의 불멸은 이성을 통해 결정될 수 없으며, 따라서 신의 힘에 맡겨져야 한다고 주장한다. 그는 경전들이 신이 영혼을 불멸하게 만들었다는 것을 드러내기 때문에, 우리도 영혼 불멸을 진실로 받아들일 수 있고, 따라서 이성의 한계를 넘어설 수 있다고 주장했다.

5　데카르트(René Descartes, Renatus Cartesius, 1596~1650): 스콜라학파의 아리스토텔레스주의에 처음 반대한 사람으로 근대 철학의 아버지로 불린다. 그는 모든 형태의 지식을 방법적으로 의심하고 나서 "나는 생각한다. 그러므로 나는 존재한다"라는 직관이 확실한 지식임을 발견했다. 데카르트의 형이상학 체계는 본유관념으로부터 이성에 의해 도출된다는 점에서 직관주의적이나, 물리학과 생리학은 감각적 지식에 기초를 두고 있다는 점에서 경험주의적이다. 데카르트에 따르면 인간은 정신과 육체의 통일이며, 정신과 육체는 송과선松果腺에서 상호작용하는 서로 다른 두 실체이다. 송과선은 두뇌의 기관으로는 쌍을 이루지 않은 유일한 기관이므로 정신과 육체의 합일점에 틀림없다고 그는 추론했다. 그의 주장에 따르면 감각기관에 미치는 작용 하나하나가 신경관을 통해 미세한 물질을 송과선에 전달하여 독특한 진동을 일으키고, 이 진동이 감정과 격정을 유발하여 육체의 작용을 야기한다. 저서로

영원한 진리로 생각되는 보편 개념과 선험적 인식은
앞서 말한 요건을 충족시키기 위한 것이었다.
그 문제가 이미 데카르트와 그의 학파를 통해
어떠한 상세한 설명을 얻었는지에 대해,
나는 나의 수상 논문 「도덕의 기초에 대하여」
제6장에서 이미 상세한 주석을 단 바 있었다.

데카르트   René Descartes, Renatus Cartesius

해, 나는 나의 수상 논문 「도덕의 기초에 대하여」 제6장에서 이미 상세한 주석을 단 바 있었다.[6] 나는 거기서 데카르트 학파 학자인 **드 라 포르주**[7] 자신의 말을 인용했는데[8], 그것은 읽을 만한 가치가 있다. 모든 철학자의 잘못된 가르침은 일반적으로 그의 제자들에 의해 가장 명료하게 표현되기 때문이다. 제자들은 스승 자신이 하는 것과는 달리, 그 체계를 의심하지 않으므로 약점을 노출할지도 모르는 그의 체

『철학의 원리*Principia Philosophiae*』가 있다.

6　"칸트의 이성심리학에 따르면 인간은 전적으로 다른 두 개의 실체, 즉 물질적 신체와 비물질적 영혼으로 이루어져 있다. **플라톤**이 처음으로 이 독단을 정식으로 제시하여 객관적 진리로 증명하려 했다. 데카르트는 이것을 더없이 엄밀하게 상술하여 그것에 학문적 엄격함을 부여함으로써, 최고의 완성으로 이끌어 정점에 올려놓았다. 그러나 바로 이를 통해 독단의 오류가 드러났고, 그것을 **스피노자, 로크, 칸트**가 계승했다. **스피노자**는 데카르트의 두 가지 실체에 솔직하고 명백히 반대하면서도 그 두 가지 실체를 핵심 명제로 삼는 오류를 범했다. **로크**의 오류는 본유 관념을 비판하고 모든 인식을 감각적 인식으로부터 도출하면서, 물질의 사유가 불가능하지 않다고 가르친 데에 있다. 칸트의 오류는 이성심리학에 대한 비판에 있다. 반면에 **라이프니츠**와 **볼프**는 잘못된 편을 들었다. 이것이 이 때문에 **라이프니츠**는 자신과는 이질적인 플라톤과 비교되는 부당한 영예를 얻었다."

7　루이 드 라 포르주(Louis de la Forge, 1632~1666): 프랑스의 철학자. 데카르트의 친구로 데카르트주의의 가장 유능한 해석자 중 한 명이다. 1666년 「인간의 정신에 관한 논문」에서 기회 원인론을 상세히 설명했다. 그는 신체와 정신, 물질과 비물질의 상호작용이 가능한 원인은 '신'이라는 것을 말하기 위해 '신'을 적극적으로 끌어들인다.

8　『인간정신론』 23장. "그것은 단지 하나의 동일한 의지일 뿐이다. 한편으로 그것은 감각 지각의 결과로 일어나는 판단에 의해 자극받았을 때 감각적 욕구라 불리고, 다른 한편 정신이 그의 경향성의 원인인 감각의 혼란한 표상에 의존하지 않고 그 자신의 이념들과 관련하여 판단을 형성할 때 이성적 욕구라 불린다……. 의지의 이 다른 두 경향성을 다른 두 욕구 능력으로 간주하는 근거는, 한 욕구 능력이 매우 빈번히 다른 욕구 능력과 대립하는 상황이 있다. 정신이 자기 판단에 근거하여 세우는 의도들이 신체적 상황에서 정신으로 불어넣어진 생각과 항상 일치하는 것은 아니기 때문이다. 정신은 그의 이성이 그로 하여금 어떤 것을 의지하도록 규정하려는 동안, 자주 신체적 상황에 의해 다른 어떤 것을 의지하도록 결정된다."

52

계의 약점의 여러 측면을 되도록 모호한 상태로 놓아두려고 하지 않기 때문이다. 그러나 **스피노자**는 이미 "사유하는 실체[9]와 연장된 실체[10]는 하나의 실체이며, 때로는 하나의 속성을 통해, 때로는 다른 속성을 통해 이해된다"(『에티카』, II, 정리 7)라는 데카르트 이원론에 반대하여 자신의 학설을 내세웠고, 그럼으로써 자신의 위대한 우월성을 보여주었다.

이와는 달리 **라이프니츠**[11]는 데카르트와 정통주의의 길을 착실히 걸었다. 그러나 이것은 탁월한 **로크**[12]의 노력을 초래했는데, 그것은 철학에 무척 유익했다. 결국 로크는 끈질기게 **개념의 기원**을 조사하고, 그 개념을 상세히 설명한 뒤 "선천적인 개념은 없다"라는 명제

---

9   substantia cogitans.

10   subtansia extensa.

11   라이프니츠(Gottfried Wilhelm Leibniz, 1646~1716): 형이상학자이자 논리학자로서 미·적분의 독창적 발명으로 유명하다. 대학 시절 법학을 공부하면서 갈릴레오, 프랜시스 베이컨, 토머스 홉스, 르네 데카르트 등 과학과 철학을 혁명적으로 발전시킨 사람들의 사상에 접하게 되었다. 라이프니츠는 일평생 이 근대 사상가들과 스콜라주의화한 아리스토텔레스를 '화해'시키려고 노력했다. 1673년 계산기를 발명했으며, 1675년 말 적분과 미분의 기초를 세웠다. 그는 『이성에 기초한 자연과 은총의 원리*Principes de la nature et de la Grâce fondés en raison*』를 써서 자연과 은총이라는 두 질서의 예정조화사상을 피력했으며, 1714년 『모나드론*Monadologia*』으로 '변신론' 철학을 집대성했다.

12   로크(John Locke, 1632~1704): 자연권을 보다 더 확실하게 누리기 위해 개인들이 계약을 맺고 국가를 형성하였다는 사회 계약설과 저항권 사상을 주장한 영국의 철학자. 정부의 핵심적인 정당성이 '사유 재산권'과 '동의'에 있으며, 이를 해치는 권력은 뒤엎어 버려야 된다는 '저항권'을 주장하여, 프랑스 대혁명과 미국 독립운동에 직접적인 영향을 끼쳤기 때문에 근대 자유주의의 시조라 불린다. 또한, 유명한 철학 저서 『인간지성론』에서 인간은 아무것도 각인되지 않은 백지상태(타뷸라 라사)에서 태어나 경험을 통해 점차 지식을 획득해 나간다는 경험론을 주장하였다.

라이프니츠는 데카르트와 정통주의의 길을 착실히 걸었다.
그러나 이것은 탁월한 로크의 노력을 초래했는데, 그것은 철학에 무척 유익했다.
결국 로크는 끈질기게 개념의 기원을 조사하고,
그 개념을 상세히 설명한 뒤 "선천적인 개념은 없다"라는 명제를
자신의 철학의 토대로 삼았다.

라이프니츠   Gottfried Wilhelm Leibniz

를 자신의 철학의 토대로 삼았다. 그의 철학은 **콩디야크**[13]에 의해 정교해졌고, 그러자 프랑스인들은 "사유하는 것은 지각하는 것이다"라는 명제를 내세우고 그것을 강요함으로써, 비록 같은 이유이긴 하지만, 그 사안에서 곧 도가 지나치게 되었다. 엄밀히 말하자면 이 명제는 그릇된 것이다. 그러나 진실은 모든 사유가 부분적으로 질료를 제공하는 직관의 요소로서 감각을 전제하는 데에, 부분적으로는 감각과 꼭 마찬가지로 신체 기관에 의해 제약받는다는 데에 있다. 다시 말해 이 신체 기관은 감각 신경에 의해, 직관의 요소는 뇌의 제약을 받는다. 그런데 둘 다 신경의 활동이다. 그러나 이제 프랑스 학파역시 그 명제를 고수했는데, 이는 그 자체를 위해서가 아니라, 마찬가지로 형이상학적, 그것도 유물론적 목적을 위해서였다. 사실 플라톤-데카르트-라이프니츠 반대론자들이 단지 형이상학적 목적으로 사물에 관한 유일하게 올바른 인식은 순수한 사유에 있다는 잘못된 명제에 매달렸듯이 말이다. 이들은 그러한 인식을 토대로 영혼의 비물질성을 증명하려고 했다.

칸트만이 이 두 가지 미로로부터, 그리고 양 당사자들이 솔직하게

---

13 콩디야크(Étienne Bonnot de Condillac, 1714~1780): 심리학과 정신 철학 분야를 공부한 프랑스의 철학자이자 인식론 학자. 파리에서 콩디야크는 백과사전의 공동 기고가였던 철학자 디드로의 모임에 참여하였고, 장 자크 루소와도 우정을 쌓았다. 로크에게서 영감을 받은 그의 논거는 데카르트 학파의 선천적인 개념, 라이프니츠의 모나드론과 예정 조화론, 그리고 스피노자의 『에티카』 제1부에 명시된 실체의 개념에 반대하는 것이었다. 그는 경험론(Empiricism)을 감각론(Sensualism)까지 발전시켜 모든 인식 또는 지식의 원천을 오직 감각뿐이라고 주장하였다.

행동하지 않는 논쟁으로부터 진리로 이끌어간다. 그들은 사고법칙론을 가장하지만 형이상학을 지향하며 사고법칙론을 변조하고 있기 때문이다. 그러므로 **칸트**는 이렇게 말한다. "말할 것도 없이 모든 경험에 선행하는 순수한 이성적 인식, 즉 선험적 인식이 존재한다. 따라서 감각을 통해 매개되는 인식에 기인하지 않는 사유도 존재하는 것이다." 이러한 선험적 인식은 비록 경험**으로부터** 가져온 것은 아니지만, 오직 경험을 **위해서**만 가치와 타당성을 지닌다. 왜냐하면 선험적 인식은 우리의 **인식 기구**와 그 메커니즘(Einrichtung, 뇌 기능)에 대한 깨달음일 뿐이기 때문이다. 또는 선험적 인식은, 칸트의 말처럼, 무엇보다 감각(Sinnesempfindung)을 수단으로 부가되는 경험적 인식을 통해 **질료(Stoff)**를 얻는 인식하는 의식 자체의 **형식**이기 때문이다. 그러나 선험적 인식은 감각에 의한 경험적 인식 없이는 공허하고 무용하다. 바로 그러한 이유로 그의 철학은 순수이성 비판이라고 불린다. 이를 통해 모든 형이상학적 심리학이 무너지고, 이와 아울러 플라톤이 말하는 모든 순수한 영혼의 활동이 무너진다. 왜냐하면 우리는 신체가 매개하는 직관 없이는 인식이 질료를 얻지 못하는 것을 보기 때문이다. 따라서 신체를 전제하지 않고 인식한다는 것 자체는 공허한 형식에 다름 아니며, 모든 사유는 소화가 위의 기능이듯 뇌의 생리적인 기능임을 보기 때문이다.

따라서 **플라톤**의 지시, 인식 작용을 제거하고 신체, 감각, 직관과 함께 그것을 모든 관계(Gemeinschaft)로부터 순수하게 유지하라는 지시가 부적절하고, 잘못되었고, 그리고 사실상 불가능한 것으로 판명된다면, 우리는 그렇지만 나의 가르침을 그와 같은 것의 수정된 유사물(Analogon)로 간주할 수 있다. **의지**와의 모든 관계로부터 순수하게 유지되면서도 직각적(intuitiv) 인식 작용만 최고의 객관성, 그 때문에 완전성에 도달한다는 가르침 말이다. 이에 대해 나는 나의 주저『의지와 표상으로서의 세계』를 참조할 것을 권한다.

5

아리스토텔레스

아리스토텔레스[1]의 기본 성격은 사려 깊음, 관찰력, 다재다능함, 그리고 심오함의 부족과 결합된 더없이 위대한 명민함(Scharfsinn)이라고 말할 수 있다. 그의 세계관은 정교하게 다듬어진다 해도 깊지 않다. 심오함은 그 소재를 우리 내부에서 발견한다. 반면에 명민함은 데이터를 가지려면 외부로부터 받아야 한다. 그러나 그 당시 경험적 데이터는 부분적으로 빈약했고, 부분적으로 심지어 거짓이었다. 따

---

1 아리스토텔레스(Aristoteles, BC 384~BC 322): 플라톤과 함께 그리스 최고의 사상가로 꼽히는 인물로 서양 지성사의 방향과 내용에 매우 큰 영향을 끼쳤다. 그가 세운 철학과 과학의 체계는 여러 세기 동안 중세 그리스도교 사상과 스콜라주의 사상을 뒷받침했다. 17세기 말까지 서양 문화는 아리스토텔레스주의였으며 수백 년에 걸친 과학혁명 뒤에도 아리스토텔레스주의는 서양사상에 여전히 뿌리 깊게 남아 있었다. 아리스토텔레스가 연구한 지식 분야는 물리학, 정치학, 윤리학, 수사학 등 매우 다양하지만, 가장 큰 업적은 형식논리학과 동물학 분야의 연구이다. 그의 삼단논법은 이제 형식논리학의 작은 부분일 뿐이지만, 그의 윤리학, 정치학, 형이상학, 과학철학 등은 현대 철학자들 사이에서도 논의되고 있다. 저서로 『시학』, 『형이상학』, 『영혼론』, 『니코마코스 윤리학』, 『정치학』, 『생성소멸론』 등이 있다.

아리스토텔레스의 기본 성격은 사려 깊음, 관찰력,
다재다능함, 그리고 심오함의 부족과 결합된
더없이 위대한 명민함(Scharfsinn)이라고 말할 수 있다.
그의 세계관은 정교하게 다듬어진다 해도 깊지 않다.
심오함은 그 소재를 우리 내부에서 발견한다.
반면에 명민함은 데이터를 가지려면 외부로부터 받아야 한다.
그러나 그 당시 경험적 데이터는 부분적으로 빈약했고,
부분적으로 심지어 거짓이었다.

아리스토텔레스   Aristoteles

라서 오늘날 아리스토텔레스에 대한 연구는 그다지 성과가 없는 반면 플라톤에 대한 연구는 여전히 최고 수준에 있다. 물론 아리스토텔레스가 질책받는 깊이의 부족은 다른 곳과 마찬가지로 단순히 명민함만으로는 충분하지 않은 곳인 형이상학에서 가장 잘 드러난다. 그래서 그는 이 형이상학에서 가장 만족스럽지 못하다. 그의 **형이상학**은 대체로 선대 학자들의 철학 학설(Philosophem)에 대해 왈가왈부하는 것인데, 주로 선인들의 산발적인 발언들을 비판하고 반박하면서, 마치 바깥에서 유리창을 때려 부수는 사람처럼 그들 학설의 의미를 제대로 꿰뚫지 못하고 있다. 적어도 체계적인 형태로는 그는 자신의 교의들을 거의 또는 전혀 세우지 않는다. 우리가 비교적 오래된 철학 학설에 대한 지식의 상당 부분을 그의 논쟁술에 의존하고 있다는 것은 우연한 성과이다. 플라톤이 전적으로 옳은 지점에서 그는 대부분 적대적이다. 플라톤의 '이데아'는 마치 그가 소화할 수 없는 어떤 것처럼 계속 그의 입에 오르내린다. 아리스토텔레스는 플라톤의 이데아를 인정하지 않기로 결심했다.

경험 과학에는 명민함으로 충분하다. 그 때문에 아리스토텔레스는 주로 경험적 방향을 가지고 있다. 그러나 그 이후 경험론(Empirie)은, 그것과 당시 상황과의 관계가 성인의 연령과 그의 어린 시절의 관계와 같을 만치 크고 많은 진전을 이루었으므로, 오늘날의 경험 과학은 그의 철학의 연구를 통해 직접적으로 그다지 발전할 수 없다. 그러나 경험 과학이 그를 특징짓는 방법과 그에 의해 세상에 나오게 된 적절한 과학적 태도를 통해 간접적으로는 발전할 수 있다. 그렇지만 동물학에서 그는 오늘날까지도, 적어도 몇몇 개별적인 문제에서는 직접적으로 사용된다. 보통 그의 경험적 방향은 항상 폭을 넓히려는 경향을 그에게 제공한다. 이를 통해 그는 자신이 받아들인 사고의 연속으로부터 너무 쉽게 또 너무 자주 옆길로 벗어나서 사고 과정을 전체적으로 또 끝까지 거의 따라갈 수 없게 된다. 그러나 심오한 **사유**의 본질은 바로 여기에 있다. 반면에 그는 모든 곳에서 문제들을 일으키지만, 그것들을 건드리기만 할 뿐 해결하거나 심지어 철저히 논의하지도 않고 곧장 다른 문제로 넘어간다. 이러한 이유로 그의 독자는 너무나 자주 '지금 그것이 오고 있다'라고 생각하지만, 결국 아무것도 오지 않는다. 그리고 이런 이유로 그가 어떤 문제를 제기하고 짧은 시간 동안 그것을 추구할 때 진실이 그의 혀끝에 떠도는 것처럼 보인다. 그러나 느닷없이 그는 다른 무언가에 빠져서 우리를 의심하게 만든다. 왜냐하면 그는 아무것에도 집착할 수 없어서, 아이가 방금 눈에 띈 다른 장난감을 잡기 위해 어떤 장난감을 떨어뜨리듯, 자신이 계획한 것으로부터 방금 뇌리에 떠오른 다른 무언가로 옮겨가기 때문이다. 이것은 그의 지성의 약점이다. 즉 그것은 피상적인 것의 생동감이다. 이런 점에서, 과학의 분리와 분류가 그에게서 시작되었으므로 그가 지극히 체계적인 두뇌의 소유자였음에도, 그의 진술에 일반적으로 체계적인 질서가 결여되어 있다는 사실과 우리가 조직적인 발전을, 즉 그런 점에서 이질성의 분리와 동질성의 병치를 놓치고 있다는 사실이 설명된다. 그는 미리 곰곰이 생각하지 않고, 명확한 계획을 세우지도 않은 채 생각나는 대로 사물을 논한다.

그는 손에 펜을 들고 생각하는데, 그렇게 하는 것이 사실 작가에게는 큰 안도감을 주지만, 독자에게는 큰 부담이다. 그 때문에 그의 서술은 무계획적이고 불충분하다. 그래서 그는 낯선 것이 사이에 끼어들었기 때문에 같은 것에 대해 백 번 이야기하게 된다. 그러므로 그는 어떤 사안에 머물러 있을 수 없고 한 주제에서 다른 주제로 끝없이 넘어간다. 따라서 그는 앞에서 설명한 것처럼, 제기된 문제의 해결을 애타게 기다리는 독자를 우롱하게 된다. 그런 까닭에 그는 어떤 사안에 대해 몇 페이지를 쓴 후, 갑자기 "그러므로 우리의 성찰을 위한 또 다른 출발점을 취하자"라는 말과 함께, 같은 문제에 대한 탐구를 갑자기 처음부터 시작하며, 한 텍스트에서 그 문제에 대해 여섯 번을 반복한다. 그러므로 "이런 허풍선이의 과장된 말이 어떤 중요한 것을 약속하겠는가?"(호라티우스[2]의 『시론Ars poetica』[3] 138)라는 말은 그의 책과 장에 대한 수많은 머리말에 잘 들어맞는다. 그래서 **한마디**로 말하면 그는 너무나 자주 혼란스럽고 불충분하다. 물론 예외적인 방

---

[2] 호라티우스(Quintus Horatius Flaccus, BC 65 ~ BC 8): 아우구스투스 황제 시대에 로마에서 활동한 뛰어난 서정시인이자 풍자작가. 브루투스 진영에서 군대 호민관으로 활동하다가 패한 뒤 이탈리아로 도주한 호라티우스는 이후 금고 서기직을 맡아 일하면서 시를 쓰기 시작했다. 'carpe diem!(현재를 즐겨라!)'이라는 말을 한 주인공이다. 작품으로『송가Odes』, 『풍자시Satires』, 『서간집Epistles』, 『시론Ars poetica』 등이 있다. 아리스토텔레스 이후의 시론을 정리한『시론』은 17~18세기까지 문예비평에 절대적인 영향을 끼친 고전 시론의 초석이라고 할 수 있다.

[3] 'Ars Poetica' 또는 'The Art of Poetica'는 호라티우스가 기원전 19년경에 쓴 시로, 그는 시와 극을 쓰는 기술에 대해 시인들에게 조언한다.『시론』은 후대에 유럽 문학, 특히 프랑스 드라마에 큰 영향을 끼쳤고, 그것이 쓰인 이후로 시인들과 작가들에게 영감을 주었다. 그것은 중세 시대부터 잘 알려졌지만, 문학 비평에는 르네상스 시대부터 사용되었다.

법으로 그는 다르게 행동하기도 했는데, 예를 들어 세 권으로 된 책인 『수사학』은 전반적으로 과학적 방법의 전범이며, 즉 칸트적인 것의 모범이 되었을지도 모르는 건축학적 대칭성을 보여준다.

아리스토텔레스의 근본적인 반대는, 사유 방식뿐 아니라 서술에서도 그렇듯이 **플라톤**이다. 플라톤은 쇠로 된 손으로 그러듯 자신의 주요 생각을 붙잡고, 비록 그것이 무수히 잘게 나누어져 매우 얇아지더라도, 더없이 긴 대화의 미로를 통해 사고의 실마리를 추적한다. 그리고 온갖 에피소드를 거친 뒤 사고의 실마리를 다시 발견한다. 우리는 그가 글을 쓰기 전에 주제를 철두철미하게 숙고하고, 그것을 서술하기 위해 교묘한 순서를 구상했다는 것을 알 수 있다. 따라서 각각의 대화는 모든 부분이 잘 계획되어 있고, 종종 의도적으로 잠시 숨겨진 연관성을 갖는 예술 작품이다. 그리고 그것의 빈번한 에피소드가 저절로 또 종종 예기치 않게 주요 생각으로 되돌아가게 한다. 주요 생각은 그 에피소드에 의해 이제 분명히 드러난다. 플라톤은 단어의 완전한 의미에서 자신이 원하고 의도하는 바가 무엇인지 항시 알고 있었다. 물론 대부분의 경우 문제를 확실하게 해결하지는 못하고 철저한 논의에 부친 것에 불과했지만 말이다. 그러므로 몇몇 보고에서, 특히 클라우디우스 아일리아누스[4](『역사 모음집 *Varia Historia(Historical Miscellany)*』[5], III, 19, IV, 9 등)에게서 알 수 있듯, 플라톤과 아리스토

---

4 클라우디우스 아일리아누스(Claudius Aelianus, 175~235): 로마 작가이자 셉티미우스 세베루스 치하에서 번성했던 수사학의 스승.

5 14권으로 구성된 이 책은 일화 모음, 전기 스케치, 격언, 자연의 경이로움과 이상한 지

텔레스 사이에 주요한 개인적 불일치가 드러났다고 해서 그리 놀랄 일은 아니다. 플라톤은 심지어 때때로 아리스토텔레스에 관해 다소 경멸적으로 말했을지도 모른다. 아리스토텔레스의 방황, 변덕과 일탈은 사실 그의 박학다식(Polymathie)과 관련 있지만, 플라톤에게는 완전히 적대적인 요소이다. 실러의 시 「폭과 깊이 Breite und Tiefe」[6]는 아리스토텔레스와 플라톤 사이의 대립에도 적용될 수 있다.

  이러한 경험적인 지적 경향에도 불구하고 아리스토텔레스는 일

역 관습에 대한 묘사로, 문화 역사가와 신화 작가들에게 놀라움을 준다.

6 1797년에 지어진 시로 1798년 〈뮤젠알마나흐Musenalmanach〉에 처음으로 공개되었다.

  세상의 많은 사람이 빛나고
  그들은 모든 것에 대해 말할 줄 안다.
  그리고 무엇이 자극적이고 무엇이 좋은지
  그들에게 물어볼 수 있다
  그들이 큰소리치는 말을 들으면
  그들은 정말 신부新婦를 정복했을 것 같다.

  하지만 그들이 조용히 세상을 떠나면
  그들의 삶은 사라진다.
  훌륭한 일을 하고 싶은 사람은
  뭔가 위대한 걸 낳고 싶었을 텐데
  그자는 조용히 그리고 느슨하지 않게
  가장 작은 점에서 가장 높은 힘을 모은다.

  무성하고 휘황찬란한 가지가 있는
  줄기가 높이 치솟아 있다.
  나뭇잎들이 반짝이며 향기를 낸다.
  하지만 그것들은 열매를 맺을 수 없고
  좁은 공간에서 홀로 핵이
  숲의 자부심인 나무를 숨긴다.

관되고 체계적인 경험주의자가 아니었고, 결과적으로 그는 경험주의의 진정한 아버지인 **베이컨**(Bako von Verulam)에 의해 타도되고 쫓겨나야만 했다. 베이컨이 어떤 의미에서 또 어떤 이유로 아리스토텔레스와 그의 방법의 반대자이자 극복자인지 제대로 이해하고 싶은 사람은 아리스토텔레스의 『생성소멸론*de generatione et corruptione*』[7]을 읽어야 한다. 여기서 그는 자연에 대한 선험적인 추론(Räsonnieren), 단순한 개념으로부터 자연의 과정을 이해하고 설명하려고 하는 추론을 실제로 발견하게 될 것이다. 특히 두드러진 예는 화학을 선험적인 것으로 구성한 제2권 10장에서 제공된다. 이에 맞서 베이컨은 추상적인 것이 아니라 직관적인 것과 경험을 자연 인식의 원천으로 삼으라는 조언을 내놓았다. 이것의 눈부신 성공은 현재 자연과학의 높은 위상에서 알 수 있다. 이러한 위상으로부터 우리는 아리스토텔레스적인 고뇌(Quälerei)를 내려다보며 동정하고 미소 짓는다. 앞서 말한 것과 관련하여, 방금 언급한 아리스토텔레스의 책들은 심지어 스콜라주의의 기원까지도 분명히 인식하게 해준다는 점과 후자의 세세하게 꼬투리를 잡고 쓸데없이 장황한 방법을 이미 거기서 접할 수 있다는 점에서 주목할 만하다.

그와 같은 목적을 위해 『천체론*de caelo*』은 매우 유용하며, 따라서 읽을 가치가 있다. 곧바로 최초의 장들은 단순한 개념으로부터 자연

---

7 『생성소멸론』은 4원소(흙·공기·불·물)와 그 상호관계를 다룬다. 특히 그는 한 원소가 다른 원소를 변하게 하거나 다른 원소로 변할 수 있다고 주장한다.

의 본질을 인식하고 규정하려는 방법의 진정한 전범이 되는데, 여기서 실패는 명백하다. 8장에서는 여러 개의 세계가 존재하지 않는다는 사실이 단순한 개념과 상투어로부터 우리에게 증명되고, 12장에서는 이와 마찬가지로 별들의 이동 경로에 대한 추측이 있다. 그것은 잘못된 개념들로부터 수미일관한 강변이고 전적으로 고유한 자연-변증론(Natur-Dialektik)이다. 자연-변증론은 합리적인 것과 적절한 것을 표현하도록 되어 있는 어떤 보편적 원리로부터 자연이 어떠해야 하고, 어떻게 기능해야 하는지를 선험적으로 결정하려고 한다. 이제 우리는 아리스토텔레스의 경우에서 보듯 이처럼 위대하고, 심지어 경탄할 만한 두뇌의 소유자가, 불과 몇백 년 전까지만 해도 그 타당성을 인정받았던 이런 종류의 오류들에 깊이 빠져든 것을 보게 된다. 그러면서 인류가 코페르니쿠스, 케플러, 갈릴레오, 베이컨, 로버트 후크, 그리고 뉴턴에게 얼마나 많은 빛을 지고 있는지 무엇보다도 먼저 분명해진다. 제2권의 7장과 8장에서 아리스토텔레스는 완전히 터무니없는 천체 배열을 우리에게 제시한다. 즉 별들은 회전하는 속이 빈 구에, 태양과 행성은 비슷한 좀 더 가까운 구에 고정되어 있다. 회전할 때 생기는 마찰은 빛과 열을 유발한다. 다시 말해 지구는 분명히 정지해 있다. 이전에 더 나은 것이 없었더라면 이 모든 것은 그냥 지나갈 수 있을지도 모른다. 그러나 아리스토텔레스 자신이 13장에서, 지구의 형태, 위치와 움직임에 대해 피타고라스 학파 철학자들의 전적으로 올바른 견해를 일축하기 위해 그것을 제시한다면, 이것은 분명 우리의 분노를 불러일으킨다. 엠페도클레스, 헤라클레이토스, 데모크리토스에 대한 그의 빈번한 논쟁으로부터, 그들 모두 자연에 대해 훨씬 더 정확한 통찰력을 가지고 있었고, 또한 우리가 여기서 앞에 제시하고 있는 깊이 없는 수다쟁이보다 경험을 더 낮게 관찰했다는 것을 본다면, 우리의 분노는 증가할 것이다. **엠페도클레스**는 심지어 회전에 의해 발생하고, 중량에 반작용하는 접선력[8]에 대해 이미 가르쳤다(『천체론』, II, 1, 13. 숄리아 판, 491쪽).

그런데 그와 같은 것의 가치를 적절히 평가할 능력이 안 되는 아리스토텔레스는 위와 아래의 진정한 의미에 대한 저 선인들의 올바른 견해조차 인정하지 않고, 이 점에서도 피상적인 겉모습을 추종하는 커다란 무리의 견해(IV, 2)에 찬성한다. 그러나 이제 우리는 그의 이러한 의견들이 인정받고 전파되었고, 이전의 모든 것과 더 나은 것을 몰아냈다는 사실을 고려해야 한다. 그래서 후일 그의 의견은 히파르코스[9]와 프톨레마이오스 우주론의 기초가 되었다. 인류는 16세기 초까지 이 우주론을 힘겹게 끌고 다녀야 했다. 확실히 이 체계

---

8 Tangentialkraft. 물체의 표면에서 그 표면에 접선 방향으로 작용하는 힘. 마찰력이 대표적인 예이다.

9 히파르코스(Hipparchos, BC 190경~BC 120경): 그리스의 천문학자·수학자로 별의 밝기로 별의 분류 체계를 만들었다. 그의 저서는 현재 거의 전해 내려오지 않지만, 프톨레마이오스(Klaudios Ptolemaios, 100~170년경)의 『알마게스트』에 수록되어 후세 천문학의 기초를 만들었다. 그는 자신이 관측한 천문 자료와 바빌로니아 천문학의 유산을 이용하여 수학적 계산에 의해 별, 태양, 달, 행성의 운동에 관하여 여러 가지 아이디어를 제안했다. 히파르코스는 850여 개의 별을 관측해 별의 위치를 황경과 황위로 표시해 하늘 지도인 '성도星圖'를 완성한다. 또한 별을 밝기에 따라 6등급으로 분류한다. 그가 완성한 별의 밝기 분류법은 2000년이 지난 지금도 일부만 수정을 해서 사용하고 있다. 한편 프톨레마이오스의 지구중심설은 히파르코스의 생각을 이어받은 것으로, 그것은 코페르니쿠스에 의해 배격받게 된다.

는 코페르니쿠스의 우주론과는 기본적으로 양립할 수 없는 것으로서 유대-그리스도교 종교 교리에는 무척 유리하게 작용했다. 천국이 없다면 어떻게 천국에 신이 있단 말인가? 진지한 의미의 **유신론**(Theismus)은 필연적으로 세상을 **하늘**과 **땅**으로 나눈다는 것을 전제로 한다. 인간들은 **땅** 위를 돌아다니고, 그들을 다스리는 신은 **하늘**에 앉아 있다. 이제 천문학이 천국을 빼앗으면, 신도 **함께** 빼앗아버릴 것이다. 다시 말해 천문학은 세상을 크게 넓혀서, 신을 위한 공간이 하나도 남지 않게 된다. 그러나 모든 신이 불가피하게 그렇듯, **장소**를 갖지 않고, 어디에나 있으면서 어디에도 없는 인격적인 존재는 단순히 언급만 될 뿐 상상될 수 없으며, 그 때문에 그 존재를 신뢰할 수 없게 된다. 따라서 물리 천문학이 대중화되는 정도만큼 유신론은 사라질 수밖에 없다. 끊임없는 또 더없이 엄숙한 암시를 통해 그것이 아무리 확고하게 사람들의 뇌리에 각인되었다 해도 말이다. 그리하여 가톨릭교회가 이런 사실을 즉시 정확하게 인식했고, 그에 따라 코페르니쿠스 체계를 박해했다. 그러므로 갈릴레오를 곤경에 빠트린 것에 대해 그토록 그리고 절규하며 놀라워하는 것은 어리석은 일이다. 왜냐하면 '자연의 모든 존재는 자기 스스로를 보존하려고 애쓰기' 때문이다. 교회 교리와 아리스토텔레스에 의해 제거된 위험과 더불어 그의 어떠한 차분한 인식, 또는 적어도 이러한 조화의 예감이 중세 시대에 그를 지나치게 숭배하도록 하지 않았을지 누가 알겠는가?[10] 옛 천문학 체계에 대한 그의 보고에 자극받은 몇몇 사람들이, 코페르니쿠스가 깨닫기 오래전에 그 진실을 은밀히 깨닫지 않았을

지 누가 알겠는가? 코페르니쿠스는 다년간 망설인 끝에, 세계와 작별하려는 순간 마침내 그 진실을 감히 선언했다.

10　실제적인 유신론을 아리스토텔레스 탓으로 돌리는 옛 저술가들은 그 증거를 『천체론 *De mundo*』에서 찾지만, 단연코 그것은 그가 저술한 책이 아니다. 이러한 사실은 오늘날 일반적으로 받아들여지고 있다. ―원주.

6

스토아 철학자[1] 들

스토아 철학자들의 매우 아름답고 심오한 개념은 생식력[2]의 개념이다. 그럼에도 우리는 우리에게 전해진 것보다 더 상세한 보고를 원하는지도 모른다(디오게네스 라오르티오스, 『뛰어난 철학자들의 생애와 견해』 VII, 136쪽―플루타르코스, 『철학자들의 학설』[3] I, 7.―스토바이오스, 『선집 _Eclogae_』 I, 372쪽). 그렇지만 이를 통해 어떤 종(Gattung)의 연속된 개체에서 한 종으로부터 다른 종으로 넘어감으로써 그 종의 동일한 형태를 주장하고 보존하는 것이 생각되는 것은 그런 만큼 분명하다. 그

1 　스토아 철학자로는 창시자 제논, 세네카, 키케로, 카토, 에픽테토스, 마르쿠스 아우렐리우스 등이 있다.

2 　생식력(logos spermatikos)은 '씨앗의 형태로 존재하는 이성, 로고스, 신의 말씀', '이성적 씨앗'이라는 뜻이다. 스토아학파는 인간은 그들 내부에 개인의 행복과 사회적 조화에 필요한 본질적인 영원법을 발견할 수 있게 해주는 '신성한 불꽃(이성적 씨앗)'을 가지고 있다고 믿는다.

3 　이 저서는 플루타르코스로부터 유래하지 않는다.―원주.

러므로 이는 흡사 씨앗에 내재된 종에 대한 개념과 같다고 할 수 있다. 따라서 생식력은 개체에서 파괴할 수 없는 것이며, 종(Spezies)과 하나 되는 것으로서 종을 대표하고 있는 것이다. 생식력은 개체를 파괴하는 죽음이 종을 공격하지 않게 해준다. 그 덕분에 개체는 죽음에 저항해 항시 다시 존재하게 된다. 따라서 우리는 생식력을 마법의 공식으로 번역할 수 있을지도 모른다. 이러한 형태를 언제든지 현상으로 불러들인다는 점에서 말이다. 그것과 밀접하게 관련된 것은 '실체적 형상forma substantialis'[4]이라는 스콜라 철학자들의 개념이다. 모든 자연 존재가 지닌 전체 속성의 복합체의 내적 원리가 그 개념에 의해 사유된다. 그것의 반대는 아무런 형태도 질도 없는 제1질료(materia prima), 즉 순수한 질료이다. 인간의 영혼은 바로 그것의 실체적 형상이다. 두 개념을 구별하는 것은 생식력이 단지 생물과 번식하는 존재에 속하는 반면, 실체적 형상은 무기물 존재에도 속한다는 점이다. 이와 마찬가지로 이 실체적 형상은 주로 개인과 관련되는 반면, 생식력은 무엇보다도 종과 관련된다는 점이다. 그런데 둘 다 분명히 플라톤의 이데아와 관련이 있다. 실질적인 형태의 설명은 스코투스 에리게나, 『자연 구분론』,[5] 제3권, 139쪽, 옥스퍼드 판, 조르다노

---

4   실체적 형상(實體的 形相, forma substantialis)이란 질료에 일정한 규정을 주고, 그것을 실체로 간주하고 구성하는 형상을 말한다. 이와는 반대로 단순한 우유성을 부여받은 것에 지나지 않은 형상을 우연적 형상(forma accidentalis)이라고 말한다. 스콜라 철학에서 물질의 구성요소는 질료(materia prima)와 실체적 형상이라고 한다. 스콜라 철학은 "생물이라도 그 질료는 다른 무생물체와 같다. 그러나 그 생명현상의 기초 원인인 실체적 형상은 무생물계의 그것과는 본질적으로 다른 독특한 것"이라고 설명한다.

브루노(Giordano Bruno), 『원인, 원리와 일자De la causa, principio ed uno』(1584), 대화 3, 252쪽 이하, 그리고 **수아레스**[6]의 『형이상학적 논쟁 Disputationes metaphysicae』, 논쟁 15, 1절)에서 찾을 수 있다. 그것이 스콜라적 지혜 전체의 진정한 개요다. 우리는 거기서 친분을 쌓으려고 해야지, 온갖 무미건조함과 지루함의 진수인 우둔한 독일 철학 교수들의 장황한 수다에서 그것을 찾아서는 안 된다.

스토아 윤리학에 대한 우리의 지식의 주요 원천은 스토바이오스(『윤리학 선집Eclogae ethicae』[7], 제2권 7장)에 의해 보존된 그에 대한 매우 상세한 서술이다. 여기서 우리는 대체로 제논(Zeno)과 크리시포스(Chrysippos)의 발췌본을 문자 그대로 가지고 있다고 자처한다. 사정이 그러하다면 그 서술은 이 철학자들의 정신으로부터 우리에게 고귀한 의견을 제공하는 데 적합하지 않다. 오히려 그 서술은 현

---

5 『자연 구분론De divisione naturae』에서 에리게나는 자연을 1, 창조하지만 창조되지 않은 것, 2, 창조하지만 창조된 것, 3, 창조하지 않고 창조된 것, 4, 창조하지도 않고 창조되지도 않은 것으로 나눈다. 첫 번째와 네 번째는 처음과 끝이 되는 하느님이다. 두 번째와 세 번째 것은 피조물들의 이중적인 존재 양식(지성적·감성적)이다. 모든 피조물이 하느님에게로 돌아가는 것은 죄와 육체의 죽음으로부터 풀려나서 미래의 삶으로 들어가는 것이다. 자연 구분론에 따르면 신은 이상의 세계를 창조하였으며, 현실의 세계는 이 이상의 세계에서 나온 것으로 그 중심이 인간이라고 주장한다. 그리고 죄가 인간을 이 지위에서 전락시켰으나, 그리스도로 말미암아 그것이 회복되고 신과의 합일에 이른다고 한다.

6 수아레스(Francisco de Suarez, 1548~1617): 스페인의 스콜라학파의 지도적 신학자, 예수회 회원. 교황 베네딕토 14세에 의해 '우수박사(Doctor eximius)' 칭호를 받았다. 그는 토마스 아퀴나스의 원칙에 입각해서 독자적인 신학체계학설을 전개하였다.

7 스토바이오스는 페리파토스학파의 윤리학에 관한 이 저술에서 "혹심한 불행 중에 있는 선한 사람들이나 또는 너무나 행운에 겨운 악한 사람들은 인생과 작별해야 한다"라고 말한다.

학적이고, 고리타분하며, 극도로 장황하고, 믿을 수 없을 만치 무미
건조하며, 스토아 도덕에 대한 깊이 없고 단조로운 설명이다. 그 서
술에는 힘도 생명도 없고, 가치 있고 적절하며 정교한 사고도 없다.
그 안에 있는 모든 것은 단순한 개념에서 파생된 것이며, 현실과 경
험에서 퍼온 것은 아무것도 없다. 따라서 인류는 고귀함과 비열함
(σπουδαῖοι und φαῦλοι), 미덕과 악덕으로 나누어진다. 미덕은 모두
좋은 것에, 악덕은 모두 나쁜 것에 귀속된다. 따라서 모든 것은 프로
이센의 초소처럼 흑과 백으로 나타난다. 이것이 바로 스토아학파의
이 진부한 습작들이 세네카의 너무나 활기차고 재기발랄하며 사려
깊은 글들과 비교될 수 없는 이유이다. 스토아 철학이 기원한 지 약
400년 후에 작성된 **에픽테토스**[8]**의 철학**에 대한 **아리아노스**[9]의『담론
Dissertation』[10]은 우리에게 **스토아 도덕**의 진정한 정신과 본래적 원리

---

8   에픽테토스(Epiktetos, AD 55경~135경): 고대 그리스 스토아학파의 대표적인 철학
자. 소아시아에서 노예로 출생하였으며 고문을 받아 절름발이가 되었다. 그는 무소니우스
루프스의 스토아 철학을 배웠으며 노예에서 해방되자 젊은이들에게 철학을 가르쳤다. 그의
사상은 의지의 철학으로서 실천적인 면을 강조하고 있으며, 자유로울 수 있는 최대의 것으
로는 신을 생각하였다. AD 90년 스토아학파를 탐탁지 않게 생각한 황제 도미티아누스에 의
해 로마에서 추방당했다. 그는 아무런 저서도 쓰지 않았으나 제자인 아리아노스가 그의 강
의를 산추려 쓴『어록』,『제요』가 있다.

9   아리아노스(Lucius Flavius Arrianus, AD 86?~160?): 로마 시대 그리스의 정치가이자
역사가로 에픽테토스의 제자였다. 알렉산드로스 대왕의 동방 원정을 연구한『알렉산드로스
대왕 원정기*Anabasis*』의 저자이다.

10   108년경, 아리아노스가 스토아 철학자 에픽테토스의 강연을 청강하고 집필한 작품.
본래 '철학자 황제'로 유명한 마르쿠스 아우렐리우스가 이 책에 깊이 감화되어 참회록에서
그 내용을 여러 번 인용했다. 이 작품은 중세 시대에 수도원 생활의 원리에 대한 지침서로 많
이 사용되기도 했다.

에 대한 어떠한 근본적인 정보도 제공하지 않는다. 오히려 이 책은 형식과 내용 면에서 불충분하다. 우선 형식과 관련해서, 우리는 그 속에서 방법과 체계적인 논문의 모든 흔적, 심지어 단지 규칙적인 진행의 흔적조차 볼 수 없다. 순서도 맥락도 없이 나란히 배열된 장들에서는 우리 자신의 의지의 표현이 아닌 것은 무엇이든 무가치한 것으로 평가해야 한다는 것이, 그에 따라 일반적으로 사람들을 움직이는 모든 것을 전적으로 무관심하게 간주해야 한다는 것이 끊임없이 반복된다. 이것이 스토아적 마음 평정인 아타락시아(ataraxia)다. 다시 말해 우리의 통제하에 있지 않은 것은 우리와 무관하다. 그러나 이 거대한 역설은 어떤 원칙에서 비롯된 것이 아니며, 세상에서 가장 특이한 신조가 근거도 제시되지 않은 채 우리에게 부당하게 요구된다. 그 대신 우리는 끊임없이 반복되는 표현과 관용 어법을 통해 끝없는 장광설을 발견한다.

왜냐하면 저 기이한 준칙들에서 나오는 결론들은 극히 상세하고 생생하게 제시되어 있기 때문이다. 따라서 스토아 철학자들이 세상에 무에서 유를 어떻게 만들어내는지 다양하게 묘사된다. 한편 다르게 생각하는 사람은 항상 노예와 바보로 모욕당한다. 우리는 그러한 이상한 사고방식을 받아들인 것에 대해 명백하고 설득력 있는 근거가 제시되기를 바라지만 그건 헛수고일 뿐이다. 그러한 근거가 두꺼운 책 전체의 모든 장광설과 야비한 언사보다 훨씬 더 효과적일 것이기 때문이다. 그러나 스토아적 평정을 과장되게 묘사하고, 거룩한 수호성인들인 클레안테스(Kleanthes)[11], 크리시포스(Chrysippos)[12], 제논(Zenon)[13], 크라테스(Krates)[14], 디오게네스(Diogenes)[15], 소크라테스를 지칠 줄 모르게 칭찬하고, 다르게 생각하는 모든 사람을 질책하는 이 책은 그야말로 카푸친 파 수도사의 징계 설교이다. 물론 전체 서술의 무계획성과 산만함은 그러한 설교에 적합하다. 한 장의 제목이 제공하는 것은 단지 그 시작의 주제일 뿐이다. 최초의 계기에서 일탈이 일어나고, 사고의 연상 작용에 따라 백 번째 주제에서 천 번째 주

---

11 클레안테스(Kleantes, BC 331~232): 고대 그리스 스토아학파의 창시자 제논의 후계자이자 철학자. 제논의 강의를 듣고 후일 그의 후계자가 되었다. 제논의 사후, BC 262년 클레안테스는 스토아학파의 태두가 되어, 32년 동안 그 지위를 유지했다. 그는 철학을 변증학, 수사학, 윤리학, 정치학, 자연학, 신학 등 6개 분야로 나누었다. 신과 자연을 동일시하는 발상은 그에 의해 확립되었다고 한다. 특히 시 형태로 사상을 전개하는 것을 장기로 하여 『제우스 찬가』가 전승되고 있다.

12 크리시포스(Chrysippos, 출생과 사망 미상): BC 280경~206년경에 활동한 그리스의 철학자. 스토아 철학을 체계화한 주요 인물이다. 제논과 함께 아테네에 스토아 학원을 세운 것으로 추측된다. 그는 지성을 훈련하기 위해 명제 논리를 최초로 구성한 사람이다.

13 제논(Zeno, BC 335~BC 263): 키프로스의 섬 도시 키티움 출신으로 아테네에서 스토아학파를 창시한 헬레니즘 사상가로 헬레니즘 시대와 로마 시대의 철학과 윤리 사상의 발전에 영향을 미쳤다. 에픽테토스, 세네카, 로마 황제 마르쿠스 아우렐리우스가 스토아학파의 대표적 인물이다. 이들의 핵심 사상은 "인간은 어떤 대상이 아니라 그 대상에 대한 시각 때문에 불행해진다"라는 에픽테토스의 말로 잘 표현된다.

14 크라테스(Crates of Thebes, 출생과 사망 미상): BC 4세기 말에 활동한 견유학파 철학자 디오게네스의 제자. 스토아학파의 제논에게 끼친 영향을 끼친 점에 역사적 중요성이 있으며, 제논은 그를 매우 찬미했다. 플루타르코스가 쓴 그의 전기가 남아 있다.

15 디오게네스(Diogenes, ?~BC 320경) 안티스테네스의 영향을 받은 견유학파 철학자. 금욕적 자족을 강조하고 향락을 거부하는 생활방식을 처음 시작한 인물로 간주된다. 그는 일관된 사고체계보다는 인격적 본보기를 보임으로써 견유학파의 철학을 전파했다. 그의 유실된 저작으로 자연스러운 삶을 살아가는 무정부주의적 유토피아를 그린 『공화국』이 있다. 그는 행동강령으로 자족, 자긍심, 과단성을 내세운다. 마지막 강령인 도덕적 탁월성은 조직 훈련이나 금욕생활로 얻을 수 있다.

제로 넘어간다. **형식**에 관해서는 이 정도로 하기로 한다.

이제 **내용**에 대해서 말하자면, 토대가 완전히 결여되어 있다는 사실은 차치하고서라도, 그것은 결코 진정 순수하게 스토아적이 아니라, 그리스도교-유대적 원천의 맛이 나는 것으로서 낯선 요소가 대폭 섞여 있다. 이러한 원천의 가장 부인할 수 없는 증거는 모든 페이지에서 발견되고 또한 도덕을 뒷받침하는 유신론이다. 견유학파와 스토아학파는 여기에서 신의 명령에 따라 행동하고, 신의 뜻이 그들의 지침이다. 그들은 신에 헌신하고, 신을 손꼽아 기다린다. 그러한 행위는 진정한 근원적인 스토아와는 완전히 다른 모습이다. 그들에게 신과 세계가 하나이다. 그들은 신의 생각하고 의욕하고 명령하고 미리 대비하는 인간적인 면모에 대해서는 전혀 알지 못한다. 그러나 우리는 아리아노스에게서뿐 아니라 최초의 그리스도교 세기의 대부분의 이교도 철학 저술가들에게서, 그 직후 그리스도교로서 민속신앙이 되는 유대적 유신론이 이미 어렴풋이 비치는 것을 본다. 오늘날 학자들의 글에서 나중에 가서야 민속신앙으로 넘어가는 인도의 토착 범신론이 희미하게 비치듯이 말이다. "빛은 동방에서 온다."[16]

앞에서 밝힌 이유로 여기서 제시된 도덕 자체도 순전히 스토아적이지 않다. 심지어 그 도덕의 일부 규정은 서로 조화를 이룰 수 없다. 따라서 물론 그 도덕에 대한 어떤 공동의 기본 원칙도 세울 수 없다. 마찬가지로 견유주의, 또한 견유주의 철학자들은 주로 다른 사람들

---

16 Ex oriente lux.

을 위해, 즉 신의 사자로서 자신을 본보기로 해서 그들에게 영향을 미치고 그들의 일에 간섭함으로써 그들을 조종하기 위해, 존재해야 한다는 가르침을 통해 완전히 날조된다. 그 때문에 "온통 현자만 있는 도시에서는 견유주의자가 전혀 필요하지 않을 것이다"라는 말이 있다. 이와 마찬가지로 견유주의자는 사람들을 밀쳐 내지 않기 위해 건강하고, 강하고, 깨끗해야 한다고 한다. 이것은 옛날의 진정한 견유주의자들의 자족과는 얼마나 동떨어진 말인가! 물론 디오게네스와 크라테스는 많은 가족의 벗이자 조언자였다. 하지만 그것은 부차적이고 우발적인 일이었고, 견유주의의 목적은 결코 아니었다.

그러므로 **아리아노스**에게는 스토아 윤리의 기본 사고뿐 아니라 견유주의의 진정한 기본 사고가 완전히 사라졌다. 심지어 그는 그와 같은 기본 사고의 필요성조차 느끼지 않은 것 같다. 그는 자기 부정이 자신의 마음에 든다고 자기 부정을 설교한다. 자기 부정이 마음에 드는 이유는 단지 그것이 힘들고 인간의 본성에 반하는 것인 반면, 설교는 쉬워서일지도 모른다. 그는 자기 부정의 근거들을 찾지 않았다. 그 때문에 우리는 때로는 그리스도교의 금욕주의자, 때로는 다시 스토아 철학자의 이야기를 듣는다고 생각한다. 물론 둘이 내거는 준칙이 가끔 일치하기도 하기 때문이다. 하지만 그들이 의존하는 원칙은 완전히 다르다. 이 점에서 나는 나의 주저인 『의지와 표상으로서의 세계』[17] I, 16장을 참조하도록 권한다. 거기서, 그리고 아마 처음

---

17 『의지와 표상으로서의 세계』, 홍성광 역, 을유문화사 2019, 145쪽. "말의 참되고 진정

으로 견유주의와 스토아의 진정한 정신이 철저히 설명되어 있다.

아리아노스의 모순은 심지어 다음과 같은 우스꽝스러운 방식으로도 드러난다. 그는 그 완벽한 스토아 철학자를 무수히 거듭 묘사할 때 언제나 이렇게 말한다. "그는 아무도 비난하지 않고, 신들이나 인간에 대해 불평하지 않으며, 누구도 비난하지 않는다." 그러나 그의 책 전체는 주로 꾸짖는 어조로 쓰여 있으며, 종종 모욕으로 넘어가기도 한다.

이 모든 것에도 불구하고 우리는 아리아노스나 에픽테토스가 고대 스토아 철학자들에게서 가져온 진정 스토아적인 사상을 책 여기저기서 접할 수 있다. 이와 마찬가지로 견유주의가 개별적인 점(Zug)에서 적절하고 생생하게 묘사된다, 또한 군데군데 많은 건전한 상식이 포함되어 있고, 그뿐만 아니라 삶에서 끌어낸 인간들과 그들의 행동에 대한 인상적인 묘사도 포함되어 있다. 문체는 가볍고 유려

한 의미에서 **실천 이성**의 가장 완전한 발전, 인간이 이성을 단순히 사용함으로써 도달할 수 있는 최고 정점, 그리고 거기에 도달하면 인간과 동물의 차이가 가장 분명히 드러나는 정점은 **스토아학파의 현자**에게서 **이상적**으로 서술되고 있다. 스토아학파의 윤리학은 원래 또 본질적으로 덕론이 아니라 마음의 평정을 통해 행복을 얻는 것을 목표이자 목적으로 삼는 이성적 삶에 대한 지침일 뿐이다. 이 경우 덕 있는 태도는 말하자면 목적이 아니라 수단으로서 우연히 나타날 뿐이다. 따라서 스토아학파의 윤리학은 그 모든 본질과 관점에서 볼 때, 베다, 플라톤, 그리스도교, 칸트의 학설처럼 직접적으로 덕을 강요하는 윤리 체계와는 근본적으로 다르다. 스토아학파 윤리학의 목적은 행복이다. 스토바이오스는 스토아학파의 해설에서 "모든 덕의 목적은 행복에 있다"라고 말하고 있다(『스토바이오스 선집』 제2권 7장 114쪽). 그렇지만 스토아학파의 윤리학은 행복이란 내적 평화와 마음의 평정에서만 확실히 얻을 수 있고, 이 평정은 다시 덕을 통해서만 달성될 수 있음을 증명한다. 덕이 최고의 선이란 표현은 바로 이 사실만을 의미하는 것이다."

하나 무척 장황하다.

프리드리히 아우구스트 볼프가 자신의 강의들에서 우리에게 장담했듯, 나는 에픽테토스의 『엔키리디온*Enchiridion*』[18] 역시 아리아노스가 작성했다고 믿지 않는다. 그것은 『담론』에서보다 더 적은 말로 훨씬 더 많은 정신을 보여준다. 그것은 전반적으로 건전한 상식을 보여주며, 텅 빈 선언도, 허세도 없이 간결하고 적절하게, 그러면서 선의의 조언을 해주는 친구의 어조로 쓰여 있다. 반면에 『담론』은 대부분 꾸짖고 질책하는 어조로 말한다. 두 책의 내용은 전반적으로 동일하다. 다만 『엔키리디온』이 『담론』의 유신론을 거의 공유하지 않을 뿐이다. 아마도 『엔키리디온』은 에픽테토스가 자신의 청강자들에게 받아쓰기시킨 그 자신의 개요서였을 것이고, 『담론』은 아리아노스가 에픽테토스의 무료 강의에 대한 주석으로 적어놓은 노트였을 것이다.

18　에픽테토스의 『엔키리디온』은 그의 『담론』에서 파생된 것으로, 에픽테토스의 스토아 철학을 실천에 옮기기 위한 계율이다. 그는 이 저서에서 형이상학을 지양하고 일상생활에 철학을 적용하는 에픽테토스의 사상을 집중적으로 다뤘다.

신플라톤주의[1] 철학자들[2]

　신플라톤주의자들의 저서를 읽는 것은 그들 모두에게 형식과 표현이 부족한 관계로 많은 인내를 요구한다. 그러나 이와 관련하여 **포르피리오스**[3]는 다른 사람들보다 훨씬 낫다. 그는 명료하고 조리 있

1　신플라톤주의(Neoplatonism)는 3세기의 플로티노스가 발전시키고 그 후계자들이 수정해나간 그리스 철학의 마지막 형태로서, 6세기 후반 비그리스도교적인 철학이 금지될 때까지 지배적인 위치를 점유했다. 핵심 개념은 다음과 같다. 첫째, 존재의 위계질서가 있으며, 가장 낮은 단계는 물리적 세계이다. 둘째, 각 단계의 존재는 그보다 상위 단계로부터 파생된다. 셋째, 각각의 파생된 존재는 그보다 상위 단계로 귀환하려는 관상적(觀賞的) 욕구의 운동 속에서 자신의 실제성을 확립한다. 넷째, 각 단계의 존재는 낮은 단계에 비친 그보다 상위 존재의 영상 혹은 표현이다. 다섯째, 존재의 등급은 단일성의 정도를 보여주는 등급이기도 하다. 여섯째, 최상위의 존재는 '존재 너머의 것'이라고 말할 수 있다. 일곱째, 최상의 원리는 하나의 대상이 아니며 마음이 그것 자체와 직접 합일될 때만 알 수 있다.

2　신플라톤학자로는 창시자인 플로티노스와 그의 제자 포르피리오스, 이암블로코스, 프로클로스가 있다.

3　포르피리오스(Porphyrios, 234경~305경): 그리스의 신플라톤주의 철학자. 플로티노스의 저작을 편집하고 전기를 쓴 중요한 인물이다. 또 아리스토텔레스의 『범주론』에 관한 해설로 유명하다. 플로티노스는 제자 포르피리오스가 자살하려는 음울한 상태에서 벗어나게 해

게 글을 쓰는 유일한 사람이므로 반감을 품지 않고 그의 글을 읽을 수 있다.

반면에 가장 형편없는 사람은 『이집트인의 신비에 대하여de mysteriis Aegyptiorum』라는 책을 쓴 **이암블리코스**다. 그는 조잡한 미신과 볼품없는 악령학(Dämonologie)으로 가득 차 있고, 게다가 완고하다. 사실 그는 마술(Magie)과 요술(Theurgie)에 대한 다른 견해, 말하자면 비의적인 견해를 가지고 있다. 하지만 이것들에 대한 그의 설명은 얕고 미미할 뿐이다. 전반적으로 그는 형편없고 불유쾌한 엉터리 작가이다. 그는 편협하고, 괴팍하고, 극도로 미신을 믿으며, 혼란스럽고, 애매모호한 작가이다. 그가 가르치는 것이 자신의 숙고에서 나온 것이 결코 아니고, 종종 절반만 이해되는, 그럴수록 더 완강하게 주장되는 낯선 도그마일 뿐이라는 사실이 보인다. 그래서 그는 또한 모순으로 가득 차 있다. 하지만 사람들은 지금 언급된 책이 그가 쓴 책이라는 것에 이의를 제기하려고 한다. 나는 스토바이오스가 우리를 위해 보존해준 것으로, 『이집트인의 신비에 대하여De mysteriis』보다 비교할 수 없을 만큼 더 낫고, 신플라톤주의 학파의 많은 좋은 사상을 포함하고 있는 그의 잃어버린 작품들에서 발췌한 긴 글들을 읽

주었다. 논문집 『엔네아데스Enneade』는 플로티노스의 저작들을 체계적으로 편집한 것으로 신뢰성과 풍부한 정보가 돋보이는 플로티노스의 전기가 서문으로 실려 있다. 그의 저서 『입문서Isagoge』는 논리학과 철학에 관한 입문서로서, 이 책의 라틴어 번역본은 중세 논리학 교과서의 표준이 되었다. 그는 『그리스도교에 대한 반론』으로 인해 초기 그리스도교인들과 논쟁을 벌여야 했고, 그로 인해 448년에 분서焚書 선고를 받기도 했다. 그는 플로티노스 사상을 강의했고, 이암블리코스의 가정교사였으며 피타고라스의 일생을 전기로 쓰기도 했다.

을 때 이 견해에 동의하고 싶어진다.

반면에 **프로클로스**[4]는 얕고 장황하며 무미건조한 수다쟁이다. 플라톤의 가장 나쁜 대화편 중의 하나인 『알키비아데스』에 대한 프로클로스의 논평은, 그것 역시 진짜가 아닐지도 모르지만, 세상에서 가장 산만하고 장황한 헛소리다. 그 논평에서는 플라톤의 모든 말, 심지어 가장 하찮은 말에 대해서도 끝없이 수다가 계속되고, 그 안에서 더 깊은 의미가 찾아진다. 플라톤의 신화적이고 알레고리적인 말은 본래적인 의미에서 그리고 엄격하게 교의적으로 해석되고, 모든 것이 미신적이고 신지학적인 것으로 왜곡된다. 그럼에도 논평의 전반부에서 몇 개의 매우 좋은 생각들을 만날 수 있다는 것은 부인할 수 없다. 하지만 그것들은 프로클로스에게 속하는 생각이라기보다는 그 학파에 속하는 생각일지도 모른다. 그것은 심지어 제1부의 1장을 종결짓는 가장 중요한 명제이다. "(태어나기 전의) 영혼의 욕망(Trieb)

---

4 프로클로스(Proklos, 410경~485): 신플라톤주의 사상을 비잔틴·이슬람·로마 세계 구석구석까지 전파하는 데 이바지한 그리스의 마지막 주요 고전 철학자. 아테네 학파의 마지막 영수領袖로, 그리스도교가 크게 득세하던 시기에 그리스 철학의 전통을 끝까지 수호하였다. 이암블리코스와 마찬가지로 프로클로스도 그리스도교에 대항했고 이교 신앙을 열정적으로 옹호했다. 신플라톤주의 관념론자로서 사상이 실재를 포함하는 반면 구체적 '사물'은 현상에 지나지 않는다고 강조했다. 궁극적 실재인 '일자'가 신이자 선이며 자기의 윤리적·신학적 체계를 통일한다고 주장했다. 서구 근세 이후 프로클로스의 변증법은, 아리스토텔레스의 목적론에 대항하는 성격으로서 과학이 발달함에 따라 일부 과학자와 개혁적 신학자에 의해 받아들여졌다. 파라켈수스, 브루노, 헤겔은 프로클로스의 사상에 영향을 받은 대표적인 학자로 알려져 있다. 프로클로스는 대립의 근원을 부동과 운동 사이의 관계로 보았고, 헤겔은 존재와 무 사이의 관계로 보았지만, 절대정신의 타재로서 현실, 변증법적 사유 도정으로서 정신으로 나아가는 헤겔의 부정 철학은 프로클로스의 영향을 짙게 받은 것이었다.

은 삶의 방식을 선택하는 과정에 가장 큰 영향을 미치며, 우리는 외부로부터 형성되는 것이 아니라, 우리의 삶을 이끌어가는 선택의 결단을 우리 자신의 내부에서 내리는 것처럼 보인다." 물론 그것은 플라톤에 뿌리를 두고 있지만, 또한 칸트의 예지적 성격에 관한 가르침에 가깝다. 그리고 그것은 매번 이렇게도 또 다르게도 할 수 있는 개인의 의지의 자유에 대한 진부하고 고루한 가르침들보다 훨씬 우월하다. 언제나 교리문답서를 염두에 두고 있는 우리의 철학 교수들은 오늘날까지 그러한 가르침들을 힘겹게 끌고 가고 있다. 아우구스티누스와 루터는 그들 편에서 예정설(Gnadenwahl)로 스스로를 도왔다. 신이 기뻐한다면, 신의 이름으로 악마에게 갈 용의가 있었던 저 경건한 시절에는 그것은 좋은 일이었다. 그러나 우리 시대에 우리는 오직 의지의 자존성[5] 속에서만 피난처를 찾을 수 있으며, 프로클로스가 말한 것처럼 "우리는 외부로부터 형성되는 것처럼 보이지 않는다"라는 것을 인식해야 한다.

마지막으로 가장 중요한 플로티노스[6]는 매우 일관성이 없으며, 각

---

5 자존성(Aseität)은 '다른 것들로부터의 절대적인 독립'을 뜻한다.

6 플로티노스(Plotinus, 204/5~270): 고대 그리스의 후기 철학자로 신플라톤주의의 창시자로 간주된다. 플라톤의 가르침을 전해 듣다가 플라톤의 사상에 크게 감동하였고, 이후 '플라톤 철학의 해석자'로서의 길을 걸었다. 플로티노스는 형이상학적 저술에서 세 가지 기본 원리, 즉 하나(일자), 지성, 영혼에 대해 기술하였다. 그의 업적은 수 세기 동안 종교 내에서 주류 신학적 개념에 영향을 미치는 계율을 개발하는 등 이교, 유대인, 그리스도교, 영지주의, 이슬람의 형이상학자와 신비주의자들에게 영감을 주었다. 그가 신플라톤주의의 창시자로 불리는 이유는 무엇보다도 "어찌 '하나(일자)'에서 다수가 흘러나왔는지?" 하는 당시 새롭게 제기된 물음에 집중하여 사상을 펼쳤다는 사실에 있다. 그는 소위 영원한 것이 그

플로티노스는 매우 일관성이 없으며,
각각의 『엔네아데스』는 극히 상이한 가치와 내용을 가지고 있다.
네 번째 『엔네아데스』는 훌륭하다.
하지만 그의 경우에도 너무 많은 표현과 문체는 대부분 빈약하다.

플로티노스   Plotinus

각의 『엔네아데스*Enneade*』[7]는 극히 상이한 가치와 내용을 가지고 있다. 네 번째 『엔네아데스』는 훌륭하다. 하지만 그의 경우에도 너무 많은 표현과 문체는 대부분 빈약하다. 그의 사고는 정돈되어 있지 않고, 미리 숙고되어 있지 않으며, 되는 대로 마구 쓰여 있다. 그의 제자인 포르피리오스는 그에 관한 전기에서 그의 태만하고 부주의한 작업 방식에 대해 쓰고 있다. 그러므로 그의 산만하고 지루한 장황함과 혼란은 종종 우리의 모든 인내심을 잃게 만들어서, 우리는 어떻게 이러한 폐물만 후세에 전해질 수 있었는지 궁금해진다. 대체로 플로티노스의 문체는 설교자 풍이다. 그는 설교자가 복음을 전하는 방식으로 플라톤의 가르침을 진부하게 내놓는다. 그러면서 그 역시 플라톤이 신화적으로, 그러니까 반쯤은 은유적으로 말한 것을 명백한 산문적인 진지함으로 끌어내린다. 그리고 몇 시간 동안 자신의 생각을 덧붙이지 않고 같은 사고에 매달려 계속 되새기기만 한다. 이와 동시에 그는 실례를 들어 설명하는 방식이 아니라 계시하는 방식으로 진행한다. 그러므로 그는 보통 삼각대(피티아[8])로부터, 즉 예언자의 좌석

대로 완전한 채로 머물러 있지 않고, 이 세상의 불완전한 다수로(다양한 것들로) 존재하게 되었는가? 하는 난해한 물음에 대해 답변하고자 했다. 중기 플라톤주의자들에게는 아직 제기되지 않았던 이 같은 물음이 플로티노스로 하여금 신플라톤주의자들의 관심사인 '유출(Emanation)' 개념에 몰두하도록 이끈 셈이다.

7 플로티노스의 제자인 포르피리오스에 의해 6집으로 구성된 그의 작품 54편이 잘 보존되어 전해져 오는데, 그것이 『엔네아데스』로 불린다. 그것은 일상적인 주제, 대자연, 인간의 삶, 영혼, 정신, 일자(궁극적인 선이자 존재)에 대해서 다루고 있다.

8 그리스 델피(Delphi)의 아폴로(Apollo) 신전에서 신탁을 말했던 고대 그리스의 무녀巫女.

으로부터 말한다. 그는 정당한 근거를 끌어들이는 대신 자신이 생각하는 대로 사물들을 이야기한다. 그럼에도 그는 물론 그 자신도 이해한 위대하고 중요하며 심오한 진리를 발견할 수 있다. 그에게 통찰력이 전혀 없는 것은 아니기 때문이다. 그래서 그는 아무튼 읽힐 만하고, 이에 필요한 인내심도 충분히 보상받는다.

　나는 플로티노스의 모순된 특성에 대한 설명을 다음 사실에서 발견한다. 그와 일반적으로 신플라톤주의자들은 본래적 철학자나 독립적 사상가가 아니다. 그들이 내놓는 것은 다른 데서 건너온, 그렇지만 그들에 의해 잘 소화되고 동화된 가르침이다. 다시 말해 그 가르침이 그들이 그리스 철학에 융합하려고 한 인도-이집트인의 지혜이다. 그리고 여기에 적절한 연결고리 또는 전달 수단 또는 용매(menstruum)로서 그들은 플라톤 철학, 특히 신화적인 경향이 있는 부분을 이용한다. 이집트인에 의해 매개된, 신플라톤 교의의 이러한 인도적 기원에 관해, 우리가 주로 네 번째 『엔네아데스』에서 발견하듯, 플로티노스의 일자론(All-Eins-Lehre)이 맨 먼저 그리고 부정할 수 없게 증언하고 있다. 그의 저서 제1권 1장 '영혼의 본질에 관하여'는 원래 하나인데 물질계에 의해서만 여러 개로 갈라진다는 영혼에 관한 그의 전체 철학의 기본 이론을 매우 간결하게 제공한다. 특히 흥미로운 것은 이 『엔네아데스』의 여덟 번째 책이다. 여기에서 그는 영혼이 죄 많은 분투를 통해 어떻게 이러한 다수의 상태에 빠졌는지 설명한다. 결과적으로 영혼은 이중의 죄를 지고 있다는 것이다. 첫째는 이 세상에 내려온 죄고, 둘째는 그와 같은 세상에서 죄가

되는 행위를 저지른 죄다. 첫 번째의 죄에 대해 영혼은 무릇 현세적인 생존을 통해 대가를 치르고, 더 미미한 죄인 두 번째 죄에 대해서는 윤회(5장)를 통해 대가를 치른다는 것이다. 이것은 분명히 그리스도교의 원죄와 개별적인 죄에 대한 생각과 같다. 그러나 무엇보다도 제9권이 읽을 가치가 있다. '모든 영혼이 하나인가'를 다루는 3장에서 세계영혼의 단일성으로부터 특히 동물자기動物磁氣[9]의 기적이, 특히 몽유병자가 나지막이 속삭이는 말을 아주 먼 거리에서 알아듣는 지금도 일어나는 현상이 설명된다. 이러한 사실은 물론 그 몽유병자와 관련된 사람들을 통해 연쇄적으로 전달되어야 한다. 필경 서양철학에서 처음으로, 당시 동양에서 이미 오래전부터 잘 알려진 **관념론**(Idealismus)이 심지어 플로티노스에게서 등장한다. 거기서는 영혼이 영원으로부터 시간 속으로 발을 들여놓음으로써 세상을 만들었다는 가르침(『엔네아데스』세 번째 책, 제7권, 10장)이 다음과 같은 설명과 함께 있기 때문이다. '왜냐하면 영혼 말고는 이 우주를 위한 다른 장소가 없기 때문이다.Denn es gibt keinen anderen Ort für dieses Weltall als die Seele.' 그러니까 시간의 관념성(Idealität)은 "그러나 저편의 영원이 존재자의 바깥에 있는 것으로 추정해서는 안 되듯, 시간이 영원의 바깥에 있는 것으로 추정해서는 안 된다"라는 말로 표현된다. 저

---

9 동물자기(animalischer Magnetismus)란 동물의 몸에 흐른다고 여겨지는 자기와 비슷한 힘을 말한다. 오스트리아 의사 메스머(Friedrich Anton Mesmer) 등이 사용한 말로, 최면술을 실시하였을 때 시술자로부터 방출된다고 하는 힘으로 다른 사람들을 최면 상태로 만드는 선천적 능력을 일컫는다. 메스머는 신경성 환자를 일종의 암시 또는 최면 요법으로 치유할 수 있다고 주장한 내용으로, 그러한 최면 요법은 '메스머 최면술'로 불린다.

편은 이편의 반대로, 포르피리오스에게는 무척 친숙한 개념이다. 그는 그 개념을 '관념계Ideenwelt'와 '감각계Sinnenwelt', 그리고 '천상'과 '지상'이라는 말로 보다 상세히 설명한다. 시간의 관념성은 또한 11장과 12장에서 매우 잘 해명되고 있다. 우리는 우리의 현세적 상태에서는 우리가 되어야 하고 되고 싶어 하는 것이 아니라는 멋진 설명이 그것과 연결되고 있다. 그래서 우리는 미래에 대해 항시 더 나은 것을 기다리며 우리의 부족함이 채워지기를 기대한다. 그러한 사실로부터 미래와 그것의 조건, 시간이 생겨난다(2장과 3장). 그리고 이암블리코스(『이집트인의 신비에 대하여』, 제4부, 4장과 5장)가 개진한 윤회론이 인도에서 기원했다는 사실에 대한 추가적인 증거가 제공된다. 또한 바로 거기에(제5부 6장) 탄생과 죽음의 질곡으로부터의 궁극적인 해방과 구원에 관한 가르침이 있다. '영혼의 정화와 완성, 그리고 생성으로부터의 해방', 그리고(12장) "제물을 태우는 불이 생성의 질곡으로부터 우리를 해방시킨다"라는 말—그러므로 '최종적인 해방' 또는 구원으로 표현되는 것으로서 인도의 모든 종교 서적에 명시되어 있는 약속이 있다. 여기에다 마지막으로(같은 책 제7부 2장) 연꽃 위에 앉은 창조신을 묘사한 이집트적 상징에 관한 보고가 추가된다. 이것은 비슈누[10]의 배꼽에서 솟아 나오는 연꽃 위에 앉아 세계를 창조하는 브라흐마[11]가 분명하다. 그는 종종 그런 식으로 묘사

10 Wischnu. 힌두교의 최고신으로 악을 제거하고 다르마의 회복을 유지하는 역할을 하는 유지의 신이다. 비슈누는 비슈누파 힌두교에서 신 혹은 실제의 현실 존재이고, 스마르타파 힌두교에서는 우주의 궁극적 실재인 브라흐만의 발현 중 하나이다.

되고 있다(예를 들어, 랑글레(Langlès),『힌두스탄의 기념물*Monuments de l'Hindoustan*』, 제1권, 175쪽. 콜먼(Coleman)의『힌두교의 신화*Mythology of the Hindus*』등에서). 이 상징은 이집트 종교의 인도 기원에 대한 확실한 증거로서 지극히 중요하며, 이와 관련해서 이집트에서는 소가 신성하게 취급받았고, 결코 도살되어서는 안 되었다는 포르피리오스(『금욕론*de abstinentia*』제2권 11장 2절)의 설명도 중요하다. 심지어 포르피리오스가『플로티노스의 생애』에서 서술한 내용을 보면, 플로티노스는 몇 년간 암모니오스 사카스(Ammonios Sakkas)의 제자로 있다가, 고르디아누스(Gordian)의 군대와 함께 페르시아와 인도로 가기를 원했지만, 그의 패배와 죽음[12]으로 인해 그 계획이 무산되었다. 이러한 정황은 암모니오스의 가르침이 인도 기원이었고, 플로티노스가 이제 그 가르침을 원천으로부터 좀 더 순수하게 길어올 생각이었다는 것을 암시한다. 이처럼 포르피리오스는 플라톤 심리학으로

---

11   브라흐마(Brahma) 또는 범천梵天은 힌두교에 나오는 창조의 신으로, 유지의 신 비슈누, 파괴의 신 시바와 함께 트리무르티를 이루는 신이다. 브라흐마는 힌두교에서 우주의 근본적 원리이자 최고 원리인 지고의 우주적 정신 또는 존재인 브라흐만이 인격화된 남신으로 브라흐만을 상징한다. 브라흐마의 배우자는 배움의 여신인 사라스바티이다. 브라흐마는 베다에서 프라자바티라 불리기도 한다. 신화나 그림 속에서 브라흐마는 네 개의 머리와 팔, 두 개의 다리, 수염을 가진 모습으로 등장한다. 힌두교에 따르면 브라흐마는 낮에 43억 2천만 년 동안 지속되는 우주를 창조했으며, 밤이 되어 브라흐마가 잠이 들면 우주는 그의 몸으로 흡수되는데, 이러한 과정은 브라흐마의 생애가 끝날 때까지 반복되고 최종적으로는 우주가 타파스(불), 아파스(물), 아카샤(공간), 바유(바람), 프리티비(흙)의 타트바(다섯 가지 요소)로 해체된다고 한다.

12   마르쿠스 안토니우스 고르디아누스 2세는 238년 카펠리아누스와의 전투에서 카르타고 앞에서 전사했다. 반면에 242년 페르시아인들을 공격한 마르쿠스 안토니우스 고르디아누스 3세는 244년 근위대장 필리푸스 아랍스에 의해 살해되었다. ─ 원주.

위장하긴 했지만, 전적으로 인도적 의미에서 윤회에 관한 상세한 이론을 제공했다. 이 내용은 스테바이오스의 『선집』(제1권 52장 54절)에 실려 있다.

영지주의[1] 자들

카발라[2] 철학과 **영지주의 철학**은 전지전능하고 자비로운 존재에

---

1   영지주의(Gnostismus)는 그리스어로 '신비적이고 계시적이며 밀교적인 지식 또는 깨달음'을 뜻하는 그노시스(gnosis)로부터 따온 것이다. 영지주의는 영靈과 육肉을 철저히 분리하는 이원론을 기본적인 신앙으로 가지고 있었다. 일반적으로 1세기 후반에 유대교와 초기 그리스도교 종파 사이에서 시작된 종교적 사상 및 체계를 말한다. 여기에 속한 다양한 집단들이 존재하였으며 이들은 교회의 정통 가르침, 전통 및 권위에 대항한 개인적인 영적 지식을 강조했다. 육체적 존재를 결함이 있거나 악한 것으로 본 영지주의의 우주기원론은 일반적으로 우월하고 숨겨진 신과, 물질계를 창조한 악한 신 데미우르고스를 구분하는 특색을 지녔다. 많은 영지주의 문서들은 원죄와 회개라는 개념을 대신하여 환영과 깨달음이라는 개념을 다룬다. 영지주의 문서들은 교부들이 영지주의를 이단이라 비난하며 이들의 문서들을 파괴했던 약 2세기까지는 지중해 세계의 특정 그리스도교 집단들 사이에서 번성하였다. 이러한 문서들을 파괴하려는 시도는 대체로 성공적이었으며, 그 결과 영지주의 신학자들은 거의 글을 남기지 못하였다. 쇼펜하우어는 영지주의 사상을 깊이 연구하고 영향을 받았다.

2   카발라는 신비스러운 경험에 내재해 있는 위험을 피하기 위해 안내자가 교리와 의식을 전수하여 준다는 점에서 구전 전승이다. 모세의 율법을 지키는 것이 유대교의 기본 교리였지만, 카발라는 하느님에게 직접 다가가는 방법을 알려준다. 카발라의 기원은 메르카바 신비주의에서 시작되었다. 메르카바 신비주의는 1세기 팔레스타인에서 번성했는데, 신비적 명상을 통해 하느님의 보좌를 보는 황홀경 체험을 강조했다. 카발라에 관한 주요 문헌인 12세기의 『세페르 하 바히르』는 유대교의 비의적 신비주의의 발전과 유대교 전반에 지속적 영

의한 세계의 창조와 이 세상의 슬프고 결함 있는 속성 사이의 현저한 모순을 제거하려는 시도다. 그 철학의 창시자들은 유대교인과 그리스도교인으로서 처음부터 일신교(Monotheismus)를 신봉한 자들이었다. 따라서 그들은 세계와 세계의 원인 사이에 일련의 중간 매개체들을 도입하는데, 이것들의 잘못으로 배교가 발생하고, 이 배교로 인해 비로소 세상이 생겨났다는 것이다. 따라서 이들은 말하자면 잘못을 주권자로부터 대신들에게 전가한다. 물론 이 과정은 무릇 유대교의 정점인 타락의 신화에 이미 암시되어 있었다. 그러므로 지금 그 매개체들은 영지주의자들의 경우에는 충만함, 영겁(Aeon), 물질, 데미우르고스³ 등이다. 이러한 일련의 줄은 모든 영지주의자의 재량에 따라 연장되었다.

이 전체 과정은 인간에게서 물질적 실체와 비물질적 실체의 가정된 화합물과 상호 작용에 의해 야기되는 모순을 완화하기 위해, 생리학적 철학자들이 신경액, 신경 에테르, 동물 정기⁴ 등과 같은 중간

향을 미쳤다. 이 책은 열 가지 숫자를 우주를 창조하고 유지하는 도구로 해석했고, 영혼의 환생 같은 관념들을 유대교에 도입했으며, 폭넓은 신비적 상징주의를 통해 카발라의 기초를 확고히 했다.

3   데미우르고스(Demiurgos)는 플라톤이 『대화편』에서 세계의 형성자로 생각한 세상의 창조주, 조물주를 말한다. AD 2~3세기에 여러 영지주의파에서는 자신들만이 알고 숭배하는 최고신에 반대되는 질투심 많고 열등한 신을 데미우르고스라 하면서, 불완전한 세계를 실제로 창조한 이 신을 비영지주의파인 무지하고 평범한 그리스도교인들이 맹목적으로 숭배한다고 주장했다.

4   Lebensgeist. 천지 만물을 운행하는 근원이 되는 기운으로 인체 내를 순환하고 미묘한 생명 기능을 영위하는 액체로 믿어졌음.

매개체를 개입시키려 했던 과정과 유사하다. 양쪽 모두 그들이 폐기할 수 없는 것을 은폐한다.

스코투스 에리게나[1]

이 존경할 만한 남자는 스스로 인식하고 스스로 바라본 진실과 이른 접목을 통해 고정된 모든 국지적인 의심을 할 수 없게, 적어도 모든 직접적인 공격을 할 수 없게 커져 버린 도그마들 사이의 투쟁에 관한 흥미로운 광경을 우리에게 제공한다. 그리고 그렇게 해서 생겨난 부조화(Dissonanz)를 어떻게든 조화(Einklang)로 되돌리기 위한 본성의 노력을 우리에게 보여준다. 이러한 투쟁에서 비롯한 노력은 고귀한 본성을 지니고 있다. 하지만 이 일은 물론 그 도그마들이 그 스스로 인식한 진실에 원하든 원하지 않든 들어맞을 때까지 뒤집히고,

---

1 스코투스 에리게나(John Scotus Erigena, 810~877경): 아일랜드의 신학자, 번역가. 에리게나는 인간이 세상을 지각할 수 있는 감각을 가졌으며, 지성적인 본성과 사물의 인과 관계를 고찰할 수 있는 이성, 신을 명상할 수 있는 지성을 가졌기 때문에 소우주라고 본다. 죄를 통하여 인간의 동물적 본성이 우세하게 되었지만, 구원을 통하여 인간은 신과 다시 결합하게 된다. 『자연 구분론』은 에리게나의 계승자들, 특히 서방 신비가들과 13세기 스콜라주의자들에게 큰 영향을 미쳤으나 범신론적인 전제들 때문에 결국 교회의 정죄를 받았다.

이 존경할 만한 남자는
스스로 인식하고 스스로 바라본 진실과
이른 접목을 통해 고정된
모든 국지적인 의심을 할 수 없게,
적어도 모든 직접적인 공격을 할 수 없게
커져 버린 도그마들 사이의 투쟁에 관한
흥미로운 광경을 우리에게 제공한다.

스코투스 에리게나   Scotus Eriugena

뒤틀리며, 부득이할 경우에는 왜곡되는 것에 의해서만 일어날 수 있다. 이 도그마들은 지배적 원리로 남아 있지만, 심지어 기묘하고 거추장스러운 복장을 하고 걸어오도록 강요된다. 에리게나는 자신의 위대한 작품인 『자연 구분론de divisione naturae』에서 이 방법을 성공적으로 실행하는 방법을 알고 있으며, 마침내 그는 이 방법을 지옥의 위협적인 고통과 함께 악과 죄의 근원에도 적용하려고 한다. 여기서 그 방법은 실패한다. 그것도 유대인 일신교의 결과인 낙관주의로 인해 실패하고 만다. 그는 제5권에서는 신 속에 있는 만물의 귀환을, 그리고 인류 전체, 즉 자연 전체의 형이상학적 통일과 불가분성을 가르친다. 이제 이런 의문이 생긴다. 죄는 어디에 남아 있는가? 그것은 신의 일부가 될 수 없다. 약속된 것과 같은 끝없는 고통과 함께 지옥은 어디에 있는가? 누가 지옥에 들어가기로 되어 있는가? 사실 인류는 구원받았고, 더구나 인류 전체가 구원받았기 때문이다.

여기서 그 도그마는 극복할 수 없게 남아 있다. 에리게나는 말뿐인 장황한 궤변을 통해 가련하게 꿈틀거리다가 마침내 모순과 불합리한 상황에 빠지지 않을 수 없다. 특히 이때 죄의 근원에 대한 질문이 불가피하게 함께 들어왔기 때문이다. 그러나 이 근원은 신에게도, 그가 창조한 의지에도 있을 수 없다. 그렇지 않으면 신이 죄의 창조자가 될지도 모르기 때문이다. 에리게나는 이런 사실을 훌륭하게 통찰하고 있다(1681년 옥스퍼드 초판 287쪽 참조). 그는 이제 불합리한 상황으로 내몰리고 있다. 거기서 죄는 원인도 주체도 없는 것으로 되어 있기 때문이다. "악은 원인이 없다…… 원인도 없고 실체도 없다"(같은 책). 이러한 곤경에 대한 더 깊은 근거는 인도에서 기원한 것이 분명한 인류와 세계의 **구원**에 관한 교리 역시 인도 교리를 전제하고 있기 때문이다. 그에 따르면 사실 세계의 기원(불교도가 말하는 윤회) 그 자체가 이미 악, 즉 브라흐마의 죄악 행위이다. 이제 우리 자신이 다시 바로 이 브라흐마이다. 인도 신화는 어디서나 투명하기 때문이다. 반면 그리스도교에서는 세계 구원의 교리가 유대의 유신론에 접목되어야 했다. 거기서 주님이 세상을 만들었을 뿐 아니라 이후에 "모든 것이 보기에 심히 좋았더라"[2]라면서 또한 그 세상이 훌륭하다고 생각했다. "이 때문에 저 눈물이 흐르누나"(테렌티우스[3]의 『안드리아』 I, I, 99). 에리게나는 자신의 나이에 악의 뿌리를 공격할 엄두를 낼 수 없었지만, 그런 사실로부터 그가 완전히 인식한 저 어려운 문제들이 생겨난다. 한편 그는 힌두교의 인자함을 지닌다. 즉 그리스도교에 의해 가해진, 지옥에 떨어지는 영원한 저주와 벌을 배격한다. 이성적 존재든 동물이든, 식물이든 무생물이든, 모든 피조물은 그들의 내적

---

2   '하나님이 지으신 그 모든 것을 보시니 보시기에 심히 좋았더라'(창세기 1:31).

3   테렌티우스(Publius Terentius Afer, BC 185/6~BC 159?): 카르타고 출신의 해방 노예. 테렌티우스는 로마 원로원 의원 테렌티우스 루카누스(Terentius Lucanus)의 노예가 되어 로마로 왔으며, 그의 재능에 감동한 주인 덕분에 교육을 받고 자유의 몸으로 풀려났다고 한다. 플라우투스와 더불어 로마의 2대 희극 작가로 로마 공화정 시대의 인본주의자라고 볼 수 있다. 『안드리아*Andria*』, 『헤키라*Hecyra*』, 『고행자*Heauton Timorumenos*』, 『환관*Eunuchus*』 『포르미오*Phormio*』, 『아델피*Adelphi*』라는 6편의 희극을 남겼는데, 대부분 그리스 희극을 자유롭게 번안한 것들이다. 그의 언어는 순수 라틴어의 귀감으로 받아들여졌고, 그의 작품은 고대가 끝날 때까지 줄곧 연구와 토론의 대상이 되었으며, 중세와 근대의 많은 사람들에게 희극의 모형이 되었다.

본질에 따라, 자연의 필수적인 과정을 통해 그들 스스로 영원한 지복에 도달해야 한다. 왜냐하면 모든 피조물은 영원한 자애(Güte)에서 비롯되었기 때문이다.

그러나 성인聖人과 의인義人들만이 신과의 완전한 통일, 즉 신격화(Deificatio)를 성취한다. 게다가 에리게나는 매우 솔직해서 악의 근원으로 인해 빠져든 큰 당혹감을 숨길 수 없다. 그는 제5권에서 인용한 구절에서 그러한 당혹감을 분명히 드러낸다. 사실 악의 근원은 범신론뿐 아니라 유신론도 난파시키는 암초이다. 둘 다 낙관론을 포괄하기 때문이다. 그러나 악과 죄는 둘 다 끔찍한 규모로 있어서 그것을 부인할 도리가 없다. 그러니까 죄에 대한 약속된 처벌로 인해 악이 더 늘어날 뿐이다. 그런데 신 자체이거나 또는 신의 선의의 업적인 어떤 세계에서 이 모든 것은 어찌 된 까닭인가? 범신론에 반대하는 유신론자들이 이것에 반대하여 '뭐라고? 이 모든 악하고 끔찍하며 혐오스러운 존재들이 신이 되어야 한다고?'라고 소리치면, 범신론자들은 이렇게 응수할 수 있다. '어째서 그렇단 말인가? 그 모든 악하고 끔찍하며 혐오스러운 존재들을 신이 제멋대로 창조했다고?' 우리는 에리게나가 겪고 있는 이 같은 고충을 우리에게 전해진 그의 또 다른 저서인 『예정에 관하여de praedestinatione』에서 발견한다. 그러나 그는 그 작품에서 철학자가 아니라 신학자로서 행동하는 관계로 그 책은 『자연 구분론』보다 훨씬 못하다. 그러므로 여기서도 그는 그리스도교가 유대교에 접목되어 있다는 사실에 궁극적인 근거를 두고 있는 저 모순들에 가련하게 고통스러워한다. 그러나 그의 노력은 그러한 모순을 더욱 확연히 드러나게 할 뿐이다. 신은 모든 것, 모든 것과 모든 것 중의 모든 것을 만들었다고 하는데, 그것은 확실하다. '결과적으로 악과 화禍도 함께'. 이 불가피한 결과는 제거되어야 하며, 에리게나는 가련하게 자구에 얽매이는 수밖에 없다고 생각한다. 그러므로 악과 화는 결코 **존재**해서는 안 되며, 따라서 아무것도 존재해서는 안 된다. 악마도! 또는 **자유의지**[4]가 그것들에 책임을 져야 한다. 실은 신이 자유의지를 창조했지만, **자유롭게** 창조했다. 그 때문에 이후에 자유의지가 꾀하는 것은 신과는 무관하다. 자유의지는 사실 자유로울 수 있었고, 즉 그럴 수도 또 다를 수도 있었으며, 그러므로 선할 수도 악할 수도 있었기 때문이다. 그래, 잘했어!

그러나 진실은 자유로움과 창조됨은 서로를 지양하는, 그러므로 모순되는 두 가지 성질이라는 점이다. 따라서 신이 존재들을 창조했고 동시에 그들에게 의지의 자유를 부여했다는 주장은, 엄밀히 말하자면 신이 존재들을 창조한 동시에 창조하지 않았다는 것을 의미한다. 행동은 존재를 따르기 때문이다. 즉 어떤 가능한 모든 것의 효과나 행위는 그 속성의 결과와 다른 것이 결코 될 수 없기 때문이다. 그 속성 자체는 심지어 그 효과나 행위에서만 인식되는 것이다. 따라서 여기서 요구되는 의미에서 자유롭기 위해서는, 존재는 속성을 결코

---

4   아우구스티누스는 신은 인간을 완전한 존재로 만들지 않고, 일정한 자유의지를 부여함으로써 죄와 악에 빠지기도 하고 그것들과 투쟁하기도 하는 존재로 만들었다고 말한다. 즉 신은 역사를 총체적으로 주재할 뿐 개별적인 일에 대해서는 인간에게 자유의 여백을 주었다는 것이다.

가져서는 안 될 것이며, 다시 말해 **아무것도** 아니어야 할 것이다. 그러므로 존재하는 동시에 존재해서는 안 될 것이다. **존재하는** 것은 **무언가**이기도 해야 하기 때문이다. 본질(Essenz) 없는 실존(Existenz)이란 생각조차 할 수 없다. 만약 어떤 존재가 **창조**된다면, 그 존재는 그것에 **속성**이 부여되는 방식으로 창조된다. 따라서 어떤 존재에 나쁜 **속성**이 부여되면 그것은 나쁘게 **창조**되고, 또 그것이 나쁘게 행동하면, 즉 나쁜 영향을 끼치면 나쁜 **속성**이 부여된 것이다. 그에 따라서 세상의 **죄**는 그 죄처럼 부정될 수 없는 세상의 **악**과 마찬가지로 언제나 그 창시자에게 전가된다. 예전에 아우구스티누스가 그랬던 것처럼 여기서 스코투스 에리게나는 창시자로부터 그 죄를 떨쳐버리기 위해 애처롭게 노력하고 있다.

반면에 어떤 존재가 도덕적으로 **자유**로워지려면, 그것은 창조되지 않아야 하고, 자존성을 지녀야 한다. 즉 근원적인 존재여야 하고, 자신의 고유한 근원적인 힘과 절대 권력으로 존재해야지, 다른 존재에 의존해서는 안 된다. 그렇게 되면 그것의 현존은 시간 속에서 전개되고 펼쳐지는 자신의 고유한 창조 행위이다. 그 행위는 사실 이 존재의 최종적으로 결정적인 속성을 백일하에 드러내지만, 그 속성은 그 자신의 고유한 것(Werk)이다. 그러므로 그 속성의 전체적인 표현에 대한 책임은 그 자신에게 있다. 나아가서 어떤 존재가 자신의 행동에 **책임**이 있으려면, 다시 말해 **책임 능력**이 있으려면, 그 존재가 자유로워야 한다. 그러므로 우리의 양심이 증언하는 책임감과 책임 무능력으로부터 우리의 의지가 자유롭다는 사실이 확실히 뒤따른다. 하지만 이런 사실로부터 의지는 원래적인 것 자체이며, 따라서 단순히 행동하는 것이 아니라 이미 인간의 현존과 본질은 그 자신의 고유한 것이라는 사실이 드러난다. 이 모든 것에 대하여 나는 내 논문 「의지의 자유에 대하여über die Freiheit des Willens」를 참조할 것을 권하는데, 거기서 사람들은 그 문제가 상세히 또 반박할 수 없이 설명되었음을 발견할 것이다. 그래서 철학 교수들은 절대 깰 수 없는 침묵을 통해 이 수상 논문을 비밀에 부치려고 했다. 죄와 악에 대한 책임은 언제나 자연으로부터 그 창시자에게로 되돌아온다. 그런데 창시자가 자연의 모든 현상에서 나타나는 **의지** 그 자체라고 한다면, 책임이 창시자에게 귀속되는 것이 옳다. 반면에 그것이 유일신이라고 한다면, 죄와 악이 창시자 작품이라는 것은 그의 신성과 모순된다.

에리게나가 자주 언급하는 **디오니시오스 아레오파기타**[5]를 읽으면서, 나는 그가 모든 면에서 에리게나의 본보기였다는 것을 발견했다. 에리게나의 범신론뿐 아니라 악惡과 화禍에 대한 이론은 이미 디오니시오스에서 그 기본 특징을 찾아볼 수 있다. 하지만 물론 디오니

---

5 디오니시오스 아레오파기타(Dionysios Areopagite): 5세기 후반부터 6세기 초까지 활약한 그리스 신학자이자 신플라톤주의 철학자로 스스로를 사도 바울의 제자라고 지칭한다. 그의 이름 아래 전해지는 일련의 저작이 있으나 내용은 신플라톤학파의 영향을 받은 신비사상에 의해 그리스도교를 해석하는 것으로 4~5세기경 어느 무명의 저자에 의해 이루어진 것이다. 그는 17장 34절에 언급된 사도 바울의 아테네 개종자인 아레오파게 사람 디오니시오스로 자신을 묘사하면서 자기 본명을 숨긴다. 그의 저서들은 중세 그리스도교, 특히 서방 라틴 교회의 교리와 영성 분야에 결정적으로 신플라톤적인 경향을 심었다. 이 신플라톤 철학은 오늘날까지도 그리스도교의 종교적 특성이나 예배 특성에 영향을 끼쳐왔다. 이 저서들의 저자를 밝혀내기 위해 역사적인 조사가 이루어졌으나 성과가 없었다. 그의 철학은 중세 서양 신비주의, 특히 마이스터 에크하르트에도 큰 영향을 미쳤다.

시오스에게는 에리게나가 발전시키고, 대담하게 발언하고, 열정적으로 서술한 것이 암시만 되어 있을 뿐이다. 에리게나는 디오니시오스보다 무한히 더 많은 정기精氣(Geist)를 지니고 있다. 하지만 디오니시오스는 에리게나에게 성찰의 소재와 방향을 제공했고, 그러므로 그를 위한 무척 많은 사전 작업을 해주었다. 디오니시오스가 가짜라고 하는 것은 중요하지 않다. 『신명론de divinis nominibus』[6]의 저자가 누구인지는 아무래도 상관없다. 그러나 아마도 그가 알렉산드리아에 살았으므로, 나는 콜브룩이 「힌두교 철학에 대하여」(콜브룩, 『잡학 에세이Miscellaneous essays』 제1권 244쪽)라는 그의 논문에서 언급했듯, **카필라[7]**의 『(상키아[8]) **카리카**[9]의 명제 III이 에리게나에게서 발견되듯, 우리에게 알려지지 않은 어떤 다른 방식으로, 그 역시 인도의 지혜의 작은 물방울이 에리게나에게까지 도달하게 했을지도 모르는 통로였다고 믿는다.

---

6   도덕적으로 옳은 행위가 옳은 이유는 신이 명령했기 때문이라고 주장하는 신학적 관점의 윤리학 이론. 여기에는 '어떤 행위가 옳은 이유는 신이 명령했기 때문인가, 아니면 옳기 때문에 신이 명령한 것인가'라는 의문점이 남는다.

7   상키아 학파의 시조.

8   상키아(Samkhya) 학파는 힌두교의 정통 육파 철학 중의 하나로, 불교 경전 및 논서에서는 수론파數論派로 불린다. 힌두교 전통에 따르면, 상키아 학파의 시조는 카필라(Kapila, BC 4~3)다. 상키아 철학의 목적은 고품(비참)의 원인을 영원히 제거할 지식을 제공하여 영혼이 속박으로부터 벗어나게 하려는 것이다.

9   카리카(Karika)는 기억시(Merkvers)이고, 카필라(Kapila)는 부처가 죽은 직후 발전된 상키아-체계의 창시자였다. 『산스크리트 문학에 대한 몇 가지 정보』 제5권 187절 참조. — 원주. 그런데 『상키아 카리카』는 카필라가 아니라 이슈바라크리슈나(Isvarakrsna)가 집필한 것이다. 상키아 학파는 『상키아 카리카數論頌』를 근본 경전으로 삼는다.

10

스콜라 철학[1]

스콜라 철학에는 진리의 최고 기준이 성서이다. 나는 이런 사실에
스콜라 철학의 특징적인 성격이 있다고 보고 싶다. 그에 따라서 우리
는 모든 이성적 추론으로부터 여전히 성서에 호소할 수 있다. 스콜라
철학의 특이성들 중 하나는 설명의 일반적인 논쟁적 성격이다. 모든

---

1   스콜라 철학은 중세학문을 대표하는 철학이자 신학. '스콜라'라는 명칭은, 교회 부속
학교인 스콜라에서 처음 생겼기 때문에 붙여진 이름이다. 스콜라 철학의 토대는 로마 시대
의 교부 철학과 아우구스티누스의 사상이지만, 12세기에 아리스토텔레스의 사상을 받아들
여 더욱 발전하였다. 아리스토텔레스의 사상은 스콜라 철학의 발전에 실로 지대한 영향을
주었다. 그의 사상으로 인해 보편이 실재하는 것인지(실재론) 아니면 단지 명칭에 불과한 것
인지(유명론)를 두고 유명한 '보편 논쟁'이 벌어졌다. 스콜라 철학의 가장 중요한 특징은 철
학의 목표인 '획득 가능한 진리 전체'에 그리스도교 신앙의 가르침을 포함시킨 것이었다. 데
카르트·로크·스피노자·라이프니츠 등 근세 고전 철학자들이 스콜라 철학의 영향을 받았다.
르네상스 스콜라 철학은 반종교개혁법에 깊이 관여하는 동시에 자기 시대의 문제, 즉 국제
법, 식민주의, 부당한 정부에 대한 저항, 세계 공동체 등의 문제에 관심을 가졌다. 종교 교리
의 근원을 찾고 신앙과 이성, 의지와 지성, 실재론과 유명론, 신 존재의 증명과 같은 철학 문
제를 해결하려고 했다.

연구는 찬반양론이 새로운 찬반양론을 낳아, 그럼으로써 게다가 곧 떨어져 버릴지도 모르는 소재를 제공하는 논쟁으로 변한다. 그러나 이러한 특이성의 숨겨진 궁극적인 근원은 이성과 계시 사이의 갈등에 있다.

실재론(Realismus)[2]과 **유명론**(Nominalismus)의 상호적 정당성과 그에 따른 장기적이고 끈질긴 논쟁의 가능성은 다음과 같은 방식으로 제대로 파악할 수 있다.

가장 이질적인 것들이 색을 가지고 있다면 나는 그것을 **빨갛다**고 칭한다. 분명히 **빨갛다**는 것은 내가 이 현상을 지칭하게 해주는 단순한 이름에 불과하다. 그 현상이 어떻게 해서 발생하든 상관없이 말이다. 이와 마찬가지로 모든 일반 개념은 상이한 사물들에서 발생하는 성질(Eigenschaft)을 나타내는 단순한 이름이다. 반면에 이러한 사물들은 실제적인 것이자 실재적인 것이다. 따라서 **유명론**은 분명히 옳다.

이와는 달리 우리가 현실(Realität)을 방금 귀속시킨 모든 실제적인 사물들이 시간적이라서 곧 멸망할 것으로 생각한다면, 붉은, 단단한, 부드러운, 살아 있는, 식물, 말(馬), 인간과 같은 그 이름들로 지칭되

---

2 실재론이란 보편이 실재한다는 말이다. 플라톤의 이데아론이 실재론이다. 유명론은 보편이 실재하지 않고 그저 이름뿐이라는 이론이다. 이 중간에 온건 실재론이 있는데 이 사상은 보편이 개체 안에 내재해 있는 것으로 아리스토텔레스적 실재론이라고도 한다. 플라톤과 아리스토텔레스는 각각 보편을 부정하지 않았다. 플라톤은 일자(신)가 세상에 '분유分有'하는 것으로 보았고, 아리스토텔레스는 일자(신)가 세상에 '내재'하는 것으로 보았다. 실재론자로는 아우구스티누스, 에리게나, 안셀무스가 있고, 온건 실재론자로는 토마스 아퀴나스가 있다. 유명론자로는 둔스 스코투스와 윌리엄 오캄이 있다.

는 성질들은 아무런 방해 없이 계속 존재하며, 따라서 언제나 현존하는 반면, 우리가 이 이름들로 지칭되는 일반적인 개념들을 통해 생각하는 이러한 성질들은 그것들의 지울 수 없는 존재(Existenz)의 힘으로 훨씬 더 많은 현실을 가지고 있음을 우리는 발견한다. 따라서 현실은 개별 실체(Einzelwesen)가 아닌 이러한 **개념**들에 귀속되어야 한다. 따라서 **실재론**이 옳다.

유명론은 엄밀히 말하자면 유물론으로 이어진다. 왜냐하면 모든 성질을 제거한 후에는 결국 물질(Materie)만이 남기 때문이다. 그런데 개념은 단순한 이름일 뿐이지만, 개별 사물들은 실재하는 것이고, 그리고 그것들의 성질은 개물個物들 안에서 개체로서 일시적이라면, 물질만은 영속하는 것으로서, 따라서 실재하는 것으로 남는다.

그런데 엄밀히 말하면 앞에서 설명한 실재론의 정당성은 실은 그것이 아니라, 플라톤의 이데아론에 기인하는데, 그 이데아론의 확장이 실재론이다. 자연 사물들의 영원한 형태와 성질인 이데아는 온갖 변천(Wechsel) 가운데 영속하는 것이며, 따라서 자연 사물들이 스스로 발현되어 나타나는 개체보다 더 높은 종류의 현실이 그것들에 귀속되어야 한다. 이와는 달리 직관적인 방법으로 검증될 수 없는 단순한 추상 개념들에 대해서는 이와 같은 것에 대해 말할 수 없다. 예를 들어 '관계', '차이', '분리', '단점', 불확정성' 등과 같은 개념에서 실재하는 것은 무엇인가?

플라톤과 아리스토텔레스, 아우구스티누스[3]와 펠라기우스[4], 실재론자와 유명론자를 서로 비교해보면, 어떤 친화성, 혹은 적어도 반대되는 유사성이 명백해진다. 우리는 어떤 면에서 인간의 사고방식의 극명한 차이가 이 점에서 드러난다고 주장할 수 있다. 이러한 차이는 동시에 또 옆에서 나란히 살았던 두 명의 매우 위대한 인물에게서 극히 기이하게도, 처음으로 또한 가장 단호한 방식으로 표현되었다.

---

3 아우구스티누스(Sanctus Aurelius Augustinus, 354~430) 4세기 북아프리카인 알제리 및 이탈리아에서 활동한 신학자이자 성직자, 주교. 개신교, 로마 가톨릭교회 등 서방 그리스도교에서 교부로 존경받는 인물이다. 그의 이름은 '좋은 징조의' 또는 '덕망 있는'이란 뜻의 라틴어 아우구스툼(Augustum)에서 유래하였다. 그는 마르틴 루터와 장 칼뱅과 같은 종교 개혁가들에게도 큰 영향을 주었다. 그의 신학이 그리스도교 발전에 끼친 영향은 구원에 대한 교리를 정리한 사도 성 바오로에 버금가는 것으로 평가되고 있다. 그는 신앙과 지식의 관계에 대해 신앙이란, '이해를 추구하는 신앙'이라는 입장을 취하였다. 이러한 그의 입장은 신학과 철학, 그리고 신학과 일반 학문을 함께 연구하는 중세의 스콜라 학풍에 지대한 영향을 미쳤다. 그의 중요한 신학적 공헌은 펠라기우스의 선행구원론을 반대한 은총론이다. 그는 로마 가톨릭교회와 성공회에서 성인으로 공경되고 있다.

4 펠라기우스(Pelagius, 354경~418 이후): 펠라기우스는 영혼의 구원에서 인간의 노력이 우선한다는 것을 강조하는 펠라기우스주의라는 이단적 신학 체계로 잘 알려져 있다. 380년 경 로마에 간 펠라기우스는 사제는 아니었으나 영적인 지도자로서 성직자와 평신도들에게 존경을 받았다. 그를 추종하는 사람들의 엄격한 금욕주의는 로마의 많은 그리스도교인들의 영적 게으름에 대한 비난으로 작용했다. 한 주교가 성 아우구스티누스의 『고백록』에서 인용하는 것을 들은 적이 있는 그는 신의 은총 교리에 관한 로마의 도덕적 태만을 비난했다. 정통신앙에 대해 인간의 자유의지와 노력을 강조하고, 구원에 있어서의 은총의 의의를 부정했다. 아우구스티누스는 인간이 자신의 노력으로는 의에 도달할 수 없고 온전히 하느님의 은총에 의지해야 한다고 주장했다. 416년 아프리카 주교들의 2개 공의회에서 단죄받았고, 418년 카르타고에서 다시 단죄받은 펠라기우스와 켈레스티우스는 418년 결국 파문당했으며, 그 후 펠라기우스의 행적에 대해서는 알려진 바가 없다.

펠라기우스는 인간 본성의 선함과 인간의 자유의지를 강조했다. 인간이 약하기 때문에 죄를 지을 수밖에 없다는 사람들의 주장을 거부한 이들은 하느님은 인간이 선과 악 사이에서 자유롭게 선택하도록 했다고 주장했고, 따라서 죄란 한 인간이 하느님의 법을 저버리고 자발적으로 범한 행위라고 했다.

11

프랜시스 베이컨[1]

앞에서 언급한 스코투스 에리게나와는 달리 보다 특수하게 규정된 의미에서, 아리스토텔레스에 대한 명시적이고 의도적인 반대는 **바코 폰 베룰람**[2]이었다. 왜냐하면 아리스토텔레스는 무엇보다도 먼저 보편 진리로부터 특수 진리에 도달하기 위한 올바른 방법을, 그

---

1   베이컨(Francis Bacon, Bako von Verulam, 1561~1626): 영국의 정치인·철학자. 연설가이자 제임스 1세의 대법관으로도 잘 알려져 있으며, 사상에 기초한 지식을 바탕으로 자연을 정당하게 지배할 수 있는 새로운 방법을 제시한 것으로 유명하다. 저서인『신 오르가논』에서 인간이 지식을 추구할 때 범할 수 있는 오류에 관한 심리적 요인으로 우상이라는 용어를 사용하여 이것을 네 종류, 즉 종족, 동굴, 시장, 극장의 우상으로 나누어 설명했다. 그의 과학철학의 핵심은『신 오르가논』2권에서 설명한 귀납적 추론이다. 그는 이전 사상의 결점을 일반명제를 성급하게 도출하거나 무비판적으로 자명하게 가정한 데 있다고 보고 이를 극복하기 위해 '점진적 상승' 기법을 주장했다. 이 기법은 점차 일반성의 정도를 높여가면서 충분한 근거를 가진 명제들을 참으로 있게 모으는 방법이다. 그는 지식을 얻기 위해서는 추상적인 추론이 아닌 실질적인 관찰이 있어야 한다고 주장했으며, 학문을 분류하고 지식을 체계화하여 자연과학의 발전을 촉진시켰다.

2   프랜시스 베이컨을 말함.

베이컨은 특수 진리를 통해 보편에 도달하는 방법을
설명함으로써 점진적 상승을 보여주었다.
이것은 연역과 반대되는 귀납이며,
그 서술은 『신 기관』에서 잘 드러난다.

프랜시스 베이컨   Francis Bacon, Bako von Verulam

러므로 점진적 하강을 철저히 설명했기 때문이다. 그것은 아리스토텔레스의 오르가논(Organon)인 삼단논법이다. 이와는 달리 **베이컨**은 특수 진리를 통해 보편에 도달하는 방법을 설명함으로써 점진적 상승을 보여주었다. 이것은 연역(Deduktion)과 반대되는 귀납(Induktion)이며, 그 서술은 『신 기관novum organum』에서 잘 드러난다. 아리스토텔레스와는 반대로 선택된 이 표현은 '진리에 접근하는 완전히 다른 방식'을 의미한다. 아리스토텔레스의 오류, 더욱이나 아리스토텔레스 학파의 오류는 그들이 이미 모든 진리를 가지고 있다는 전제, 다시 말해 이 진리가 그들의 공리(Axiom)에, 그러므로 특정한 명제에 선험적으로 내포되어 있거나, 또는 그러한 명제로 간주되는 공리에 내포되어 있다는 전제에 놓여 있다. 그리고 특수한 진리를 얻기 위해서는 그러한 명제들로부터 단지 추론만 하면 된다는 전제에 놓여 있다. 이것에 대한 아리스토텔레스적인 예는 그의 저서 『천체론』에서 제시되었다. 반면에 베이컨은 그러한 공리들이 전혀 그러한 내용을 가지고 있지 않으며, 진리는 당시 아직 인간의 지식 체계에 놓여 있지 않았고, 오히려 그 외부에 놓여 있었으며, 그러므로 이 체계 내에서 끌어올 수 없었으니, 먼저 그 안으로 가지고 들여와야 한다는 것을 정당하게 보여주었다. 결과적으로 크고 풍부한 내용을 가진 보편적이고 참된 명제는 먼저 **귀납**이 얻어져야 했다는 것이다.

아리스토텔레스의 안내를 받은 스콜라 철학자들은 이렇게 생각했다. 우리는 무엇보다도 먼저 보편적인 것을 확인하려고 한다. 특수한 것은 거기로부터 흘러나오거나, 나중에 거기에서 가능한 적당한 자리를 발견할지도 모른다. 따라서 우리는 먼저 무엇이 '**존재**ens'에, '**사물 일반**Dinge überhaupt'에 귀속되는지 결말지으려고 한다. 개별 사물의 독특성은 나중에 점차로, 아무튼 경험을 통해서도 추가될 수 있다. 보편적인 것은 결코 아무것도 바뀔 수 없다. 반면에 베이컨은 이렇게 말했다. 우리는 무엇보다 먼저 개별 사물들을 가능한 한 완벽히 알고 싶어 한다. 그러면 우리는 결국 사물이란 것이 무엇인지 인식할 것이다.

한편 **베이컨**은 그의 점진적 상승 방법이 아리스토텔레스의 점진적 하강 방법만큼 규칙적이고 확실하며 오류가 없는 것이 아니라는 점에서 아리스토텔레스보다 못하다. 실제로 베이컨 자신은 물리학적인 조사를 하면서 『신 기관』에 제공된 그의 방법의 규칙들을 제쳐놓았다.

베이컨은 주로 물리학에 집중했다. 그가 물리학을 위해 한 일, 다시 말해 처음부터 시작한 일을 데카르트는 그 후에 즉시 형이상학을 위해 했다.

산수 교과서에서 어떤 예제의 해법의 정확성은 문제가 나누어지는 과정을 통해, 즉 나머지가 생기지 않는 것을 통해 알 수 있다. 세상의 수수께끼를 푸는 과정도 이와 비슷하다. 전체 체계는 나누어지지 않는 계산이다. 그 계산은 나머지를 남기거나, 화학적인 비유를 하자면 불용성 침전물을 남긴다. 이러한 침전물의 본질은 우리가 그 체계의 명제로부터 수미일관하게 결론을 도출할 때, 결과가 현재의 실제 세계와 맞지 않고, 그것과 조화를 이루지 않는다는 사실에 있다. 오히려 그 체계의 일부 측면은 완전히 설명할 수 없는 상태로 남아 있다. 그러므로 예를 들어 자연의 일반적인 경탄할 만한 합목적성은 단순히 기계적 성질을 부여받은 물질로부터 그리고 그 체계의 법칙에 따라 세계가 생겨나게 하는 유물론 체계와 조화를 이루지 못한다. 인식의 존재 역시 그 체계와 조화를 이루지 못한다. 그렇지만 인식을 통해 저 물질이 처음으로 모습을 드러낸다. 그러므로 이 물질은 인식의 잔여다.

반면에 세상의 압도적인 물리적 악과 도덕적 타락은 유신론적 체계와 조화를 이룰 수 없으며, 그렇지만 마찬가지로 범신론적 체계와도 조화를 이룰 수 없다. 그리고 이 악과 타락은 잔여 혹은 불용성 침전물로 남겨진다. 사실 그러한 경우에 우리는 그와 같은 잔여를 궤변으로, 그리고 필요하다면 또한 단순한 단어와 구문으로 덮어버리는 데에 실패하지 않는다. 그러나 장기적으로 볼 때 그것은 타당하지 않다. 그 예제가 깔끔하게 해결되지 않기 때문에, 우리는 아마 계산에서 개별적인 오류를 찾을 수 있을지도 모른다. 결국 우리는 출발점 자체가 잘못되었다는 것을 스스로 인정하는 수밖에 없다. 반면에 한 체계의 모든 명제의 일반적 일관성과 조화가 각 단계마다 둘 사이의 불협화음이 들리지 않고 경험의 세계와의 똑같은 정도의 일반적 조화에 의해 동반된다면, 이는 그 예제에 대한 진리의 기준이며, 산술 문제의 요구된 해결이다. 이와 마찬가지로, 출발점이 이미 틀렸다는 것은 처음부터 우리가 그 문제에 올바른 끝에서 접근하지 않았다는 것을 의미한다. 그럼으로써 그 후에 우리는 오류에서 오류로 이어졌다. 많은 것들과 마찬가지로 철학도 이와 같기 때문이다. 모든 일은 올바른 끝에서 사안에 접근하느냐에 달려 있다. 그런데 이제 설명되어야 할 세계의 현상(Phänomen)은 오직 **하나**만이 옳은 것이 될 수 있는 무수히 많은 끝을 제공한다. 그것은 많은 잘못된 끝이 매달려 있는 뒤엉킨 실뭉치와 유사하다. 올바른 끝을 찾아낼 수 있는 사람만이 전체를 풀 수 있다. 그러면 문제가 하나씩 쉽게 해결된다. 그런 사실에서 우리는 그것이 올바른 끝이었다는 것을 알 수 있다. 그것은 복도로 통하는 수백 개의 입구가 나 있는 미로와도 비유할 수 있다. 이 모든 복도는 길고 다양하게 얽히고 굽어진 후에, 우상(Idol)이 자리하고 있는 중심부로 향하는 단 하나의 복도를 제외하고는 다시 바깥으로 통한다. 만약 이 입구를 만났다면 우리는 길을 놓치지 않을 것이다. 그런데 다른 어떤 길을 통해서도 우리는 목표에 도달할 수 없다. 나는 우리 안에 있는 의지만이 뒤엉킨 실뭉치의 올바른 끝, 즉 미로의 참된 입구라는 견해를 숨기지 않겠다.

반면에 **데카르트**는 아리스토텔레스의 형이상학의 선례를 따라, **실체**라는 개념으로부터 출발했는데, 우리는 그의 후계자가 모두 이 개념을 가지고 여전히 힘들게 질질 끌고 가는 것을 본다. 그러나 그는 사유하는 실체와 연장된 실체라는 두 가지 종류의 실체를 가정했다. 그런데 이것들은 물리적 영향(influxus physicus)을 통해 서로에게 작용해야 했지만, 이것은 곧장 그 잔여로 판명되었다. 다시 말해 그와 같은 일은 물질계를 나타내는 데 있어서 단순히 외부에서 내부로뿐만 아니라, 의지(이 의지는 서슴없이 사유에 귀속되었다)와 신체 행동 사이에서 내부에서 외부로도 일어났기 때문이다. 이 두 종류의 물질 사이의 보다 가까운 관계는 이제 주요 문제가 되었고, 그리하여 큰 어려움이 발생한 결과, 데카르트 자신을 위해 중재했던 동물 정기들이 더 이상 쓸모없게 된[1] 후, 사람들은 종종 기회 원인론[2](causes occasionelles)과 예정 조화설[3](harmonia praestabilita)의 체계로 내몰리게 되었다. 다시 말해 **말브랑슈**는 물리적 영향은 생각할 수 없다고 간주했다. 하지만 그러면서 하나의 영靈인 신이 물질계를 창조하고 인도할 때 그와 같은 물리적 영향이 주저 없이 가정된다는 것을 고려하지 않았다. 그래서 그는 가끔 그 대신 기회 원인론을 내세웠으며, "우리는 신 안에서 모든 것을 본다"[4]라고 했다. 여기에 그의 남은 잔여가 있다.

또한 **스피노자**는 스승 데카르트의 발자취를 따라 **실체**라는 개념으로부터 출발했다. 마치 그와 같은 개념이 주어진 것이라도 되는 듯 말이다. 그러나 그는 사유와 연장이라는 두 종류의 실체를 동일하다고 선언했고, 이로써 앞에서 언급한 어려움을 피할 수 있었다. 그

---

1   그런데 '동물 정기'는 바니니(Banini)의 『숨겨진 성질에 대하여*de naturae arcanis*』(대화 49)에서 이미 주지의 사실로 나타나고 있다. 아마도 그 창시자는 빌리시우스(Willisius)(『뇌 해부에 대하여*De anatome cerebri*』, 그 안의 『우둔한 정신에 대하여*de anima brutoru*m』, 제 네바판 1680, 35쪽 이하)일지도 모른다. 플로렌스(Flourens)(『삶과 지성에 대하여*de la vie et d'Intelligence*』는 동물 정기를 **갈레누스**(Galenus) 탓으로 돌린다. 이미 이암블리코스(스토바이오스의 『선집*Eclogae*』 제1권 52장 29절, 제2권 876쪽)는 동물 정기를 꽤 분명히 스토아 철학자들의 가르침으로 제시한다. ─원주.

2   기회 원인론(causes occasionelles) 또는 우인론偶因論은 창조된 물질은 사건의 작용인 作用因이 될 수 없다고 주장하는 인과성에 관한 이론이다. 대신 모든 사건은 신에 의해 직접 일어난다. 이 이론은 세속적 사건 사이에서 마치 작용인이 작동하는 것처럼 보이는 것은 신이 어떤 사건 뒤에 다른 사건을 일으키는 것 때문에 발생한다고 주장한다. 그러나 신이 일으키는 사건 사이에 어떤 관계가 있을 필요는 없다. 첫 번째 사건이 신으로 하여금 두 번째 시간을 일으키게 하지 않으며 신은 첫 번째 사건을 일으킨 다음 두 번째 사건을 일으키는 것뿐이다.

3   예정 조화설(harmonia praestabilita)은 독일의 철학자 라이프니츠의 학설로, 모든 존재의 기본은 모나드라고 하고, 이 모나드로 이루어진 세계는 신의 의지에 의해 미리 조화롭게 정해져 있다는 개념이다.

4   Nous voyons tout en Dieu(Wir sehen alles in Gott). 말브랑슈의 주된 명제. ─원주.

스피노자는 스승 데카르트의 발자취를 따라
실체라는 개념으로부터 출발했다.
마치 그와 같은 개념이 주어진 것이라도 되는 듯 말이다.
그러나 그는 사유와 연장이라는
두 종류의 실체를 동일하다고 선언했고,
이로써 앞에서 언급한 어려움을 피할 수 있었다.

스피노자   Baruch de Spinoza

러나 이러한 이유로 그의 철학은 주로 부정적으로 되었다. 다시 말해 그는 데카르트가 내세운 신과 세계라는 다른 대립으로도 동일성을 확장함으로써, 그의 철학이 데카르트적인 두 가지 커다란 대립의 단순한 부정으로 나아갔기 때문이다. 그러나 이 후자의 동일성은 원래 단순한 교수법 또는 서술 형식에 불과했다. 왜냐하면 "신이 이 세상을 만들었다는 것은 사실이 아니고, 세상은 자신의 힘의 완전성에 의해 존재한다"라고 솔직히 말하는 것은 너무 불쾌감을 일으켰을 것이기 때문이다. 그러므로 스피노자는 간접적인 표현법을 선택하여, "세계 자체가 신이다"라고 말했다. 그런데 그가 유대교로부터가 아니라 자연으로부터 공평무사하게 출발할 수 있었다면, 결코 그런 주장을 하지 않았을 것이다. 동시에 이 표현법은 그의 정리定理에 긍정성이라는 겉모습을 부여하는 데 이바지한다. 하지만 그 정리는 기본적으로 단순히 부정적일 뿐이고, 따라서 그는 설명하지 않은 채로 놓아둔다. 그럼으로써 그의 가르침은 "세상은 존재하기 때문에 존재하고, 그리고 그런 식으로 존재하기 때문에 그 세상이 존재하는 대로 존재한다"라는 식으로 나아간다(피히테는 이런 구문으로 그의 대학생들을 어리둥절하게 만들곤 했다). 그러나 앞에서 설명한 방식으로 생겨난 세계의 신격화는 진정한 윤리를 허용하지 않았고, 게다가 이 세상의 물리적 악이며 도덕적 사악함과 현저히 모순되었다. 그러므로 여기에 그의 잔여가 있다.

이미 언급했듯이 **스피노자**는 **실체**의 개념을 주어진 것으로서 당연하게 받아들인다. 그 역시 실체 개념으로부터 출발한다. 사실 그는 자신의 목적에 따라 그 개념을 정의한다. 하지만 그는 그것의 기원에 대해서는 신경 쓰지 않는다. 그의 바로 뒤에, 개념들로부터 어떤 것을 도출하거나 증명하려는 철학자는 그러한 각각의 개념의 **기원**을 조사해야 한다는 위대한 학설을 제시한 사람은 로크가 최초였기 때문이다. 그 개념의 내용과 그 개념으로부터 얻을 수 있는 것은 그것을 통해 얻을 수 있는 모든 인식의 원천으로서 전적으로 그 개념의 기원에 의해 결정되기 때문이다. 그러나 스피노자가 **실체** 개념의 기원을 연구했더라면, 그는 이 실체 개념이 전적으로 유일하게 **물질(Materie)**이며, 따라서 개념의 진정한 내용은 그 물질의 선험적이라 할 수 있는 본질적인 성질뿐이라는 것을 최종적으로 알아내야만 했을지도 모른다. 실제로 스피노자가 실체를 지니고 있다고 공을 돌리는 모든 것은 물질에서, 그리고 오직 거기에서만 그 증거를 찾을 수 있다. 물질은 생성된 것이 아니고, 그러므로 원인 없이 생성된 것이 아니고, 영원하고 유일하며 독특한 것이다. 그것의 변용(Modifikation)이 연장과 인식이다. 즉 인식은 물질적인 것인 뇌의 배타적 성질이다. 따라서 스피노자는 무의식적인 유물론자이다. 그러나 물질을 상세히 설명하고, 그 개념을 깨닫고 경험적으로 증명한다면, 그것은 다름 아닌 기계적인 성질을 지닌 것으로서 데모크리토스와 후기 프랑스 유물론자들이 잘못 파악한 원자론적 물질이 아니라, 올바로 파악된, 그 모든 설명할 수 없는 성질을 부여받은 물질이다. 이 차이에 대해 나는 나의 주저인 『의지와 표상으로서의 세계』 II, 24장을 참조하도록 권한다.

하지만 특히 아리스토텔레스적인 책 『크세노파네스에 대하여de Xenophane』 등에서 볼 수 있듯, 실체 개념을 출발점으로 삼기 위해, 무턱대고 그 개념을 받아들이는 이러한 방법을 이미 **엘레아학파**[5] **철학자**들에게서 발견할 수 있다. 다시 말해 크세노파네스[6] 역시 존재로부터, 즉 실체로부터 출발한다. 그리고 그 실체의 성질은 그가 그러한 것에 관한 지식을 어디에서 얻었는지, 이전에 묻거나 말하지도 않은 채 증명된다. 반면에 만약 그가 이러한 일을 한다면, 그가 실제로 무엇에 관해 말하고 있는지, 즉 그의 개념의 토대가 되고, 그 개념에 현실성을 부여하는 것이 궁극적으로 어떤 직관인지 분명히 드러날

---

5   소크라테스 이전, BC 6세기 후반 이탈리아 남부의 엘레아에서 번성한 철학으로 존재는 하나이고 영원불변이라고 주장했다. 크세노파네스, 파르메니데스, 멜리소스, 엘레아의 제논 등이 그 주요 철학자이다. BC 5세기 이탈리아 남부의 그리스 식민지 엘레아에서 번성했던 이 학파의 특징은 극단적 일원론이다. 즉 존재하는 모든 것은 존재 자체로 충만하며 존재와 대립하는 것은 아무것도 없고, 따라서 분화·운동·변화는 모두 환상일 뿐이라고 보았다. 엘레아학파는 감각적 인식을 부정했으며, 실재는 움직이지 않으며 유일하고 존재로 충만한 것으로서 극히 추상적이고 논리적인 합리주의적 접근법을 통해서만 파악할 수 있다고 주장했다. 엘레아 학파의 주된 주장은 주된 물질로 모든 존재를 설명하는 자연주의적 철학자들의 이론과 모든 존재는 끝없이 생성 변화한다고 선언한 헤라클레이토스의 이론에 반대하면서 발전되었다.

6   크세노파네스(Xenophanes, BC 570경~BC 478경): 그리스의 음유시인·종교사상가로 엘레아학파의 시조로 알려져 있다. 엘레아학파는 다양성보다 통일성을 강조하고, 물질적 사물들이 분리·존재하는 것은 실제의 모습이 아니라 겉모습일 뿐이라고 강조한다. 크세노파네스는 '만물의 원질은 흙이며, 그 실체는 일자, 즉 신'이라고 주장한다. 그는 변화하는 자연의 배후에 있는 추상적 원리를 탐구한 파르메니데스식의 자연철학자라기보다는 철학과 과학의 일반 개념들을 대중화한 시인이자 종교 개혁가였다. 그에게 신이란 태어난다든지 죽는 것이 아니고, 신은 불변부동하여 하나이면서 동시에 일체인 것이며 비물체적인 것이다. 또한 생성하는 것은 흙과 물이며, 모든 것은 흙에서 나와 또다시 흙으로 돌아간다고 주장하였다.

지도 모른다. 그리하여 결국 그가 말하는 모든 것 중에서 물질만이 유효한 것으로 밝혀질 것이다. **제논**에 관한 이어지는 장들에서 스피노자와의 일치는 서술과 표현에까지 확장된다. 따라서 우리는 스피노자가 이 작품을 알고 이용했다고 가정하지 않을 수 없다. 그의 시대에 아리스토텔레스는 베이컨의 공격을 받았음에도 불구하고 여전히 대단한 존경을 받았고, 또한 라틴어 판본을 비롯한 좋은 판본들이 존재했기 때문이다. 따라서 스피노자는 가생디[7]가 에피쿠로스[8]를 부활시킨 사람이었듯, 엘레아학파의 단순한 부활자일 뿐이다. 하지만 우리는 진정으로 새롭고 완전히 독창적인 것이 사유와 앎의 모든 분야에서 얼마나 희귀한지 다시 한번 경험한다.

게다가 그리고 특히 형식적인 측면에서, **실체** 개념으로부터의 스피노자의 출발은 스승 데카르트에서 물려받은 그릇된 기본 사상에

7 　가생디(Pierre Gassendi, 1592~1655): 프랑스의 과학자·수학자·철학자. 아리스토텔레스주의의 대안으로 에피쿠로스주의를 부활시켰고, 그 과정에서 기계론적 원자론을 불멸성·자유의지, 무한한 신, 창조 등에 대한 그리스도교의 믿음과 융합하려고 했다. 그는 케플러가 예측한 행성의 태양면 통과, 즉 1631년 수성의 태양면 통과를 맨 처음 관측한 사람이기도 하다.

8 　에피쿠로스(Epikur, BC 341~BC 270): 소박한 즐거움, 우정, 은둔 등에 관한 윤리 철학의 창시자. 그는 철학의 목적을 행복하고 평온한 삶을 영위하는 데 두고 평정과 평화, 공포로부터의 자유, 고통 없는 삶을 역설했다. 아울러 세상의 모든 현상들은 원자들의 움직임과 상호작용으로부터 나온다고 가르쳤다. 에피쿠로스의 원자론 이론은 17세기 프랑스의 철학자이며 과학자인 피에르 가생디가 되살렸다. BC 306년 에피쿠로스는 아테네에 호케포스('정원'이라는 뜻)라는 이름의 학원을 세우고 학생들을 받아들였다. 이 학원은 곧 플라톤의 아카데메이아와 아리스토텔레스의 리케이온과 경쟁관계를 형성하게 되었는데, 에피쿠로스학파는 당시 여성을 정식으로 받아들인 첫 학파였다.

기초하고 있다. 데카르트는 자신의 사상을 캔터베리의 안셀무스[9]로부터 얻었는데, 그는 본질(Wesenheit)로부터 존재(Dasein)가 유래할 수 있다고, 즉 단순한 개념으로부터 존재가 추론될 수 있다고 본다. 또는 다른 말로 하자면, 단순히 **사유된** 대상의 속성이나 정의에 의해, 그것이 더 이상 단순히 사유된 대상이 아니라 실제로 존재하는 대상이라는 것이 필요해진다고 본다. **데카르트**는 이 그릇된 기본 사상을 가장 완전한 존재의 개념에 적용했다. 하지만 **스피노자**는 실체의 개념이나 원인 그 자체의 개념을 취하였다(후자는 용어에서의 모순을 말하고 있다. 『에티카』의 서문과 제1부의 정리 7에서 그가 최초로 범한 잘못된 행보[10]인 그의 최초의 정의를 보라). 두 철학자의 기본 개념들의 차이는 거의 표현에만 있다. 그러나 이러한 개념들을 출발점으로서, 그러므로 주어진 것으로서 사용하는 것은 두 개념 모두 직관적 표상이 추상적 표상에서 비롯되도록 하는 잘못에 기초하고 있다. 반면에 실제로 모든 추상적 표상은 직관적 표상에서 생겨나며, 따라서 이러한 표상에 근거한다. 그러므로 우리는 여기에서 선행하는 것 대신에 뒤에 따르는 것을 기본적인 것으로 삼는 잘못을 본다. 이는 근거와 결과의 혼동인 것이다.

---

9 안셀무스(Anselm von Canterbury, 1033~1109): 1093년부터 1109년까지 캔터베리 대주교직을 역임한 이탈리아의 베네딕토회 수도사, 수도원장, 철학자, 신학자. 아우구스티누스를 계승한 캔터베리의 안셀무스는 인간의 이성을 신의 존재론적 증명에 처음 사용한 철학자이다. 철학계에 남긴 주요 업적으로 안셀무스의 신 존재 증명이 있으며, 저서로 『모놀로기온 & 프로슬로기온』, 『삼위일체에 대한 신앙』, 『왜 하느님은 사람이 되셨는가』가 있다.

10 아리스토텔레스의 『분석론 후서』 18장에 따르면. ─원주.

스피노자는 자신의 유일한 실체를 '신Deus'이라고 부름으로써 특별한 종류의 어려움을 부과했다. 이 단어는 이미 완전히 다른 개념을 지칭하기 위해 받아들여졌으므로, 이제 그는 독자가 스피노자의 초기 설명에 따라 그 단어가 지칭하는 개념 대신에 그것이 일반적으로 지칭하는 것과 그 개념을 여전히 관련시킨다는 사실에서 발생하는 오해에 맞서 지속적으로 싸워야 한다. 만약 그가 그 단어를 사용하지 않았다면, 그는 『에티카』 제1권에서 길고 고통스러운 설명을 하지 않아도 되었을 것이다. 하지만 그는 사람들이 그의 가르침을 덜 불쾌하게 느끼도록 하기 위해 그렇게 했다. 그런데도 그는 목적을 달성하지 못했다. 하지만 그래서 어떤 모호성이 이제 그의 설명 전체를 관통한다. 그 때문에 그 설명은 말하자면 알레고리적이라고 불릴 수 있을지도 모른다. 더욱이 스피노자는, 앞에서 언급했듯이, 다른 개념들 쌍('사유하는 실체'와 '연장된 실체')과도 같은 일을 하기 때문이다. 만약 그가 자신의 의도대로 솔직히 말하고, 사물을 적절한 이름으로 불렀더라면, 그리고 만약 그가 무릇 그의 생각을 정리, 증명, 주해, 필연적 결과를 목이 긴 스페인식 구두에 넣고 끈으로 졸라맨 채 기하학으로부터 빌린 이러한 복장으로 나타나게 하는 대신에, 솔직하고 자연스럽게 근거와 함께 제시했더라면, 소위 그의 『에티카』가 얼마나 더 명료하게, 따라서 더 잘 드러났을까? 그 복장은 기하학의 확실성을 철학에 부여하는 대신, 기하학이 개념 자체의 구성에 관여하지 않는 즉시, 오히려 모든 의미를 잃어버리고 만다. 따라서 여기서도 핵심적인 것은 "두건을 썼다고 수도승이 되는 것은 아니다[11]"(셰익스피어의 『십이야』 제1막 5장)라는 사실이다.

『에티카』 제2권에서 스피노자는 그의 유일한 실체의 두 가지 방식을 연장과 표상(extensio et cogitatio)으로 제시하는데, 이는 분명히 잘못된 구분이다. 연장은 오로지 표상에 대해서만 또 표상 속에서만 존재하기 때문에 이것에 반대되는 것이 아니라 종속되어야 하기 때문이다.

스피노자가 어디서나 '기쁨(laetitia)'에 대해 명시적으로 극구 칭찬하고 모든 칭찬할 만한 행동의 조건이자 표시라고 내세우는 반면, 모든 '슬픔(tristitia)'을 무조건 배격한다는 것 ─ 구약성서는 그에게 "웃음보다 슬픔이 낫다. 슬픔을 통해 마음이 더 나아지기 때문이다[12]"라고 말하지만 말이다 ─ 그가 이 모든 일을 하는 것은 오직 일관성에 대한 사랑 때문이다. 이 세상이 신이라면, 그 세상은 목적 자체이며, 세상의 존재를 기뻐하고 찬양해야 하기 때문이다. 그러니 "뛰어오르세요, 후작님! 언제나 즐거워하고, 슬퍼하지 마세요!" 범신론은 본질적으로 또 필연적으로 낙관론이다. 이러한 의무적 낙관론은 스피노자에게 또 다른 많은 잘못된 결론을 강요한다. 가장 두드러진 것은 그의 도덕 철학의 터무니없고 매우 자주 반감을 불러일으키는 정리들이다. 그 정리들은 『신학정치론*Tractatus theologico-politicus*』(1663) 16장에서 진정한 오명을 얻는 데까지 나아간다. 반면에 그는 때때로,

---

11　cucullus non facit monachum.

12　전도서 7장 3절. 슬픔이 웃음보다 나음은 얼굴에 근심하는 것이 마음에 유익하기 때문이니라.

예컨대 동물에 관한 무가치할 뿐만 아니라 잘못된 정리들에서(『에티카』 IV, 부록 26장, 그리고 같은 부분의 정리 37, 숄리아 판) 올바른 견해를 이끌어냈을 지점에서 결론을 시야에서 놓쳐버린다. 여기서 그는 창세기 1장과 9장에 따라 유대인이 이해하는 방식으로 말한다. 그래서 더 순수하고 더 가치 있는 교리에 익숙한 우리 같은 사람들이 '유대인의 악취(foetor Judaicus)'에 압도된다. 그는 개에 대해 전혀 알지 못했던 것 같다. 26장이 시작되는 곳의 격분시키는 문장인 "우리는 자연에서 인간들 외에 우리의 정신이 기뻐할 수 있는 어떤 개별 존재도, 그리고 우리가 우정이나 어떤 종류의 교제를 통해 관계 맺을 수 있는 어떤 개별 존재도 알지 못한다"에 대해 우리 시대의 스페인 대중 작가(라라Larra, 필명 피가로, 『총각, 동정의 청년Doncel』 33장)가 최상의 답변을 제공한다. "개를 키워본 적이 없는 사람은 사랑하고 사랑받는 것이 무엇인지 모른다." 콜레루스(Colerus)에 따르면, 스피노자가 자신의 즐거움을 위해, 그리고 진심으로 웃으면서 거미와 파리에게 가하곤 하던 동물 학대는, 앞에서 언급한 창세기 장들과 마찬가지로 여기서 크게 비난받은 그의 정리들에 상응할 뿐이다. 이 모든 것으로 인해 스피노자의 『에티카』는 잘못된 것과 참된 것, 경탄할 만한 것과 나쁜 것의 혼합이다. 그 책의 마지막 부분 후반부에서, 우리는 그가 명확한 표현을 하려고 헛되이 애쓰는 것을 본다. 그는 그렇게 할 수 없다. 그 때문에 여기에서 벌어지는 것처럼, **신비적**으로 되는 것 외에는 아무것도 그에게 남아 있지 않다. 따라서 물론 이 진정으로 위대한 정신을 부당하게 대우하지 않기 위해, 우리는 가령 데카르트, 말브랑슈, 홉스, 그리고 조르다노 브루노 정도만이 그의 앞에 오지 않았다는 사실을 고려해야 한다. 철학적 기본 개념들은 아직 충분히 연구되지 않았고, 문제점들은 제대로 검토되지 않았다.

라이프니츠는 마찬가지로 주어진 것으로서의 **실체** 개념으로부터 출발했지만, 그러한 실체가 **파괴될 수 없는** 것이어야 한다는 사실에 주로 초점을 맞췄다. 이 목적을 위해 그 실체는 **단순**해야만 했다. 연장된 모든 것은 분할 가능하고, 따라서 파괴할 수 있을 것이기 때문이다. 따라서 실체는 연장이 없었고, 그러므로 비물질적이었다. 그래서 그가 말하는 실체에는 정신적인 지각, 사유와 욕망 같은 술어 외에는 다른 것이 남아 있지 않았다. 이제 그는 그처럼 단순한 정신적 실체들로 즉시 무수히 많은 것을 가정했다. 실체 자체는 연장되지 않지만, 그럼에도 그것은 연장 현상(Phänomen)의 기초가 되어 있어야 했다. 그래서 그는 그 실체를 **형식적 원자**와 **단순한 실체**로 정의하고 (『작품들Opera』, 에르트만 판 124, 676쪽), 그것들에 **모나드**라는 명칭을 부여했다. 그러므로 이것은 물질계의 현상(Phänomen)의 기초가 되어 있어야 하는데, 따라서 이 현상은 현실 속과 그 배후에 있는 모나드에만 귀속되는 것인 본래적이고 직접적인 실재(Realität)가 없는 하나의 단순한 **현상**(Erscheinung)에 불과하다. 그런데 다른 한편 물질계의 이러한 현상은 모나드의 지각에서(즉 매우 소수만이 실제로 지각하고, 대부분은 영구적으로 잠든 상태에 있는 그러한 모나드의 지각에서) 중심 모나드가 전적으로 혼자서 그리고 자기 힘으로 수행하는 예정 조화(prästabilirte Harmonie)에 의해 성취된다. 여기서 우리는 어떤 모호함과 마주치게 된다. 하지만 비록 그렇다 하더라도, 이러한 실체들에 대한 단순한 생각과 실제로 그리고 그 자체로 연장된 것 사이의 중개는 중심 모나드에 의해 예정된 조화가 떠맡는다.

여기서 사람들은 모든 것이 잔여라고 말하고 싶어 한다. 그러나 **라이프니츠**를 공정하게 대하기 위해, 우리는 당시 로크와 뉴턴이 내세운 **물질**에 대한 고찰 방식을 마음에 새겨야 한다. 다시 말해 이들에게 물질은 완전히 죽은 것으로서, 순전히 수동적이고 의지 없이 존재하며, 단순히 기계적인 힘만 부여받고 수학적인 법칙에만 예속되어 존재한다. 반면에 라이프니츠는 **원자**와 순전히 **기계적인** 물리학을 배격하고, 그 대신 역학적인 물리학을 내세운다. 이 모든 일로써 그는 칸트를 위한 길을 마련했다(『작품들』, 에르트만 판, 694쪽). 그는 그렇게 함으로써(『작품들』, 124쪽) 무엇보다 먼저 스콜라 철학자들의 '실체적 형태formas substantiales'를 떠올렸고, 그 후 당시에 거의 알려지지 않았거나 인정받지 못했던 물질의 단순히 기계적 힘조차도 그것의 토대로 정신적인 무언가를 가지고 있어야 했다는 인식에 도달했다. 하지만 그는 물질이 순전히 연약한 영혼들로만 이루어져 있고, 동시에 형식적인 원자일지도 모르며, 대체로 무감각한 상태로 존재하지만, '지각perceptio'과 욕구appetitus'의 유사체를 지니고 있다는 지극히 어색한 허구적 가설을 통해서만 그 자신을 명확히 할 수 있었다. 이 점에서 그는 다들 예외 없이 다른 모든 사람과 마찬가지로, 내가 무엇보다 먼저 그에 마땅한 우선권을 부여했던 의지 대신에, 인식을 모든 정신적인 것의 기초이자 필수 불가결한 조건으로 삼음으로써 오도되었다. 그런데 이처럼 의지에 우선권을 부여함으로써 철학에서 모든 것이 변화를 겪는다. 그럼에도 정신과 물질을 하나의 동일한 원리의 기초로 삼으려는 라이프니츠의 노력은 인정받을 만하다. 심지어 거기에서 우리는 칸트뿐 아니라 나 자신의 가르침의 전조를 예감할 수 있을지도 모른다. 하지만 그는 "흡사 안개를 통해 그 문제를 보는 것 같았다."[13] 그의 모나드론[14]의 밑바탕에는 물질이 사물 자체가 아니라 단순한 현상이라는 생각이 이미 깔려 있기 때문이다. 그러므로 우리는 그 모나드론 자체의 단지 기계적인 작용의 궁극적인 근거를 순전히 기하학적인 것, 즉 연장, 운동, 형태와 같은 단지 현상에만 속하는 것에서 찾아서는 안 된다. 따라서 이미 불가입성은 단순히 **소극적인** 성질이 아니라 적극적인 힘의 발현이다.

칭송받는 라이프니츠의 기본 견해는 몇 개의 보다 짧은 프랑스 문헌들, 예를 들어 『자연의 신체계*système nouveau de la nature*』, 특히 「학술 저널Journal des savants」과 두텐스(Dutens) 판을 받아들인 에르트만

---

13   quas velut trans nebulam vidit. 쇼펜하우어는 여기서 데카르트의 『정신 지도를 위한 규칙들*Regulae ad directionem ingenii*』(1701)에서 문장을 반쯤 바꾸어 말하는지도 모른다. "그들은 완전히 무지한 문제에서, 마치 안개를 통해 종종 모호한 진리를 보는 것처럼 선언한다."(『규칙*Regula*』 XII).

14   Monadologie. 모나드란 세상을 구성하는 개별적인 입자들로, 공간을 점유하지 않고 연장을 갖지도 않기 때문에 그 속성이 단순하다. 각 모나드의 상태는 극서의 이전 상태에 의해 야기된다. 그러므로 모나드는 인과성의 사슬에 매여 다른 모든 모나드들과는 예정조화로 조율되어 있다. 신이 완전하고 필연적이며 선한 존재라고 말하는 라이프니츠는 신이 태초에 정한 원리를 따라 끊임없이 움직이면서 서로 교류해 세상의 모든 현상을 만들어낸다고 주장했다. 기계론적 결정론을 설파한 그의 철학은 인간의 자유의지까지도 과학적 논리로 이해하려는 근대적 세계관의 형성에 많은 영향을 준다.

(Erdmann) 판, 그리고 몇몇 편지들 등에서, 에르트만의 경우에는 『작품들』(681~695쪽)에서 가장 분명하게 표현된다. 또한 여기에 라이프니츠가 적절한 구문을 잘 골라서 모은 글은 그의 『보다 짧은 철학적인 글』(335~340쪽)에 실려 있다(이 책은 쾰러가 번역하고, 후트가 개정했다. 예나 1740).

그러나 일반적으로 현실 생활에서 우리는 **하나**의 거짓에는 다른 많은 거짓이 필요한 것처럼, 이상한 독단적인 가르침의 이러한 전체적인 연쇄 과정에서 **하나**의 허구가 그 뒷받침을 위해 항상 다른 허구를 끌어당기는 것을 볼 수 있다. 그 토대는 데카르트가 존재하는 모든 것을 신과 세계로, 인간을 정신과 물질로 나눈 것이다. 또한 다른 모든 것은 이 물질에 해당한다. 이러한 과거 모든 철학자에게 공통적으로 나타나는 오류, 말하자면 우리의 본질을 의지 대신에 인식에 배치하는, 따라서 의지를 이차적인 본질이 되게 하고, 인식을 일차적인 본질이 되게 하는 오류가 여기에 더해진다. 그러므로 이것들은 모든 단계에서 사물들의 본성과 현실이 저항하는 근본 오류들이었고, 그것들을 구하기 위해 동물 정기, 동물의 물질성, 기회 원인, 모든 것을 신 속에서 보는 것, 예정 조화, 모나드, 낙관론과 나머지 모든 것을 생각해내야 했다. 반면에 나의 경우에는 사물들이 올바른 끝에서 다루어지고, 모든 것은 저절로 일어나고, 각각의 것은 적절한 빛 속에서 자신을 드러내며, 어떠한 허구적 가설도 요구되지 않는다. 그리고 "단순한 것이 진실한 것의 식별 기준이다."[15]

칸트는 실체 문제에 직접적으로 영향을 받지 않았다. 그는 그것을 넘어서 있다. 그의 경우에 실체의 개념은 하나의 범주이며, 따라서 단순한 선험적 사유형식이다. 그런데 이 형식을 통해, 감각적인 직관에 그것의 필연적인 적용을 통해서는, 그 자체로 아무것도 인식되지 않는다. 따라서 신체뿐 아니라 영혼의 기초가 되는 본질은 그 자체로 어쩌면 하나이자 같은 것일 수도 있다. 이것이 그의 가르침이다. 그 가르침은 각자 자신의 신체가 뇌에서 생기는 그의 의지의 직관에 불과하다는 나의 통찰을 위한 길을 열어주었다. 그런 다음 이러한 관계는 모든 신체로 확장되어, 세계를 의지와 표상으로 분리하는 결과를 낳았다.

그런데 **데카르트**는 아리스토텔레스에게 충실하게 철학의 주요 개념으로 삼았던 저 **실체**의 개념, 그의 정의에 따라 **스피노자**도, 그렇지만 엘레아학파의 방식으로 시작하는 그 개념은 정확하고 솔직한 조사를 해보면 **물질** 개념에 대한 더 높지만, 정당화되지 않는 추상 개념으로 밝혀진다. 다시 말해 그 추상 개념은 이 물질 이외에도, 내가 『의지와 표상으로서의 세계』 I의 부록에 실려 있는 「칸트 철학 비판」에서 자세히 설명했듯, 슬쩍 바꿔치기한 아이인 **비물질적 실체**를 포함하기로 되어 있었다. 하지만 이와는 별개로, **실체** 개념은 아무튼 객관적 개념이기 때문에 이미 철학의 출발점으로는 유용하지 않다. 다시 말해 모든 객관적인 것은 우리에게 항시 간접적인 것일 뿐이다. 반면에 주관적인 것은 직접적인 것이다. 그러므로 우리는 주관적인

---

15   Simplex sigillum veri.

것을 간과해서는 안 되고, 그것을 정말이지 출발점으로 삼아야 한다. **데카르트** 역시 그렇게 했다. 그러니까 그는 그런 사실을 인식하고 행동에 옮긴 최초의 철학자였다. 그 때문에 사실 그에 의해 철학의 주요한 시기가 시작된다. 하지만 그는 단순히 예비적인 방법으로 첫 번째 시도에서 그렇게 한다. 그럼으로써 그는 신의 진실성을 신뢰하여 즉시 세계의 객관적이고 절대적인 실재를 가정하고, 그때부터 완전히 객관적인 방식으로 철학을 한다. 그러다가 그는 게다가 또 중대한 악순환(circulus vitiosus)의 죄를 범하게 된다. 다시 말해 그는 우리의 모든 직관적 표상의 대상들의 객관적 실체를 그 창시자인 신의 현존에 근거하여 증명하기 때문에, 그의 진실성은 그가 우리를 속이는 것을 허용하지 않는다. 하지만 신의 현존 자체를 데카르트는 우리에게 선천적 표상으로부터 증명하는데, 그에 따라 우리는 신을 가장 완벽한 존재라고 추정하게 된다. 그의 한 동포는 그에 대해 이렇게 말한다. "그는 모든 것을 의심하는 것으로 시작해서, 모든 것을 믿는 것으로 끝난다."

그러므로 **버클리**[16]는 맨 먼저 주관적인 출발점을 진지하게 생각

---

16   조지 버클리(George Berkeley, 1685~1753): 정신적인 것을 제외한 모든 것은 감각기관에 의해 지각되는 경우에만 존재한다고 주장하는 경험론 철학으로 유명하다. 저서 『신 시각론을 위한 시론』에서 버클리는 시각의 거리, 크기, 위치와 시각과 촉각의 문제 등을 검토했으며, '시각의 고유한 대상'은 마음 없이 존재하지 않지만 '만질 수 있는 대상은 그와 반대인 것 같다'라고 결론 내렸다. 또한 『인간지식의 원리에 관하여』에서 만질 수 있는 것을 포함한 모든 감각 대상을 마음 안으로 끌어들였다. 그는 물질적 실체, 물질적 원인, 추상적 일반 관념 등을 거부하고 정신적 실체를 승인했다.

했고, 그것의 불가피한 필연성을 논박할 수 없게 입증했다. 그는 관념론의 아버지다. 하지만 이것은 모든 진정한 철학의 기초이며, 뒤따르는 모든 철학자가 다르게 변화를 시도했음에도, 그 후로도 적어도 출발점으로서 보통 고정되었다. 다시 말해 **로크** 역시 신체가 지닌 성질의 대부분을 우리의 감각(Sinnesempfindung)에 귀속시킴으로써, 이미 주관적인 것에서 출발했기 때문이다. 그러나 이차적인 성질로서의 모든 **질적** 차이를 단순히 **양적** 성질, 즉 단지 일차적인, 즉 객관적 성질을 띤 크기, 형태, 위치 등으로 환원시킨 것은 기본적으로 **데모크리토스**의 가르침이다. 그 역시 모든 질을 원자의 형태, 구성, 위치로 환원시켰다. 이러한 사실은 특히 아리스토텔레스의 『형이상학 *Metaphysik*』제1권 4장과 테오프라스토스[17]의 『감각론』[18] 61~65장에서 명백히 알아챌 수 있다.

---

17 테오프라스토스(Theophrastos, BC 372경~287경): 그리스 소요학파 철학자, 아리스토텔레스의 제자. 아테네에서 아리스토텔레스에게 배웠으며, BC 323년 아리스토텔레스가 강제로 물러나자 리케이온 학원의 원장이 되었다. 아리스토텔레스 철학을 전폭 수용한 그의 일반적인 경향은 스승의 철학 주제들을 더욱 강하게 체계적으로 통일하고 아리스토텔레스주의 전체에 들어 있는 초월적·플라톤적 요소를 줄여나가는 것이었다. 그의 저서인 『성격론 *Charaktēres*』은 아리스토텔레스가 윤리학과 수사학을 위해 연구한 결과에서 이끌어낸 30가지 도덕 유형을 간략하면서도 힘차게 개괄하고 있다. 이 저술은 나중에 라브뤼예르의 대작 『성격론*Les Caractères*』(1699)의 기초가 되었다.

18 테오프라스토스는 『감각론*de sensu*』에서 기존의 감각론을 유사설(유사가 유사를 지각한다)과 대조설(반대가 반대를 지각한다)의 두 유형으로 분류한다. 유사설을 주장한 엠페도클레스, 플라톤, 대조설을 주장한 헤라클레이토스, 아낙사고라스와는 달리 테오프라스토스와 스승 아리스토텔레스는 독특한 견해를 갖고 있었다. 즉 감관과 대상은 감각 이전에는 서로 반대되는 성질을 띠나, 감각의 과정에서 변화가 일어나 감각 이후에는 둘이 같은 성질을 띤다는 것이다. 앞의 두 이론을 종합한 이 학설은 동조설로 부를 수 있다.

로크는 스피노자가 엘레아 철학의 부활자였듯
데모크리토스의 철학의 부활자일지도 모른다.
또한 그는 실제로 그 후의 프랑스 유물론의 길을 닦았다.
그렇지만 직접적으로 그는 직관에서 객관적인 것으로부터 주관적인 것의
이 잠정적인 구별을 통해 칸트를 위한 토대를 마련했다.

존 로크   John Locke

그런 한에서 로크는 스피노자가 엘레아 철학의 부활자였듯 데모 크리토스의 철학의 부활자일지도 모른다. 또한 그는 실제로 그 후의 프랑스 유물론의 길을 닦았다. 그렇지만 직접적으로 그는 직관에서 객관적인 것으로부터 주관적인 것의 이 잠정적인 구별을 통해 **칸트**를 위한 토대를 마련했다. 칸트는 이제 훨씬 더 높은 의미에서 로크의 방향과 경로를 좇아, 주관적인 것을 객관적인 것으로부터 순수하게 분리하는 데 도달했다. 그런데 이러한 과정에서 물론 너무 많은 것들이 주관적인 것의 소유로 넘어가기 때문에 객관적인 것은 완전히 어두운 점, 더 이상 인식할 수 없는 점—즉 사물 자체로 남게 되었다. 그런데 나는 이 사물 자체를 다시 본질로 환원시켜, 그것을 우리의 자의식 속에서 의지로서 발견한다. 그러므로 여기서도 나는 다시금 인식의 주관적인 원천으로 돌아갔다. 이미 말한 바와 같이 모든 객관적인 것은 항시 단지 이차적인 것, 곧 하나의 표상에 불과하기 때문에 다른 결과가 나올 수도 없었다. 따라서 우리는 존재의 가장 내적 핵심인 사물 자체를 우리 밖에서가 아니라 전적으로 우리 안에서만, 그러므로 홀로 직접적 성격을 띤 주관적인 것 속에서 찾아야 한다. 게다가 우리는 바로 거기서 **표상들**의 영역에 있기 때문에, 객관적인 것으로는 결코 휴지부休止符, 즉 궁극적이고 근원적인 것에 도달할 수 없다. 그러나 이 표상들은 전체적으로 또 본질적으로 네 가지 형태의 **근거율**을 가지고 있다. 이에 따라 모든 객체는 즉시 근거율의 요구에 예속되고 종속된다. 예를 들어 '어째서'와 '무엇 때문에'라는 질문이 즉시 파괴적으로 절대적인 것으로 가정된 객관적인 절대성을 압박한다. 그 질문 앞에서 절대성은 후퇴하고 무너질 수밖에 없다. 우리가 주관의 고요하면서도 모호한 심연에 몰입할 때의 상황은 이와 다르다. 하지만 이때 우리는 물론 신비주의에 빠질 위험에 처해 있다. 따라서 우리는 이러한 원천에서 진실하고, 누구나 접근할수 있으며, 결과적으로 절대 부인할 수 없는 것만 끌어내야 한다.

데카르트 이래로 **칸트** 이전까지 연구의 결과로 간주되었던 **사고법칙론**은 **무라토리**[19]의 『상상력에 관하여*della fantasia*』(1745) 1~4장과 13장에 요약되어 있고, 소박한 명료함으로 설명되어 있다. 로크는 거기에서 이단자로 나타난다. 모든 것이 오류의 보금자리인데, 이는 내가 칸트와 카바니스[20]를 선구자로 삼은 후 그것을 얼마나 완전히 다르게 파악하고 서술했는지 보여준다. 전체 사고법칙론과 심리학은 그릇된 데카르트의 이원론에 기초하고 있다. 이제 전체 저작의 모든 것은, 정당하든 그렇지 않든, 심지어 무라토리가 전하는 많은 올바르

---

19 무라토리(Lodovica Antonio Muratori, 1672~1750): 18세기 이탈리아의 고전학자, 역사가. 모데나 에스테가 문고 담당관이었다. 이탈리아 중세사, 고증적 연구 및 철학·신학·법학·시문 등에 관한 논문을 발표했고, 2세기 신약성서 목록을 발견했다. 예술에 관한 무라토리의 저술은 일종의 미학, 특히 그 시점까지 진전되어온 시론에 대한 요약본이었다. 그는 즐거움을 주는 시와 유용한 시, 실제로 세계 내에 존재하는 것을 모방하는 시와 존재할지도 모르거나 존재해야 마땅한 것을 나타내는 시를 구분했다.

20 카바니스(Pierre-Jean-Georges Cabanis, 1757~1808): 프랑스의 철학자·생리학자. 카바니스는 『인간의 신체와 도덕성의 관계*Rapports du physique et du moral de l'homme*』(1802)에서 인간의 심리적·정신적·도덕적 측면을 포함하는 모든 실체를 기계적 유물론으로 설명하고 있다. 그는 기계론적 유물론, 감각론적 인식론에 의하여 인간의 생리학적 연구에 진력하여 정신에 대한 물질의 근원성을 주장하고 "개념은 모든 감관을 통하여 형성되며 따라서 감각의 결과이다"라는 사실을 임상적·생리학적으로 증명하려고 했다.

고 흥미로운 사실들도, 데카르트의 이원론으로 거슬러 올라갈 수밖에 없다. 전체 과정은 하나의 유형으로서 흥미롭다.

칸트 철학에 대한
몇 가지 상론

『순수이성비판』의 모토로는 **포프**[1](『작품들*Works*』, 제6권, 374쪽, 그가 대략 80년 전에 적은 바젤 판)의 한 구절이 매우 적합할지도 모른다. "대부분의 것을 의심하는 것은 이성적이므로, 우리는 무엇보다도 모든 것을 **증명하려고 하는 우리의 이성**을 의심해야 한다."

칸트 철학의 본래 정신, 그 기본 사상과 참된 의미는 여러 가지 방법으로 파악되고 제시될 수 있다. 그러나 그 문제에 대한 그와 같은 상이한 구문과 표현들은, 머리의 다양성에 따라 다른 사람들보다 어떤 사람들에게 더 적합할 것이고, 매우 심오하고 그 때문에 까다로운

---

1 알렉산더 포프(Alexander Pope, 1688~1744): 영국의 시인. 런던에서 출생, 12살에 척추 결핵에 걸려 불구의 몸이 되었다. 아버지가 가톨릭교도였기 때문에 정규학교에서 배우지 못하여 독학으로 고금의 시인을 탐독하고 특히 드라이든의 시풍을 경모하였으며 더 나아가 대성하여 영국 고전주의의 대표적 시인이 되었다. 고전 취미의 『전원시*Pastorals*』(1709)와 격언적 시구가 포함된 운문으로 쓴 『비평론*An Essay on Criticism*』(1711)으로 시단에서 인정을 받았다.

칸트 철학의 본래 정신, 그 기본 사상과 참된 의미는
여러 가지 방법으로 파악되고 제시될 수 있다.
그러나 그 문제에 대한 그와 같은 상이한 구문과 표현들은,
머리의 다양성에 따라 다른 사람들보다 어떤 사람들에게 더 적합할 것이고,
매우 심오하고 그 때문에 까다로운 저 가르침에 대한
올바른 이해를 이런 또는 저런 사람에게 열어줄 것이다.

칸트   Immanuel Kant

저 가르침에 대한 올바른 이해를 이런 또는 저런 사람에게 열어줄 것이다. 다음은 칸트의 심오함에 대한 나의 명료한 견해를 밝히기 위한 이런 종류의 또다른 시도이다.[2]

수학의 토대가 되는 것은 **직관**이고, 그것이 수학의 증명을 뒷받침 한다. 그러나 이러한 직관들은 경험적이지 않고 선험적이기 때문에, 직관의 가르침은 자명한 것이다. 반면에 주어진 개념에서 출발하는 철학은 주어진 것으로서 단순한 **개념**들을 지니고 있으며, 그 주어진 것은 철학의 증명에 자명성(Apodiktizität)을 부여해야 한다. 철학은 단순히 **경험적** 직관에 기반할 수 없기 때문이다. 그 이유는 철학이 개별성이 아니라 사물들의 보편성을 설명하려고 하기 때문이다. 이 때 철학의 목적은 경험적으로 주어진 것을 넘어서는 것이다. 그렇지만 개념들은 직관적이거나 순수하게 경험적이지 않으므로, 철학에는 오직 보편적인 개념들만 남는다. 그러므로 이와 같은 개념들은 철학의 가르침과 증명들의 기초가 되어야 하며, 현존하며 주어진 어떤 것으로서 그것들이 출발점이 되어야 한다. 따라서 철학은 단순한 **개념**에서 나온 학문인 반면, 수학은 개념의 **구성**(직관적 서술)에 기반을 둔 학문이다. 그러나 엄밀히 말하면 단순한 **개념**으로부터 출발하는 것은 철학의 논증뿐이다. 다시 말해 이 논증은 수학과 마찬가지로 직관으로부터 출발할 수 없다. 그러한 직관은 선험적인 순수 직관이거

---

2 내가 인용하곤 하는 『순수이성비판』 제1판의 페이지 번호는 로젠크란츠 판에도 추가되어 있음을 나는 여기서 최종적으로 언급한다. ─원주.

나 또는 경험적인 직관이어야 하기 때문이다. 그런데 경험적 직관은 자명성을 부여하지 않고, 수학만이 선험적 순수 직관을 제공할 뿐이다. 그러므로 철학이 어떤 식으로든 논증을 통해 그 가르침을 뒷받침 하려고 한다면, 이 철학은 근거로 삼은 개념들로부터 올바른 논리적 추론에 그 본질이 있어야 한다.

이렇게 하여 그 문제는 장기간의 스콜라 철학 전체 시기에 걸쳐 그리고 심지어 데카르트에 의해 기초가 세워진 새로운 시기 동안에 도 꽤 잘 진척되었다. 그래서 우리는 **스피노자**와 **라이프니츠**가 여전 히 이 방법을 따르는 것을 볼 수 있다. 그러나 마침내 개념들의 **기원** 을 조사하겠다는 생각이 **로크**에게 떠올랐고, 그 결과는 모든 보편적 인 개념은, 너무 광범위하게 생각되었을지도 모르지만, 경험으로부 터, 즉 실제로 앞에 놓인 감각적으로 직관적인, 경험적인 현실 세계 로부터, 또는 그밖에 경험적인 자기 관찰에 의해 우리 모두에게 제공 되는 내적 경험으로부터 이끌어 낸다는 것이었다. 그러므로 보편적 개념의 전체 내용은 단지 이 두 가지로부터 비롯된다. 따라서 이것 들은 외적 경험이나 내적 경험이 그것들에 집어넣은 것 이상은 결코 제공할 수 없다. 이런 사실로부터 그것들은 결코 경험을 넘어설 수 없으며, 즉 결코 목표에 이를 수 없다는 것이 엄격하게 추론되었어야 했을지도 모른다. 그러나 **로크**는 경험에서 끌어낸 원칙들로 경험을 뛰어넘었다.

로크의 가르침에 대한 추가적인 반대와 수정을 하면서, **칸트**는 앞 의 규칙에 대한 예외가 되는, 그러므로 경험으로부터 비롯하지 **않**

는 몇 가지 개념이 있음을 보여주었다. 하지만 이와 동시에 이 개념들이 일부는 순수 직관, 즉 공간과 시간이라는 선험적으로 주어진 직관으로부터 파생되고, 일부는 개념들을 적용하는 경우 경험을 지도하기 위한 목적으로 우리의 지성 자체의 독특한 기능을 구성한다는 것을 보여주었다. 그러므로 이러한 개념의 타당성은, 개념들 자체가 단지 그것들의 합법칙적인 발생과 함께, 우리 내부에서 감각(Sinnesempfindung)의 자극으로 이러한 경험을 산출하도록 정해져 있으므로, 단지 가능한 경험으로 또 언제든 감관(Sinn)을 통해 전달될 수 있는 경험으로 확장된다. 그러므로 그 개념들은 그 자체로 내용이 없으며, 감각과 함께 경험을 산출하기 위해 오직 **감성(Sinnlichkeit)**으로부터 모든 소재와 내용을 기대한다. 하지만 이러한 감각과는 별개로, 그 개념들은 감각에 기반을 둔 직관의 조건에서만 유효하고 본질적으로 직관과 관련이 있기 때문에 내용도 의미도 없다. 이것으로 그 개념들이 경험의 모든 가능성을 넘어서서 우리를 이끄는 안내자 역할을 할 수 없다는 결론이 생긴다. 그리고 이런 사실에서 **형이상학**은 자연의 저편, 즉 경험의 가능성을 넘어선 것에 대한 학문으로서는 **불가능하다**는 결론이 다시 생긴다.

그러므로 경험의 한 구성 부분, 즉 보편적이고 형식적이며 합법칙적인 부분은 선험적으로 인식 가능하지만, 바로 그 때문에 우리 자신의 지성(Intellekt)의 본질적이고 합법칙적인 기능에 의거하고 있는 반면, 다른 부분, 즉 특수하고 물질적이고 우발적인 부분은 감각에서 비롯된다. 그러므로 두 부분 모두 **주관적인** 기원을 지닌다. 이런 사실로부터 경험에서 나타나는 세계를 포함한 모든 경험은 하나의 단순한 **현상**이라는, 즉 인식 주체에게만 우선 직접적으로 현존하는 어떤 것이라는 결론이 생긴다. 그렇지만 이러한 현상은 그 현상을 기초로 하는 **사물 자체**를 가리키지만, 그 사물 자체는 그 자체로 결코 인식 불가능하다. 그런데 이것은 칸트 철학의 부정적인 결과이다.

나는 여기서 칸트가, 마치 우리는 단순히 인식하는 존재이고, 그러므로 **표상** 이외에 어떠한 자료도 갖지 못한 것처럼, 행동하는 것을 상기시키지 않을 수 없다. 반면에 물론 우리는 저 표상과는 완전히 다른 **의지**라는 자료를 우리 안에 가지고 있다. 사실 칸트 역시 비록 이론 철학에서는 아니지만, 단순히 그의 경우 이 이론 철학과는 완전히 분리된 실천 철학에서는 그 의지를 고려했다. 그것은 우리 행동이 순전히 도덕적으로 중요하다는 사실을 확인하기 위해서였고, 그에 기초해서 이론적 무지의 평형추로서 도덕적 교리를, 따라서 앞에서 말한 바에 따라 우리가 복종하는 모든 신학의 불가능성을 근거 짓기 위해서였다.

칸트의 철학은 다른 모든 철학과는 달리, 심지어 그와 반대로, 초월 철학(Transzendentalphilosophie) 또는 더 정확하게는 초월적 관념론(transzendentaler Idealismus)이라고도 불린다. '초험적transzendent' 이라는 표현은 수학이 아니라 철학적 기원을 지니며, 이는 그 표현이 스콜라학자들에게 이미 잘 알려졌기 때문이다. 그 표현은 '대수의 가능성을 넘어서는 것을 나타내기 위해', 따라서 일반적인 산술(Arithmetik)과 대수(Algebra)가 수행하기에 충분하지 않은 모든 연산을 나타내기 위해, 맨 먼저 라이프니츠에 의해 수학에 도입되었다. 예를 들어 어떤 숫자에 대한 대수(log)를 찾거나 또는 그 반대의 경우에서, 또는 순전히 산술적으로 어떤 호弧에 대한 삼각함수를 찾거나 또는 그 반대의 경우에서 말이다. 그리고 일반적으로 무한 미적분에 의해서만 풀 수 있는 모든 문제를 나타내기 위해 그 표현이 수학에 도입되었다. 그러나 스콜라학자들은 최상위의 개념들, 즉 아리스토텔레스의 열 가지 범주보다 훨씬 더 보편적인 것을 **초험적**이라고 불렀다. **스피노자**는 그 단어를 여전히 이러한 의미에서 사용한다. **조르다노 브루노**[3](『원인·원리·일자에 관하여*della causa principio et uno*』대화 4, 1584)는 물질적 실체와 비물질적 실체의 차이보다 더 보편적인 술어들, 그러므로 일반적으로 실체에 귀속되는 술어들을 **초월적**이라고 부른다. 그에 따르면 이 술어들은 공통의 뿌리와 관련되는데, 그 뿌리 속에서 물체적인 것은 비물체적인 것과 **하나**가 된다는 것이다. 그리고 그것이 진정하고 근원적인 실체다. 그러니까 그는 바로 이 점에서 그러한 실체가 반드시 존재해야 한다는 증거를 본다. 그

---

3   조르다노 브루노(Giordano Bruno, 1548~1600): 무한한 우주에 관한 이론과 다양한 세계에 관한 이론으로 유명하다. 그는 지구 중심의 전통 천문학을 거부했으며, 나아가 여전히 항성 천구를 가진 유한한 우주를 주장한 코페르니쿠스의 태양 중심 이론을 직관으로 넘어섰다. 그는 비정통 사상을 고수하다가 비극적 죽음을 맞이한다. 『원인·원리·일자에 관하여*De la causa, principio et uno*』에서 자신의 우주관의 토대를 이루는 물리학 이론을 정교히 가다듬었다. 브루노는 '형상'과 '질료'는 긴밀히 결합되어 있고 '일자'를 이루고 있다고 주장했다. 따라서 브루노는 아리스토텔레스 물리학의 전통적 이원론을 일원론적 세계관으로 대체했다. 이 세계관에 따르면 모든 실체는 기본적으로 통일되어 있고 대립자들은 존재의 무한한 통일 속에서 일치되어 있다. 또한 『무한한 우주와 무한한 세계에 관하여*De l'infinito universo e mondi*』에서 아리스토텔레스 물리학을 체계적으로 비판함으로써 자신의 우주론을 전개했다.

런데 **칸트**는 결국 무엇보다도 먼저 **초월적인 것**에 대해 선험적인 것(das Apriorische)을 인정하는 것으로, 따라서 단순히 형식적인 것을 우리의 인식 속에서 **그 자체로서** 이해한다. 즉 그와 같은 인식은 경험과 무관하다는 통찰로, 심지어 경험이 따라야만 하는 불변의 법칙을 이 경험 자체에 지시한다는 통찰로 이해한다. 그러한 통찰은 왜 그러한 인식이 존재하며 이러한 힘을 가지는지에 대한 이해와 연결된다. 즉 그것은 우리의 지성 **형식**을 구성하기 때문이다. 다시 말해 그것의 주관적인 기원에 의해서 말이다. 따라서 엄밀히 말하자면 '순수한 이성에 대한 비판'만이 **초월적**이다. 이와는 반대로 그는 경험의 가능성을 넘어 우리의 인식에서 순전히 형식적인 것의 사용, 또는 오히려 남용을 **초험적**이라고 부른다. 그는 이와 같은 것을 초자연적(hyperphysisch)이라고 부르기도 한다. 따라서 간단히 말하자면, **초월적[4]은 '모든 경험에 앞서서', 초험적**은 '모든 경험을 넘어서서'라는 뜻이다. 그에 따라서 칸트는 형이상학을 초월 철학으로만, 즉 우리의 인식하는 의식에 포함된 형식적인 것 그 자체에 대한 가르침으로만 그리고 그로 인해 유발된 제한에 관한 가르침으로만 간주하게 한다. 이러한 제한에 의해 사물 자체의 인식은 불가능하다. 경험은 단순히 현상들만 제공할 수 있기 때문이다. 그렇지만 그의 경우 '형이상학적'이라는 단어가 '초월적'이라는 단어와 완전히 동의어인 것은 아니다. 즉 그는 선험적으로 확실한 모든 것, 하지만 경험과 관계되

---

4   이때 '초월적'은 '선험적'의 의미이다.

는 것을 **형이상학적**이라 부른다. 반면에 그는 단지 선험적으로 확실한 것의 주관적 기원 때문에, 그리고 순전히 형식적인 것으로서 선험적으로 확실한 것에 대한 가르침(Belehrung)만 **초월적**이라고 부른다. 우리에게 모습을 드러내는 이 세상의 최초이자 가장 본질적인 법칙이 우리의 뇌에 뿌리를 두고 있고, 이 때문에 선험적인 것으로 인식되는 것을 스스로 깨닫게 해주는 철학이 **초월적**이다. 그 철학은 주어진 전체적인 환등상을 **넘어서서** 그 기원을 향해 나아가기 때문에 초월적이라고 불린다.[5] 그러한 이유로, 언급한 바와 같이, 오직 『순수이성비판』, 그리고 일반적으로 비판적(즉 칸트적) 철학만이 초월적이다.[6] 반면에 『자연과학의 기초*Anfangsgründe der Naturwissenschaft*』와 『덕론*Tugendlehre*』 등은 **형이상학적**이다.

한편 초월 철학의 개념은 칸트 철학의 가장 내면적인 정신을 그것에 집중시키려고 한다면 훨씬 더 심오한 의미에서 파악될 수 있다. 가령 다음과 같은 방식으로. 자신의 의지는 자의식 속에서 직접 우리에게 주어지는 반면, 전체 세계는 우리의 머릿속에서 표상, 이미지로서 이차적인 방식으로만 주어진다. 따라서 우리 자신의 현존과 세계의 현존 사이에 분리, 그러니까 대립이 발생한다—이는 우리의 개인적이고 동물적인 존재의 단순한 결과이다. 이 존재의 종식과 함께 현존은 끝이 난다. 하지만 그때까지 우리 의식의 근본 형식과 원형식

---

5 「충분근거율의 네 겹의 뿌리에 대하여」와 '초월적'이라는 단어를 통한 '형이상학적'이라는 단어의 대체, 예컨대 32절 참조.—원주.
6 『순수이성비판』은 존재론을 사고법칙론으로 변모시켰다.—원주.

을, 우리가 주체와 객체의 분리라고 일컫는 그것을 사고 속에서 지양하는 것이 우리에게는 불가능하다. 모든 사유와 표상 작용은 그와 같은 형식을 전제로 하기 때문이다. 따라서 우리는 그 형식을 항상 세계의 가장 본질적인 것이자 기본 속성으로 받아들이고 인정한다. 반면에 그 형식은 사실상 우리의 동물적 의식의 형식이자 그 의식이 매개하는 현상들의 형식일 뿐이다. 그런데 이런 사실에서 세계의 시작, 끝, 한계와 생성에 대한 질문, 죽음 이후의 우리의 존속 등에 대한 온갖 질문이 생겨난다. 따라서 그 질문들은 모두 단지 **현상**의 형식에 불과한 것, 즉 동물적이고 뇌 의식에 의해 매개된 **표상들**의 형식에 불과한 것은 사물 자체에 귀속되고, 따라서 세상의 근원적이고 기본적인 속성으로 치부된다는 잘못된 가정에 기초하고 있다. 이것은 칸트적 표현의 의미이다. 그러한 모든 질문은 초험적이다. 따라서 그 질문들은 주관적일 뿐 아니라 그 자체적으로, 즉 객관적으로 어떤 답변도 할 능력이 없다. 왜냐하면 그것들은 우리의 뇌 의식과 그것에 기초한 대립의 지양으로 완전히 사라지는 문제들이지만, 그것들이 마치 그런 의식과는 무관한 것처럼 제기되는 문제들이기 때문이다. 예컨대 자신이 죽은 후에도 계속 존속할지를 묻는 사람은 가설에 근거해서 자신의 동물적인 뇌 의식을 폐기한다. 그렇지만 그는 그 뇌 의식의 형식, 즉 주체, 객체, 공간과 시간에 기초하면서, 뇌 의식의 전제하에서만 존재하는 어떤 것에 대해 묻는다. 다시 말해 그는 자신의 개별적 현존에 대해 묻는다. 이제 이러한 모든 조건과 제한을 **그 자체로서** 명백하게 의식하는 철학은 **초월적**이다. 그리고 그 철학이 객관적 세계의 보편적인 기본 규정을 주체에 귀속시키는 한, 그것은 **초월적 관념론**[7](transzendentaler Idealismus)이다. 우리는 질문들 자체에 이미 모순이 내포되어 있는 한 형이상학의 문제들이 풀리지 않는다는 것을 점차 깨닫게 될 것이다.

한편 초월적 관념론은 실제로 존재하는 세계의 **경험적 실재성**(empirische Realität)에 결코 이의 제기를 하지 않고, 이것이 무조건적인 실재가 아니라고 말할 뿐이다. 왜냐하면 그 실재는 직관의 형식들, 즉 시간, 공간, 인과성을 생성시키는 우리의 뇌 기능에 달려 있기 때문이다. 따라서 초월적 관념론은 경험적 실재성 자체는 어떤 현상의 실재성에 지나지 않는다고 말할 뿐이다. 그런데 이 현상 속에서 복수의 존재가 나타난다면, 그것들 중 하나는 항상 소멸하고 다른 하나는 생성한다면, 그러나 우리가 공간의 직관 형식을 통해서만 복수의 존재가 가능하고, 소멸과 생성은 시간의 직관 형식을 통해서만 가능하다는 것을 알고 있다면, 우리는 그러한 사건이 **절대적인** 실재를 갖지 않는다고, 즉 그것이 저 현상 속에서 본질 그 자체에 귀속되지 않는다고 인식한다. 만약 우리가 만화경에서 유리를 떼어내듯 인식 형식을 제거할 수 있다면, 놀랍게도 우리는 오히려 이 본질을 유일하고 영속적인 것으로, 불멸의 변하지 않는 것으로, 그리고 외견상의

---

7   독일 철학에 극적으로 영향을 준 초월적 관념론이라는 개념을 정확히 어떻게 해석할 것인지에 대해 그동안 논란이 분분했다. 칸트는 그의 『순수이성비판』에서 이를 처음으로 기술하면서 실재론과 관념론에 대한 그의 관점과 동시대적 관점을 구별하였으나 철학자들은 칸트가 이 상태들 각각을 어떻게 다르게 보는지에 대해 동의하지 않았다. 초월적 관념론은 칸트의 『형이상학 서설』을 토대로 형식주의적 관념론과 관련되었다.

온갖 변천(Wechsel) 아래서 어쩌면 심지어 완전히 개별 규정에 이르기까지 동일한 것으로 우리 앞에 갖게 될지도 모른다. 이 견해에 따르면 다음의 세 가지 명제가 제시될 수 있다.

1. 실재성의 유일한 형식은 현재이다. 실재성 안에서만 실재하는 것이 즉시 발견될 수 있고, 항상 완전하고 완벽하게 포함된다.

2. 진정으로 실재하는 것은 시간과 무관하며, 따라서 모든 시점에서 하나이고 동일하다.

3. 시간은 우리의 지성의 직관 형식이며, 따라서 사물 자체에 낯선 것이다.

이 세 가지 명제는 기본적으로 같은 것이다. 그것들의 동일성뿐 아니라 그것들의 진실을 명백하게 통찰하는 사람은 초월적 관념론의 정신을 파악함으로써 철학에서 큰 발전을 이루었다.

전체적으로 볼 때 칸트가 그토록 무미건조하고 꾸밈없는 방식으로 제시한, 공간과 시간의 관념성에 대한 칸트의 가르침은 얼마나 중요한가. 반면에 세 명의 유명한 소피스트들의 거만하고, 가식적이며, 의도적인 이해할 수 없는 수다로부터는 사실 전혀 아무런 결과도 나오지 않는다. 그들은 칸트로부터 그의 무가치한 관중의 주의를 이끌어 냈다. 칸트 이전에는 우리는 시간 속에 있었다고 말할 수 있다. 지금은 시간이 우리 안에 있다. 첫 번째 경우 시간은 **실재적(real)**이고, 우리는 시간에 놓인 모든 것과 마찬가지로 시간에 의해 소모된다. 두 번째 경우 시간은 **관념적(ideal)**이고, 시간은 우리 안에 있다. 그때는 맨 먼저 사후의 미래와 관련한 질문이 떨어져 나간다. 내가 존재하지 않는다면, 시간도 더 이상 존재하지 않기 때문이다. 내가 죽은 후에 나 없이 계속될 어떤 시간을 내게 보여주는 것은 기만적인 가상일 뿐이다. 시간의 세 부분인 과거, 현재 그리고 미래는 같은 방식으로 모두 나의 산물이고, 나에게 소속되지만, 나는 그것들 중 어느 쪽에도 우선적으로 속하지 않는다. 다시 말하지만, 시간이 사물 자체의 본질(Wesen)에 귀속되지 않는다는 명제에서 도출될 수 있는 또다른 결론은, 어떤 의미에서 지나간 과거는 지나간 것이 **아니고**, 정말로 또 진실로 존재했던 모든 것 역시 기본적으로 존재해야 한다는 것이다. 그러니까 시간은 흘러내리는 것처럼 보이는 연극 무대의 폭포와 같을 뿐이다. 반면 그 폭포는 단순한 수레바퀴로서 아무런 성과를 거두지 못한다—이와 유사하게 내가 이미 오래전에 나의 주저에서 공간을 면들로 잘린 하나의 유리로 비유했듯이 말이다. 이 면들을 보면 우리는 무수히 많은 복사물에 단순히 현존하는 것이 무엇인지 알 수 있다. 우리가 열광적으로 되는 위험을 무릅쓰고 그 문제에 더 깊이 몰두하면, 우리 자신의 먼 과거를 매우 생생하게 떠올리는 경우, 우리는 시간이 사물의 진정한 본질에 닿지 않고 단지 지각의 매개체로서, 이 본질과 우리 사이에 끼워 넣어진 것일 뿐임을 직접 확신하는 것처럼 보일 수 있다. 그 매개체를 제거한 후에는 모든 것이 다시 현존할 것이다. 다른 한편 우리의 너무나 충실하고 생생한 기억력, 그 속에서 오랜 과거가 시들지 않는 현존을 유지하는 그 기억력 자체는 마찬가지로 우리 안에 같이 늙지 않고, 따라서 시간의 영역 안에 있지 않은 무언가가 존재한다는 사실을 증언해 준다.

칸트 철학의 주된 목적은 로크가 이미 이것을 위한 길을 닦은 후에 **실재적인 것과 관념적인 것** 사이의 전적인 **다양성**을 입증하는 것이다. 피상적으로 우리는 이렇게 말할 수 있다. **관념적인 것**은 지각할 수 있는 온갖 특성을 지닌, 공간적으로 자신을 나타내는 직관적인 형태이다. 반면에 **실재적인 것**은 타인이나 그 자신의 머릿속에 표상된 것과는 독립적인 사물 그 자체다. 그러나 둘 사이의 경계를 긋는 것은 어렵지만, 이는 문제의 관건이 되는 바로 그것이다. **로크**는 색깔, 소리, 매끄러움, 딱딱함, 부드러움, 냉기, 열 등의 형태를 지닌 (제2성질들) 모든 것이 단순히 **관념적**일 뿐이며, 따라서 사물 자체에는 귀속되지 않는다는 것을 보여주었다. 다시 말해 그러한 성질에서는 존재(Sein)와 본질(Wesen)이 아니라 단순히 사물의 **작용**, 그것도 매우 일면적으로 규정된 작용, 즉 우리의 다섯 개의 감각 기관(Sinneswerkzeug)들의 전적으로 특수하게 결정된 수용성에 미치는 작용이 우리에게 주어지기 때문이다. 그 다섯 개의 감각 기관 덕분에 예컨대 소리는 귀에, 빛은 눈에 작용하지 않는다. 그러니까 감각 기관들에 미치는 신체들의 작용은 신체들을 그것들에 특유한 활동 상태로 옮겨놓는 데에 그 본질이 있다. 이는 내가 주악奏樂 시계(Flötenuhr)를 연주하게 하는 실을 당길 때와 거의 마찬가지 방식이다. 반면에 로크는 연장, 형태(Form), 불가입성, 움직임이나 정지, 그리고 수를 사물 자체에 귀속되는 실재적인 것으로 남겨두었다—그 때문에 그는 이런 것들을 제1성질[8]이라고 불렀다. 그 후 **칸트**는 이제 무한히 우월한 사려 깊음으로, 이러한 성질들조차도 순수하게 객관적인 사물의 본질이나 사물 자체에 귀속되지 않으며, 따라서 절대적으로 **실재**할 수는 없다는 것을 보여주었다. 그것들은 공간, 시간, 그리고 인과성에 의해 제약받기 때문이다. 하지만 후자는 더욱이 그것들의 전체 법칙성과 속성에 따라, 모든 경험에 **앞서** 우리에게 주어져 있고 정확하게 알려져 있기 때문이다. 그러므로 그것들은 우리의 각 감각의 특수한 종류의 수용성이나 활동과 꼭 마찬가지로 미리 형성되어 우리 안에 있어야 한다. 따라서 나는 특수한 감각들이 각각의 **감각기관**(Sinnesorgan)[9]들의 몫인 것과 마찬가지로, 그러한 형식들이 직관에 대한 **뇌**의 몫이라고 단도직입적으로 말했다. 이미 **칸트**에 따르면, 우리의 표상 작용 그리고 그것의 기구(Apparat)와 무관한 사물의 순전히 객관적인 본질, 그가 사물 자체라고 부르는 것, 그러므로 관념적인 것과는 달리 진정으로 실재적인 것은 우리에게 직관적으로 자신을 나타내는 형태와는 완전히 다른 것이다. 심지어 사물 자체는 공간, 시간과는 무관하므로, 비록 사물 자체가 연장과 지속을 갖는 모든 것에 존재하기 위한 힘을 부여함에도 불구하고, 본래 연장도 지속도 사물의 본질에 첨가될 수 없다. **스피노자** 역시 『에티카』 제2부, 정리 16, 두 번째 결론(Korollarium)(또한 숄리아 판 명제 16에서도)에

8　주체에 상관없고 물체 자체에 속하는 성질로서 모든 사람이 동일하게 느끼는 성질이다. 고체성, 연장성, 모양, 운동과 정지, 수 등이 그 예시이다.

9　초록, 빨강, 파랑을 만들어내는 것이 우리의 눈인 것처럼, **시간, 공간과 인과관계**(이것들의 객체화된 추상화가 **물질**이다)를 만들어내는 것은 **우리의 뇌**다. 공간 속의 어떤 물체에 대한 나의 **직관**은 X와 함께 나의 감각 기능과 뇌 기능의 산물이다. ― 원주.

서 볼 수 있듯, 일반적으로 이 문제를 파악하고 있었다.

관념적인 것과는 달리 **로크**의 실재적인 것은 기본적으로 **물질**(Materie)이다. 그것은 사실 제2성질[10]로서, 즉 우리의 감각 기관에 의해 제약받는 성질로서 그가 제거하는 모든 성질을 빼앗긴 것이지만, 그럼에도 그 자체로 연장된 것 등으로서 그러하다. 그의 실재적인 것은 실존하는 어떤 것으로서 그것의 단순한 반사나 모사가 우리 내부의 표상이라는 것이다. 여기서 나는 독자들에게 내가 (「충분근거율의 네 겹의 뿌리에 대해서」와 덜 상세하게 『의지와 표상으로서의 세계』 I, II에서) 설명한 것을 상기시킨다. 물질의 본질은 오로지 **작용**에만 그 본질이 있으며, 따라서 물질은 인과관계라는 것을, 그리고 모든 특별한 자질로부터, 그러므로 물질과 관련해 모든 특수한 작용 방식으로부터 추상화된 것으로서 생각되므로, 그 물질은 작용이거나 또는 보다 자세한 순수한 모든 규정이 결여된 인과관계, 즉 추상적인 인과관계라는 것을 상기시킨다. 나는 앞에서 인용한 구절을 통해 보다 철저한 이해를 하도록 부탁드린다. 그런데 내가 처음으로 그에 대한 정확한 증거를 제공하긴 했지만, **칸트**는 이미 모든 인과 관계는 우리의 지성(Verstand)의 한 형식일 뿐이며, 따라서 지성에 대해서만, 그리고 지성 안에서만 존재한다고 가르쳤다. 이에 따라서 우리는 이제 **로크**에

---

10   주체에 따라 다르게 경험되는 성질로서 감각적인 지각들을 불러일으키는 힘이다. 대상과 정확히 일치하지 않는 관념들을 만들어 내지만 여전히 배후에는 한 가지의 실재가 있기 때문에 전적으로 주관적인 것만은 아니다. 색, 소리, 맛, 향기 등이 그 예시이다. 제1성질이 보다 실재적인 거라면 제2성질은 보다 현상적이다.

의해 실재적인 것으로 추정된 물질이 이러한 방식으로 관념적인 것, 따라서 주체 속으로 완전히 되돌아가는 것을, 즉 오로지 표상 속에서 그리고 표상에 대해 존재하는 것을 보게 된다. 이미 **칸트**는 물론 그의 서술을 통해 실재적인 것, 즉 사물 자체의 물질성(Materialität)을 제거했다. 하지만 그에게 사물 자체 또한 완전히 알려지지 않은 X로 남았을 뿐이다. 그러나 나는 마침내 표상과 그것의 형식과는 무관하게 오로지 실제적인 현존을 갖는 진정으로 **실재하는 것** 또는 사물 자체가 우리 내부의 **의지**라는 것을 입증했다. 반면에 이 의지는 그때까지 주저할 필요 없이 관념적인 것에 포함되었다. 그러므로 로크, 칸트와 나는 거의 2세기에 걸쳐 일관된, 그러니까 통일적인 사고의 점진적인 발전을 보여주었다는 점에서 밀접한 관계를 맺고 있음을 알 수 있다. **데이비드 흄**[11] 역시 이러한 사슬 안에서 연결고리로 볼 수 있지만, 엄밀히 말하자면 **인과법칙**에 관해서만 그렇게 볼 수 있다. 그와 그의 영향에 관해 나는 지금 위의 설명에 다음과 같이 덧붙이지 않을 수 없다.

---

11   데이비드 흄(David Hume, 1711~1776): 영국 스코틀랜드 출신의 철학자·역사학자·경제학자. 역사가들은 대개 흄의 철학을 회의론의 연장선상에 놓인 것으로 보고 있다. 흄의 학문은 흄의 회의적인 면모를 강조하는 사람들과 자연주의자적 면모를 강조하는 사람들로 나뉘곤 했다. 모든 앎은 강렬함(생생함)으로 느껴지는 감정적 '인상'에 불과하며, 이성적으로 얻어지는 것으로 보이는 관념조차 사실은 인상에서 왔기 때문에, 지식은 이성적 추론에 의해 얻어지는 것이 아니라 경험적으로 '얼마나 더 그럴듯한가'에 대한 개연성에서 얻어지는 것이라고 주장하였다. 또한 도덕의 선악 판단은 '그 도덕이 얼마나 감정적으로 유용한가'에 달려 있다고 주장하여, 이후 공리주의 사상에 큰 영향을 끼쳤다. 20대에 쓴 그의 첫 책인 『인간 본성에 관한 논고』는 '그 자체로도, 또 사상사에 끼친 영향으로도 역대 최고의 철학서'라 꼽히는 저서이지만, 그 책으로 그는 무신론자라는 위험한 사상가로 낙인찍혔다.

로크, 칸트와 나는 거의 2세기에 걸쳐 일관된,
그러니까 통일적인 사고의 점진적인 발전을 보여주었다는 점에서
밀접한 관계를 맺고 있음을 알 수 있다.
데이비드 흄 역시 이러한 사슬 안에서 연결고리로 볼 수 있지만,
엄밀히 말하자면 인과법칙에 관해서만 그렇게 볼 수 있다.

데이비드 흄   David Hume

로크와 그의 발자취를 따르는 **콩디야크**뿐만 아니라, 그의 제자들은 우리 몸 밖의 원인은 감각 기관에서 일어나는 감각에 상응해야 하고, 따라서 원인의 차이(Verschiedenheit)는 그러한 작용(감각)의 차이와 상응해야 하며, 마지막으로 이러한 차이가 무엇일 수 있는지를 보여주고 상세히 설명한다. 이 결과로부터 앞에서 언급한 일차적인 속성과 이차적인 속성 사이의 구별(Unterscheidung)이 생겨난다. 그것으로 이제 그들은 충분한 일을 했다. 이제 그들에게 순전히 사물들 자체로 이루어진 객관적 세계는 공간 속에서 존재한다. 사물들 자체는 사실 색깔도 냄새도 소리도 없고, 따뜻하지도 차갑지도 않다, 등이다. 그렇지만 사물들은 연장이 있고, 형태가 있고, 관통할 수 없고, 움직일 수 있으며 헤아릴 수 있다. 그러나 내부로부터 외부로의 이행과 그에 따라 사물들 자체의 전체적인 파생과 확립을 가능케 하는 공리(Axiom) 자체, 즉 **인과법칙**(das Gesetz der Kausalität)에 대해서 그들은 이전의 모든 철학자가 그랬던 것처럼 자명한 것으로 간주하고 그것의 타당성을 검토하지 않았다. 그런데 **흄**은 그 법칙의 타당성에 의문을 제기함으로써 이에 대해 회의적인 공격을 가했다. 다시 말해 바로 저 철학에 따라, 우리의 모든 지식이 유래하는 것으로 여겨지는 경험은 결코 인과성 그 자체를 제공할 수 없고, 항상 단지 시간의 상태들의 단순한 계승만, 따라서 결코 뒤이어 발생함(Erfolgen)이 아니라 단순한 연속(Folge)만 제공할 수 있기 때문이다. 사실 이러한 연속 자체는 항상 우연한 연속일 뿐 결코 필연적 연속이 아님이 입증된다. 건전한 상식에는 어긋나지만 쉽게 반박할 수 없는 이 주장은 **칸트**로

하여금 인과성 개념의 진정한 **기원**을 조사하도록 자극했다. 그리하여 그는 그 기원이 우리의 지성(Verstand) 자체의 본질적이고 선천적인 형식에 있다는 것을, 따라서 먼저 외부로부터 우리에게 그것을 가르쳐준 것이 아니기 때문에, 객체가 아니라 주체에게 있음을 알게 되었다. 칸트가 주관적 기원을 갖는 것으로서의 객관적 세계에 대한 실마리를 증명했으므로, 이로써 **로크**와 **콩디야크**의 객관적인 전체 세계가 다시 주체 속으로 끌어들여졌다. 왜냐하면 감각이 주관적이듯, 이제는 규칙도 주관적인 까닭에, 이에 따라 그 규칙은 어떤 원인의 결과로 파악되어야 하기 때문이다. 객관적인 세계로서 직관되는 유일한 것이 원인이다. 왜냐하면 주체는 오직 모든 변화에 대한 원인을 전제하는 그의 지성의 독특성으로 인하여 외부에 있는 객체를 가정하고, 따라서 이 목적을 위해 준비된 어떤 공간에 자신의 내부로부터 실제로 그 객체를 투영하기 때문이다. 이 공간 자체는 전체 과정을 유발하는 감각 기관의 특수한 감각과 마찬가지로 지성의 고유하고 근원적인 속성의 산물이기도 하다. 따라서 사물들 자체의 **로크적**인 객관적인 세계는 **칸트**에 의해 우리의 인식 기구 속에서 단순한 현상들의 세계로 변형되었는데, 이것은 현상들이 드러나는 공간뿐 아니라 현상들이 지나가는 시간이 그에 의해 부정할 수 없이 주관적인 기원에 있다는 것을 증명한다는 점에서 더욱 완벽하다.

하지만 이 모든 사실에도 불구하고 **칸트**는 **로크**와 마찬가지로 여전히 사물 자체가 존속하도록, 즉 우리에게 단순한 현상들을 제공하는 것인 우리의 표상들과는 독립해서 존재하고, 바로 이러한 현상들의 기초가 되어 있을지도 모르는 어떤 것이 존속하도록 놔두었다. 그런데 이 점에서 칸트의 견해가 기본적으로 아무리 옳다고 해도, 그가 내세운 원리로부터 그에 대한 정당성이 도출될 수는 없었다. 그 때문에 그의 철학의 아킬레스건이 여기에 있었다. 이러한 모순의 증거로 인해 그의 철학은 이미 성취한 절대적 타당성과 진실에 대한 인정을 다시 상실해야만 했다. 하지만 그럼에도 그의 철학은 전반적으로 이 점에서 부당한 대우를 받았다. 왜냐하면 현상들 배후에 사물 자체가 있다는 가정, 즉 수많은 껍질들 아래에 진짜 핵심이 있다는 가정이 결코 거짓이 아니라는 것은 전적으로 확실했기 때문이다. 오히려 이러한 사실의 부정이 터무니없기 때문이다. 단지 칸트가 그러한 사물 자체를 도입해서, 자신의 원리와 결합하려고 했던 방식이 잘못되었을 뿐이다. 따라서 기본적으로 반대자들에게 굴복한 것은 그 문제에 대한 그의 서술(가장 넓은 의미에서 이 단어를 사용하자면)일 뿐 이 문제 자체가 아니다. 이런 의미에서 그에게 반대하여 내세워진 논증은 대사안 논증(ad rem)[12]이 아니라 대인 논증(ad hominem)[13]이었다고 주장할 수 있겠다. 어쨌든 "줄기 없는 연꽃은 없다"라는 인도 속담이 여기에 다시 적용될 수 있다. 칸트는 모든 현상의 배후에는 그 자체로 존재하는 것이, 그것으로부터 현상이 그 존재를 얻는 존재자

---

12 상대방이 제시한 명제가 이치에 맞지 않음을, 그것이 절대적이고 객관적인 진리와 부합하지 않음을 보여주는 논증.

13 상대방이 이미 제시한 다른 주장이나 시인한 사실이 객관적 진리와 부합하지 않음을 보여주는 논증.

가, 그러므로 표상의 배후에는 표상된 것이 있다는 확실히 감지된 진리를 이끌었다. 하지만 그는 우리가 선험적으로 의식하는 표상의 법칙을 포함함으로써 주어진 표상 자체로부터 이 표상된 것을 도출하려고 시도했다. 그렇지만 실은 그 법칙들이 선험적인 것이기 때문에, 그것들은 현상이나 표상과는 독립적인 것과 상이한 것을 이끌어 낼 수 없다. 이것이 바로 우리가 그것에 대해 완전히 다른 경로를 취해야 하는 이유이다. 둔중하고 장황한 방식으로 이 문제를 논의한 G. E. **슐체**[14]는 칸트가 이러한 점에서 잘못 선택한 과정으로 인해 얽혀 들어간 모순을 지적하였다. 슐체는 처음에는 『**아이네시데무스**[15]』(특히 374~381쪽)에서 익명으로, 나중에는 그의 『이론 철학 비판*Kritik der theoretischen Philosophie*』(제2권, 205쪽 이하)에서 이 문제를 다루었다. 이에 반대하여 **라인홀트**[16]는 칸트를 변호했으나 별다른 성과를 거두지

14　슐체(Gottlob Ernst Schulze, 1761~1833): 슐체는 독일의 철학자로 그의 시대의 중요한 회의론자이며, 임마누엘 칸트의 가장 통찰력 있는 비평가 중 한 명으로 여겨진다. 그는 1780년에 비텐베르크 대학에서 신학, 논리, 형이상학을 공부했다. 그는 비텐베르크, 헬름슈테트, 괴팅겐의 철학 교수였다. 그의 가장 영향력 있는 책은 임마누엘 칸트의 『순수이성비판』과 카를 레온하르트 라인홀트의 『원소 철학』에 대한 회의적인 논쟁서인 『아이네시데무스』(1792년)이다. 괴팅겐에서 그는 제자 쇼펜하우어에게 플라톤과 칸트의 철학에 집중하라고 조언했다. 이 조언은 쇼펜하우어의 철학에 강한 영향을 미쳤다. 1810년과 1811년 겨울 학기에 쇼펜하우어는 슐체 밑에서 심리학과 형이상학 강의를 들었다.

15　아이네시데무스(Aenesidemus)는 BC 1세기에 살았던 고대 그리스의 철학자로 신피론주의의 창립자로 간주된다.

16　라인홀트(Karl Leonhard Reinhold, 1757~1823): 오스트리아 철학자로 칸트의 첫 번째 제자. 그는 18세기 후반에 칸트의 작품을 대중화하는 데 도움을 주었다. 그의 '근원 철학 Elementarphilosophie'은 독일 관념론, 특히 피히테에 영향을 미쳤다.

못하여, 이 문제는 "이것은 주장될 수 있고, 반박될 수 없다"로 끝나게 되었다.

여기에서 나는 그 문제에 대한 슐체의 이해와는 별개로 전체 논쟁의 근저에 놓여 있는 문제 자체의 진정한 본질을 내 나름대로 분명히 강조하고자 한다. **칸트**는 사물 자체의 엄격한 추론(Ableitung)을 결코 제시하지 않았다. 오히려 그는 그와 같은 것을 그의 **선행자**들, 특히 **로크**로부터 넘겨받았고, 사물 자체는 본질적으로 자명한(von selbst verstehen) 것이므로, 그것의 현존을 의심할 수 없는 어떤 것으로서 유지했다. 사실 그는 어느 정도까지 그렇게 하도록 허락받았다. 즉 칸트의 발견에 따르면, 우리의 경험적 인식은 입증이 가능하게 주관적 기원인 어떤 요소(Element)와 그렇지 않은 다른 요소를 포함한다. 그러므로 이 후자는 주관적으로 간주할 근거가 없기 때문에 객관적으로 남는다.[17] 따라서 칸트의 초월적 관념론은 사실 우리의 인식에서 선험적인 것(das Apriori)이 확장되는 한 사물들의 객관적 본질 또는 우리의 이해와 무관한 그것들의 실재를 부정하지만, 그 이상 나아가지는 않는다. 이는 부정의 근거가 그 이상 나아가지 않기 때문이다. 따라서 그것을 넘어서 있는 것, 그러므로 선험적으로 구성될 수 없는 사물들의 그러한 모든 성질을 존재하게 한다. 왜냐하면 주어진

---

17   각각의 사물은 선험적으로 인식될 수 있는 성질과 후험적으로만 인식될 수 있는 성질이라는 **두 가지 종류의 성질**을 지닌다. 전자는 그것들을 이해하는 지성으로부터 비롯되고, 후자는 사물의 본질 자체에서 비롯되는데, 우리는 이 사물 자체의 본질을 우리 자신 속에서 의지로서 발견한다. — 원주.

현상들, 즉 물질계의 전체 본질은 우리가 결코 선험적으로 규정할 수 있는 것이 아니라 단순히 그 물질계의 현상의 보편적 형식이기 때문이다. 그리고 이 현상은 공간, 시간과 인과성이라는 세 가지 형식의 전체적 법칙성과 아울러 그 세 가지로 환원될 수 있다. 이와는 달리 선험적으로 존재하는 모든 형식에 의해 규정되지 않은 채로 남아 있는 것, 그러므로 그것들과 관련해 우연적인 것은, 바로 사물 그 자체의 발현이다. 그런데 **현상**들의 경험적 내용, 즉 그것들에 대한 더 자세한 규정, 그것들 속에서 나타나는 모든 물리적 성질(physische Qualität)은 다름 아닌 후험적인 것으로 인식될 수 있다. 따라서, 이러한 경험적 성질들(또는 오히려 그것들의 공통적인 원천)은 모든 선험적 형식의 매개를 통해 사물 그 자체에 그 자신의 고유한 본질의 표현으로서 남아 있다. 모든 현상에서 선험적인 것에 감싸인 채 나타나는 것 같지만, 그럼에도 모든 본질에 그것의 특수하고 개별적인 성격을 부여하는 이러한 후험적인 것(das Aposteriori)은 따라서 현상 세계의 **형식**과는 달리 그 세계의 **물질**(Stoff)이다. 그런데 이 물질은 칸트가 그토록 주도면밀하게 찾았고, 선험성(Apriorität)의 특질에 의해 확실하게 증명된, 주체에 집착하는 현상의 **형식들**로부터는 결코 파생될 수 없다. 오히려 그 물질은 이 형식들로부터 흐르는 모든 것을 제거한 뒤에도 여전히 남아 있다. 따라서 그것은 경험적 현상의 두 번째의 완전히 분명한 요소로서, 그리고 이러한 형식과는 동떨어진 첨가물로서 발견된다. 하지만 다른 한편으로 그 물질은 결코 인식 주체의 자의(Willkür)로부터 출발하지 않고, 오히려 종종 그것에 반대한다.

이 모든 것에 비추어 볼 때, 칸트는 현상의 이 **물질**을 사물 그 자체에 맡기는 것을 주저하지 않았고, 따라서 그 물질을 전적으로 외부에서 오는 것으로 간주했다. 그 물질은 어딘가에서 오는 것이거나 아니면 칸트가 표현하듯, 어떤 근거가 있어야 하기 때문이다. 그런데 우리는 단지 후험적으로만 인식할 수 있는 그러한 성질들을 결코 고립시킬 수 없고, 선험적으로 확실한 성질들로부터 분리되고 정화된 것으로 이해할 수 없으며, 이 성질들이 항상 그러한 성질들에 감싸인 채 나타나므로, 그것들은 우리가 사실 사물들 자체의 **현존**을 인식하긴 하지만 그걸 넘어서는 아무것도 알지 못한다고 가르친다. 따라서 칸트는 우리가 사물들이 존재하는 **것**만 알 뿐 **무엇이** 존재하는지는 알지 못한다고 가르친다. 따라서 사물들 자체의 **본질**은 그의 경우에는 미지의 크기인 X로 남기 때문이다. 왜냐하면 현상의 **형식**은 어디서나 사물 그 자체의 본질을 덮고 감추기 때문이다. 기껏해야 다음 사실을 말할 수 있다. 선험적 형식들은 우리의 지성으로부터 출발하는 반면, 사물들은 상당한 차이를 보임으로써, 그 선험적 형식들은 차별 없이 모든 사물에 현상으로서 귀속되므로, 이러한 차이, 즉 사물들의 특수한 상이성을 규정하는 것은 사물 그 자체다.

그러므로 이러한 관점에서 볼 때, 사물 자체에 대한 칸트의 가정과 전제는 우리의 모든 인식 형식의 주관성에도 불구하고, 완전히 정당하고 근거가 있는 것처럼 보인다. 그럼에도 만약 누군가가 그것의 유일한 논거, 즉 모든 현상의 경험적 내용을 면밀히 검토하고 그 내용의 기원에 이르기까지 추적한다면, 그것은 유지될 수 없는 것으로 입증된다. 다시 말해 사실 경험적 인식과 그것의 원천인 직관적 표상에는 우리에게 선험적으로 의식되는 표상 형식과는 무관한 **물질** (**Stoff**)이 포함되어 있다. 다음 질문은 이 물질이 객관적 기원인지 또는 주관적 기원인지의 여부이다. 왜냐하면 첫 번째 경우에서만 이 물질이 사물 자체를 보증할 수 있기 때문이다. 따라서 우리가 사물 자체를 그 기원까지 따라간다면, 우리는 그것을 우리의 감각과는 다른 곳에서는 어디에서도 발견하지 못한다. 왜냐하면 그 감각은 직관적인 표상을 시작하는, 즉, 선험적으로 준비된 우리의 인식 형식의 전체 기구를 먼저 작동시키는 눈의 망막, 청각 신경, 또는 손가락의 끝부분에서 일어나는 변화이기 때문이다. 그러한 결과로 외부 대상을 지각하게 된다. 왜냐하면 **인과법칙**은 맨 처음 필연적이고 불가피한 지성 기능에 의해 감각 기관의 감지된 변화에 선험적으로 적용되기 때문이다. 이 법칙은 그것의 선험적 확신과 확실성으로 저 변화의 **원인**을 초래한다. 그 변화의 원인은 주체의 자의(Willkür)에 의존하지 않으므로, 주체에게 이제 **외적인 어떤 것**으로 나타난다. 이러한 성질은 먼저 **공간**의 형식에 의해 그 의미를 얻지만, 마찬가지로 우리 자신의 지성이 이 목적을 위해 곧장 그 공간 형식을 덧붙인다. 이를 통해 필연적으로 가정된 그 **원인**은 공간 속의 하나의 **객체**로서 즉각 직관적으로 나타나는데, 그 객체는 저 원인에 의해 그 성질로서 우리의 감각 기관에 영향을 미치는 변화를 낳는다. 독자들은 이 모든 과정이 내 논문 「충분 근거율」 제2판에 상세하고 철저히 제시되었음을 알 것이다. 그러나 이러한 과정에 대해 경험적 직관을 위한 출발점과 논란의 여지가 없이 전체 **소재**(Stoff)를 제공하는 감각은 전적으로 주관적인 어떤 것이다. 그런데 이제 전체적인 인식 **형식**, 즉 그 형식에 의해저 소재로부터 객관적이고 직관적인 표상이 생겨나고 외부로 투영되는 그 인식 형식은 칸트의 절대적으로 올바른 증명에 따라 주관적인 기원이므로, 직관적인 표상의 형태뿐 아니라 소재 역시 주관적인 기원이라는 것은 분명하다. 따라서 우리의 전체적인 경험적 인식은 두 가지 요소로 해결되는데, 둘 다 **우리 안에** 그것의 기원을 가지고 있고, 다시 말해 감각과 선험적으로 주어진 형식들, 그러므로 우리의 지성이나 뇌의 기능 속에 자리한 형식들, 즉 시간, 공간과 인과성을 가지고 있다. 거기에다 칸트는 불필요하고 부적당한 것으로 증명된 지성(Verstand)의 또다른 11가지 범주들을 추가했다. 따라서 직관적 표상과 그것에 기반을 둔 우리의 경험적 인식은 사실상 사물 자체를 추론하기 위한 어떠한 자료도 제공하지 않는다. 칸트는 그의 원칙에 따르면 그러한 것을 가정할 권한이 없었다. 이전의 모든 철학이 그랬듯, 로크의 철학 역시 인과법칙을 절대적인 것으로 받아들였고, 그로써 우리와 독립해서 존재하는 외부 사물을 감각으로부터 추론하는 것이 정당화되었다. 그렇지만 결과로부터 원인으로의 이러한 이행은 내부와 주관적으로 주어진 것으로부터 외부와 객관적으로 존재하는 것(das Vorhandene)에 도달하는 유일한 방법이다. 그러나 **칸트**가 인과 법칙을 주체의 인식 형식에 귀속시킨 후 이 길은 그에게 더 이상 열려있지 않았다. 또한 그 자신은 인과성의 범주를 초월하여, 즉 경험과 그 가능성을 넘어서 사용하는 것에 대해 충분히 자주 경고했다.

사실 사물 자체는 이런 방법으로는 결코 더 이상 도달할 수 없으며, 항상 표상으로 남아 있지만, 주체에 뿌리를 두고 있고 표상과는 실제로 다른 어떤 것을 결코 제공할 수 없는 순전히 **객관적** 인식의 방법으로는 결코 도달할 수 없다. 하지만 우리는 일단 **관점을 바꾸어야**만 사물 자체에 도달할 수 있다. 다시 말해 지금까지 늘 그랬듯, **표상하는** 것으로부터 출발하는 대신 일단 **표상되는** 것으로부터 출발하는 것이다. 하지만 이것은 우리 각자에게 하나의 유일한 사물(Ding)의 경우에만 가능하다. 그것은 우리 내부로부터 접근할 수 있고, 따라서 우리에게 두 가지 방식으로 주어진다. 그것은 객관적인 세계에서 공간 속의 표상으로서 존재하지만, 동시에 우리 자신의 **자의식** 속에서 **의지**로서 자신을 알리는 우리 자신의 몸(Leib)이다. 그러나 그러한 방식으로 신체는 먼저 외부 원인(여기서는 동기)에 의해 야기되는 모든 행동과 움직임을 이해하기 위한 열쇠를 제공한다. 그 본질에 대한 이러한 내적, 직접적인 통찰이 없다면 그러한 행동과 움직임은 자연법칙과 자연력의 표현에 따라 일어나는 변화, 객관적인 직관 속에서만 우리에게 주어진 다른 신체(Körper)들의 변화와 마찬가지로 우리에게 이해되지 않고 설명되지 않는 것으로 남을지도 모른다. 더구나 이러한 사실은 힘들이 뿌리내리고 있는 이 모든 행동의 영구적인 **기체**基體(Substrat) —즉 신체 자체를 이해하기 위한 중요한 역할을 한다. 모든 사람이 그들 자신의 본질에 관해 갖는 직접적인 인식, 게다가 마찬가지로 다른 모든 사람처럼 객관적인 직관 속에서만 그들에게 주어진 이러한 직접적인 인식은 후자의 방식으로 홀로 주어진

다른 현상들에 유추에 의해 나중에 전달되어야 한다. 그런 다음에 그러한 인식은 사물의 내적 본질, 즉 사물 그 자체를 인식하는 열쇠가 된다. 그러므로 우리는 단순한 표상으로 남아 있는 순전히 **객관적인** 인식과는 완전히 다른 방식으로만 그러한 인식에 도달할 수 있다. 다시 말해 항상 동물적 개체로서만 나타나는 인식 주체의 자의식을 이용함으로써, 그 개체를 **다른 사물들의 의식**의 해석자, 즉 직관하는 지성의 해석자로 만듦으로써 그러한 인식에 도달할 수 있다. 이것이 내가 걸어온 길이고, 유일하게 올바른 길이며, 진리에 이르는 좁은 문이다.

그런데 사람들은 이 길을 택하는 대신 칸트의 설명을 문제의 본질과 혼동했고, 전자를 반박함으로써 후자도 반박하는 것으로 생각했으며, 기본적으로 대인 논증[18]에 불과한 것을 대사안 논증[19]이라고 간주했다. 따라서 슐체가 공격한 결과 칸트의 철학은 유지될 수 없다고 선언했다. 그 결과 그 분야는 이제 궤변가들과 허풍선이들에게 개방되었다. 이 부류의 첫 번째 인물로 무대에 등장한 사람이 **피히테**[20]였다. 사물 자체가 신용을 잃었으므로, 그는 사물 자체가 없는 어떤 체계를 신속히 만들어냈고, 따라서 단순히 우리의 표상이 아닐

---

18   argumenta ad hominem.

19   argumenta ad rem.

20   피히테(Johann Gottlieb Fichte, 1762~1814): 독일의 초월적 관념론 철학자. 칸트의 사상이 피히테의 철학에 주요한 영향을 미쳤다. 인간의 선험적인 도덕 가치에 관한 칸트의 학설은 피히테의 성격과 잘 들어맞았다. 그는 참된 철학을 완성하는 데 헌신하기로 결심했으며, 이 참된 철학의 원리는 선험적 격률이어야 한다고 보았다.

대중은 비싼 값을 부르는 것을 우월함으로 간주했고,
피히테를 칸트보다 훨씬 위대한 철학자라고 선언했다.
실제로 오늘날까지, 전통이 된 피히테의 잘못된 명성을
새로운 세대에게 강요하려고 애쓰고,
칸트가 시도했던 것이 피히테에 의해 이루어졌다고
꽤 진지하게 확신하는 철학적 작가들이 적지 않다.

피히테   Johann Gottlieb Fichte

지도 모르는 어떤 것의 가정을 부인했다. 그러므로 그는 인식 주체가 모든 것이 되게 하거나, 또는 적어도 자신의 자원들로부터 모든 것을 만들어내게 했다. 이 목적을 위해 그는 모든 것을 선험적인 것으로 선언함으로써, 칸트의 가르침에서 본질적인 것과 가장 칭찬할 만한 것, 즉 선험적인 것과 후험적인 것의 구별, 따라서 현상과 사물 자체의 구별을 즉각 폐기했다. 물론 그는 그러한 터무니없는 주장에 대한 어떠한 증거도 내놓지 않았다. 그런 증거들 대신 그는 부분적으로 궤변적이고, 심지어 얼토당토않은 거짓 증명을 했다. 그것의 불합리는 심오함과 이것으로부터 비롯되었다고 하는 이해할 수 없음의 가면을 쓰고 숨겨져 있었다. 그리고 부분적으로 그는 솔직하고 뻔뻔하게 지적(intellektual) 직관에, 즉 사실상 영감에 호소했다. 칸트에 대한 판단력이 부족하고 무가치한 대중에게는 이것으로 확실히 충분했다. 대중은 비싼 값을 부르는 것을 우월함으로 간주했고, **피히테**를 칸트보다 훨씬 위대한 철학자라고 선언했다. 실제로 오늘날까지, 전통이 된 피히테의 잘못된 명성을 새로운 세대에게 강요하려고 애쓰고, **칸트**가 시도했던 것이 **피히테**에 의해 이루어졌다고 꽤 진지하게 확신하는 철학적 작가들이 적지 않다. **그가** 정말로 옳은 사람이라는 것이다. 이 신사들은 2심에서 그들의 미다스(Midas)의 판결[21]을 통해

---

21 목축의 신 판은 자신의 음악적 재능을 과신하여 음악의 신 아폴론과 피리 대결을 벌였다. 둘의 연주가 끝나자 심판을 맡은 트몰로스 산신은 아폴론의 승리를 선언했고, 다른 청중들도 모두 그 판결에 동의했다. 그러나 미다스 왕은 눈치 없이 판 신의 연주가 더 훌륭하다며 그 판정 결과에 의문을 제기했다. 그러자 아폴론은 크게 분노하여 미다스 왕의 귀를 당나귀 귀로 만들어버렸다.

칸트를 전혀 이해하지 못하는 그들의 완전한 무능함을, 그러니까 무릇 그들의 개탄스러운 이해 부족을 너무나 명백하게 보여준다. 그러니 마침내 실망한 다음 세대가 수많은 철학사와 그 밖의 잡문을 쓰는 것으로 그들의 시간을 낭비하고 머리를 망치지 않았으면 한다. 나는 이 기회를 빌어 피히테의 개인적인 모습과 행동이 편견 없는 동시대인들에게 어떤 인상을 주었는지 알 수 있게 해주는 짧은 글을 기억에 떠올리고자 한다. 이 책은『베를린 캐릭터 내각Cabinet Berliner Charaktere』이라고 불리며, 출판 장소 없이 1808년에 간행되었다. **부호홀츠**(Buchholz)가 펴낸 것이라고 하지만, 나는 그것에 대해 확신할 수 없다. 우리는 이것을 법률가 **안셀무스 폰 포이어바흐**(Anselm von Feuerbach)가 1852년에 그의 아들이 편집한 편지들에서 **피히테**에 대해 한 말[22]과 비교해야 한다. 마찬가지로『실러와 피히테의 편지 교환Schiller's und Fichte's Briefwechsel』(1847)[23]도 있다. 이것들로 우리는 이 사이비 철학자에 관해 더 잘 알 수 있을 것이다.

그의 선행자에 걸맞은 **셸링**[24]은 곧 피히테의 발자국을 따랐지만,

---

22 1799년 1월 30일 자의 편지. ─원주.

23 1795년 6월에 실러가 피히테에게 보낸 편지. 이 편지에서 실러는 피히테의 논문「철학에서의 정신과 철자에 대해」를 자신이 발간하는 잡지〈호렌Horen〉에 싣는 것을 거부한다.─원주.

24 셸링(Friedrich Wilhelm Joseph von Schelling, 1775~1854): 칸트 이후 독일 철학에서 발달한 독일 관념론의 대표자. 그는 동일성 철학을 통해 절대자가 주관적인 것과 객관적인 것의 통일로서 모든 존재에서 자신을 직접 표현한다는 점을 증명하려 했다. 셸링은 세계가 스스로 합리적인 우주로 드러난다는 가정에서 나온 모든 관념론적 사변에 의문을 표시했고, 지성을 충동에 종속시켜 지성이 충동의 지배를 받는다고 본다.

셸링은 곧 피히테의 발자국을 따랐지만,
자신의 고안물인 주관과 객관의 절대적 동일성,
또는 관념적인 것과 실재적인 것의 동일성을
선언하기 위해 피히테를 떠났다.

셸링　　　Friedrich Wilhelm Joseph von Schelling

자신의 고안물인 주관과 객관의 절대적 동일성, 또는 관념적인 것과 실재적인 것의 동일성을 선언하기 위해 피히테를 떠났다. 그 결과 **로크**나 **칸트** 같은 희귀한 정신들이 명민함과 숙고를 통해 믿을 수 없이 힘들여 분리했던 모든 것이 다시 절대적인 동일성이라는 죽 속으로 한데 쏟아부어지게 된다. 이 두 사상가의 학설은 **관념적인 것과 실재적인 것, 또는 주관과 객관의 절대적 다양성**에 관한 가르침이라고 아주 적절하게 표현할 수 있기 때문이다. 그러나 이제 일탈에서 일탈이 계속되었다. 일단 **피히테**에 의해 말(Rede)의 이해할 수 없는 요소가 도입되고, 거짓 심오함이 사유의 자리를 차지하게 되면, 그 씨앗이 퍼지게 되고, 하나둘씩 연이어 썩게 된다. 그리하여 결국 우리 시대에 나타난 철학의 완전한 타락과 그로 인해 전체 문학의 타락이 야기되는 것이다.[25]

지금 벌써 **셸링**에 이어 **헤겔**[26]이라는 철학적 사제가 뒤따랐다.

---

25 오늘날 칸트 철학의 연구는 『순수이성비판』 이후 독일의 철학적 문학이 얼마나 깊이 가라앉았는지를 가르치는 데 특히 유용하다. 그의 심오한 질문은 오늘날 조잡한 잡담과는 현격한 대조를 보인다. 그 잡담에서 우리는 한쪽으로부터는 희망에 찬 후보자들을, 다른 쪽으로부터는 이발사 도제들을 듣고 있다고 느낀다. ― 원주.

26 헤겔(Georg Wilhelm Friedrich Hegel, 1770~1831): 변증법이라는 철학적 방법론을 제시한 독일 철학자. 헤겔은 사랑을 대립물의 통일, 이를테면 무한자와 유한자의 모순이 포괄되고 종합되는 통일체로서 정신의 원형으로 보았다. 비판철학자 칸트를 연구하면서 종교에 관한 그의 논문에 자극을 받았다. 정신은 자신을 자연과 대비해야만 자기자신을 인식한다. 헤겔은 우주를 절대정신이 자기자신을 정신으로 인식하게 되는 영원한 원환과정이라고 여기기 때문에 우주를 파악 가능하다고 본다. 이런 자기파악은 1. 정신 자신의 사고를 통해서, 2. 자연을 통해서, 3. 유한한 정신이 역사에서 자기를 표현하고 예술·종교·철학에서 자기를 발견함으로써 이루어진다. 저서로 『정신현상학』(1807)과 『철학강요』(1817)가 있다.

셸링에 이어 헤겔이라는 철학적 사제가 뒤따랐다.
그는 정치적 목적을 위해, 더욱이 실수를 통해
위로부터 위대한 철학자로 불렸다.
그는 진부하고 무미건조하며, 혐오스럽고 역겨우며 무식한 협잡꾼이었고,
전례 없는 뻔뻔스러움으로 어리석은 글과 허튼소리를 갈겨썼다.

헤겔   Georg Wilhelm Friedrich Hegel

그는 정치적 목적을 위해, 더욱이 실수를 통해 위로부터 위대한 철학자로 불렸다. 그는 진부하고 무미건조하며, 혐오스럽고 역겨우며 무식한 협잡꾼이었고, 전례 없는 뻔뻔스러움으로 어리석은 글과 허튼소리를 갈겨썼다. 매수된 추종자들이 불멸의 지혜라며 그를 떠들썩하게 퍼뜨렸고, 그리고 멍청이들이 그것을 옳다고 간주하는 바람에, 일찍이 들어본 적이 없는 완벽한 감탄의 합창이 일어났다.[27] 이 사람을 위해 강제로 얻어진 정신적 효력의 확산은 학식 있는 전체 세대의 지적 파멸을 초래했다. 후세의 경멸이 저 사이비 철학(Afterphilosophie)의 숭배자들을 기다리고 있고, **이웃들**의 비웃음은―듣기에 너무나 사랑스러운―이미 그 경멸의 서곡이다. 또는 교육받은 카스트 계급이 나의 업적을 30년 동안이나 아무것도 아닌 것, 아무것도 아닌 것보다 더 못한 것, 눈길 한 번 줄 가치도 없는 것으로 여겼던 국가가 이웃들로부터 완전히 나쁜 것, 어리석은 것, 터무니없는 것, 이와 동시에 물질적 목적에 봉사하는 것을 최고의 지혜이자 전례 없는 지혜로 30년 동안 숭배했다는, 말하자면 신격화했다는 평판을 얻는다면, 그것이 내 귀에는 달콤하게 들려야 하지 않을까? 의심할 여지 없이 훌륭한 애국자로서 나는 또한 독일인과 독일 정신에 대한 찬사에 전념해야 하고, 다른 나라가 아닌 이 나라에 소속된 것에 기뻐해야 한다. 하지만 그것은 스페인 속담에 있듯, "모

27　나의 논문 『윤리학의 근본 문제들*Grundprobleme der Ethik*』 제3권의 서문을 참조하라.―원주.

두 자신이 얼마나 잘 되었는가에 따라서 박람회에 대해 보고한다."
이다. 아첨꾼들에게 가서 그들의 칭찬을 들어라. 지적 능력도 공적도
없이, 사제들에 의해 부풀려진, 얌전히 허튼소리를 갈겨쓰는 유능하
고 조잡한 협잡꾼들, 이것은 나 같은 사람들이 아니라 독일인들에게
속하는 특성이다. 이것이 내가 그들에게 작별을 고해야 한다는 증거
이다. 빌란트(『메르크Merck에게 보낸 편지』)는 독일인으로 태어난 것을
불행이라고 말한다. 뷔르거, 모차르트, 베토벤 등의 다른 많은 사람
이 그의 견해에 동의했을지도 모른다. 나도 그렇다. 이는 "현자를 알
아보려면 현자가 되어야 한다[28]"라거나 "정신만이 정신을 알아들을
수 있다"[29]는 사실에 기인한다.

칸트 철학의 가장 훌륭하고 칭찬할 만한 측면에 속하는 것은 논란
의 여지 없이 **초월적 변증론**[30]이다. 이로써 그가 사변신학과 심리학
의 기반을 약화시키는 바람에 그 이후로 우리는 아무리 바랄지라도
그것들을 다시 일으켜 세울 수 없을 정도가 되었다. 이는 인간 정신
에 얼마나 큰 축복인가! 또는 우리는 칸트에 이르기까지 과학이 부
흥한 이래로 전 기간 동안, 가장 위대한 인물들의 사상조차 뒤틀어지
는 것을, 그러니까 종종 완전히 왜곡되는 것을 보지 않는가? 온 정신

---

28 디오게네스 라에르티오스(Diogenes Laertius)의 『뛰어난 철학자들의 삶과 견해*Leben und Meinungen berühmter Philosophen*』— 원주.

29 클로드 아드리앵 엘베시우스(Claude Adrien Helvétius, 1715~1771)의 『정신에 관하여*De l'esprit*』— 원주.

30 칸트는 '초월적 변증론'으로 '인식 전반에서의 이성의 위치, 특히 하나의 가능한 형이상학을 위한 이성의 의의 등을 연구'한다.

을 마비시키는, 먼저 모든 조사를 면제받고 그런 후에는 사멸해버린, 전혀 손댈 수 없는 저 두 가지 전제의 결과로 말이다. 우리 자신과 모든 사물에 대한 일차적이고 가장 본질적인 기본 견해는, 모든 것이 외부로부터, 개념과 잘 숙고한 의도에 따라, 인격적, 그러므로 개별적 존재에 의해 생산되고 배열된다는 전제로 우리가 시작한다면, 우리에게 잘못되고 변조되지 않겠는가? 이와 마찬가지로, 인간의 본질은 사유하는 것이고, 인간은 두 개의 완전히 이질적인 부분들로 구성되어 있다는 전제로 시작한다면 말이다. 그 두 부분은 한데 모여 납땜되어―어째서 그런지는 알지 못한 채―원하든 원하지 않든 곧 다시 영원히 분리되기 위해, 될 수 있는 한 이제 서로 잘 지내야 할지도 모른다. 이러한 생각에 대한 칸트의 비판이 모든 학문에 얼마나 큰 영향을 미쳤는지는, 그 이후로 그러한 전제들이 적어도 좀 더 고귀한 독일 문학에서, 기껏해야 비유적인 의미에서만 나타날 뿐 더 이상 진지하게 취급되지 않는다는 사실로부터 명백하다. 대신에 사람들은 보통 사람과 철학 교수들을 위한 글에 그 전제들을 남겨둔다. 그것들의 도움으로 철학 교수들이 밥벌이를 할 수 있도록 말이다. 특히 자연과학에서의 우리의 작업은 그와 같은 전제들로부터 스스로를 순수하게 지켜주는 반면, 영국인의 작업은 그 작업을 겨냥한 관용구와 혹평 또는 사과를 통해 우리의 관점에서 볼 때 스스로의 가치를 떨어트린다.[31] 칸트 직전까지만 해도 물론 그 문제가 이러한 점과 관련해서 완전히 달랐다. 그러므로 우리는 예컨대 젊은 시절만 해도 아직 칸트 이전 식의 교육을 받은 저명한 **리히텐베르크**[32]조차 『관상학에 대해서 *Über Physiognomik*』라는 그의 논문에서, 영혼과 신체 사이의 대립에 관해 확신을 가지고 진지하게 고수하여, 그럼으로써 그 사안을 망치는 것을 본다.

초월적 변증론의 높은 가치를 고려하는 사람은 내가 그것을 좀 더자세히 다루어도 불필요하다고 여기지 않을 것이다. 그러므로 나는먼저 이성 비판의 전문가와 애호가들에게 다음과 같은 시도를, 즉 제1판에서 완전한 상태로 드러나고 있듯이 — 반면에 후속판들에서는삭제되어 나타난다 — '이성적 심리학 비판'의 논거를 완전히 다르게 파악하고, 따라서 그것을 비판하려는 시도를 제출한다. 그 논거는『순수이성비판』의 361쪽 이하에서 '인격의 오류 추리Paralogismus der Personalität'라는 제목으로 비판받고 있다. 물론 그것에 대한 칸트의 심오한 설명은 매우 미묘하고 이해하기 어려울 뿐 아니라, 또한그 설명이 자의식의 대상을, 또는 칸트의 언어로는 내적인 감각 대상

---

31   위의 내용이 쓰인 이래로 이곳의 상황이 달라졌다. 약국과 병원에서 이미 10번 폭발한 태곳적 유물론이 부활한 결과 약국과 대학 부속 병원에서 철학자들이 나타났다. 이들은 자신의 생업에 속하는 것 외에는 아무것도 배우지 못한 사람들이다. 이제는 마치 칸트가 아직 태어나지 않은 것처럼 아주 순진무구하고 존경스럽게 쓸데없는 억측(Alte-Weiber-Spekulation)을 전달하며 '신체와 영혼'에 대해, 아울러 그것의 상호 관계에 대해 논쟁하며, 정말이지 (믿어주세요, 후세 사람들이여! 호라티우스의『카르미나*Carmina*』2, 19, 2), 앞서말한 영혼의 거처가 뇌에 있음을 증명한다. 그들의 추정은 여러분이 토론에 참여하도록 허락받기 위해서는 무언가를 배웠어야 했다는 질책을 받을 만하고, 그리고 그들이 감언이설(Pflasterschmieren)과 교리문답에 대한 언짢은 암시에 노출되지 않도록 좀 더 현명하게 행동할 것이라는 질책을 받을 만하다. — 원주.

32   리히텐베르크(Georg Christoph Lichtenberg, 1742~1799): 그는 물리학자이자, 라바터의 관상학을 웃음거리로 만든 풍자작가였다.

을 갑자기 그리고 더 이상의 권한 없이 낯선 의식의 대상으로, 심지어 외적 직관의 대상으로 삼는 것으로 비난받을 수도 있다. 그런 다음 그 대상을 물질계의 법칙과 유추에 따라 판단하기 위해서 말이다. 그 설명은 두 개의 상이한 시간이 있는 것으로, 하나는 판단된 주체의 의식 속에, 다른 하나는 판단하는 주체의 의식 속에 있는 것으로 감히 가정한다(363쪽). 이 둘은 서로 조화를 이루지 못한다. 그러므로 나는 개성(Persönlichkeit)에 관한 앞서 말한 논거에 대해 완전히 방향을 전환해서, 그에 따라 그것을 다음과 같은 두 가지 명제로 서술하고자 한다.

1. 우리는 모든 운동 일반에 관련하여, 그 종류에 관계 없이, 먼저 정지된 무언가와의 비교를 통해 그것이 지각될 수 있다는 것을 선험적으로 확인할 수 있다. 이런 사실에서 시간의 흐름 역시 그 안에 있는 모든 것과 함께 지각될 수 없다는 결론이 나온다. 그 흐름에 아무런 관련이 없는 어떤 것, 우리가 그 운동을 흐름의 정지와 비교할 수 있는 어떤 것이 없다면 말이다. 우리는 물론 여기서 공간에서 운동의 유추에 따라 판단한다. 하지만 공간과 시간은 항상 서로를 해명하는 역할을 해야 한다. 따라서 우리는 시간을 직관적으로 파악하여 선험적으로 구성하기 위해서는, 시간도 직선의 이미지로 상상할 수 있어야 한다. 따라서 그러한 이유로 우리는 우리의 의식 속에 있는 모든 것이 동시에 그리고 함께 시간의 흐름 속에서 앞으로 나아간다면, 그럼에도 이러한 전진이 지각될 수 있어야 한다고 상상할 수 없다. 이를 위해서 우리는 오히려 시간이 그 내용을 가지고 스쳐 지나

가는 어떤 고정된 과거를 전제해야 한다. 우연들의 변천 아래에 있는 영속적인 실체로서 물질(Materie)이 외적 감각의 직관을 위해 이러한 일을 수행한다. 칸트 역시 『제1 경험의 유추*Die erste Analogie der Erfahrung*』(제1판 183쪽)에 대한 증거에서 그렇게 설명한다. 그렇지만 그는 바로 이 구절에서, 내가 이미 다른 곳에서 질책한 참을 수 없는, 즉 그 자신의 가르침과 모순되는 실수를 저지른다. 거기서 그는 시간 자체가 흘러가는 것이 아니라 단지 시간 속의 현상들만 흘러간다고 말한다. 이것이 근본적으로 잘못되었다는 것은 우리 모두에게 내재된 확신, 즉 비록 하늘과 땅 위의 모든 것이 갑자기 정지하더라도, 시간은 그에 방해받지 않고 그것의 흐름을 계속할 것이라는 확고한 확신에 의해 증명된다. 그래서 나중에 자연이 다시 한번 움직이게 된다면, 발생했던 휴지休止의 길이에 관한 질문은 그 자체로 완벽하게 정확한 답변을 얻을 수 있을 것이다. 그렇지 않다면 시계와 함께 시간도 멈춰 있어야 할 것이고, 또는 만약 시계가 작동한다면 시간도 함께 움직여야 할 것이다. 하지만 이러한 실상은, 시간에 대한 우리의 선험적 확실성과 함께, 시간이 그것의 경과, 그러므로 그것의 본질을 바깥이 아니라 우리의 머릿**속**에 갖는다는 것을 반박할 수 없게 증명한다.

외적 직관의 영역에서는, 내가 말했듯이, 물질은 영속적인 것이다. 반면에 개성에 관한 우리의 논거에서, 우리는 **내적** 감각의 지각에 관해서만 이야기한다. 외적 감각의 지각 또한 먼저 다시 내적 감각 속으로 받아들여진다. 그런 이유로 나는 만일 우리의 의식이 그 전체 내용을 가지고 시간의 흐름 속에서 균일하게 움직인다면, 우리는 이 움직임을 알아차릴 수 없을 것이라고 말했다. 그러므로 의식 그 자체에는 고정된 무언가가 있어야 한다. 그러나 이것은 시간의 흐름과 그 내용의 변천을 흔들리지 않고 변함없이 주시하는 인식하는 주체 그 자체일 수밖에 없다. 그의 시선 앞에서 삶은 마치 한 편의 드라마처럼 끝까지 흘러간다. 노년에 우리가 젊은 시절과 어린 시절의 장면을 생생하게 떠올려보면, 우리는 주체 자신이 이 과정에 얼마나 적게 참여하는지 뚜렷이 느낄 수 있게 된다.

2. 내적으로 자의식 속에서, 또는 칸트의 말을 빌리면 내적 감각을 통해, 나는 오로지 **시간** 속에서만 나 자신을 인식한다. 그러나 **객관적으로** 고찰하면, 단순한 시간 속에서만 영속적인 것은 있을 수 없다. 그러한 영속적인 것은 지속을, 그러나 이 지속은 동시 존재(Zugleichsein)를, 그리고 이 동시 존재는 다시 **공간**을 전제하기 때문이다(이 명제에 대한 근거 짓기는 「충분 근거율」에 대한 내 논문 제2판의 18장과 『의지와 표상으로서의 세계』 I, 4장에서 발견할 수 있다). 그럼에도 나는 나 자신을 실제로 영속적인 존재로, 즉 내 표상들이 아무리 변화하더라도 언제까지나 그 표상의 지속적인 기체基體로 생각한다. 영속적인 것과 이것의 표상과의 관계는 마찬가지로 물질과 그것의 변화하는 우연의 관계와 같다. 따라서 그 영속적인 것은 물질과 마찬가지로 **실체**라는 이름을 가질 만하다. 영속적인 것은 공간적이지 않으므로, 따라서 연장되지 않으므로, **단순한 실체**라는 이름을 가질 만하다. 그러나 앞에서 언급했듯, 단순한 시간 속에서만 그 자체로 영속

적인 것이 일어날 수 없으므로, 반면에 문제가 되는 실체는 외적 감각을 통해서는, 따라서 **공간** 속에서는 감지되지 않으므로, 우리는 그럼에도 그 실체를 시간의 흐름에 맞서 영속적인 것으로 생각하기 위해, 그것을 시간 밖에 있다고 간주하고 이렇게 말해야 한다. 모든 객체는 시간 속에 있는 반면, 본래적인 인식 주체는 그렇지 않다. 시간 밖에는 중단도 끝도 없으므로 우리는 우리 안의 인식 주체에게서 영속적이지만 공간적이지도 시간적이지도 않은, 따라서 파괴할 수 없는 실체를 가질지도 모른다.

그런데 이렇게 파악된 개성에 대한 논거를 오류 추리로서 증명하기 위해, 우리는 그것의 두 번째 명제는 다른 사실(Tatsache)과 대조될 수 있는 경험적 사실을 보조로 이용한다. 즉 인식 주체가 생명, 심지어 깨어 있음(Wachen)과 연관되어 있고, 따라서 두 가지 일이 진행되는 동안 그 주체의 영속성이 결코 증명되지 않으며, 그 영속성 또한 그것들과는 별개로 존재할 수 있다고 말해야 할 것이다. 의식 상태의 지속에 대한 이러한 사실적(faktisch) 영속성은 물질의 영속성(이것의 기원과 **실체** 개념의 유일한 실현)과는 아직 멀리 떨어져 있기, 사실 전적으로 다르기 때문이다. 우리는 물질의 영속성을 직관적으로 알고 있고, 단순히 그것의 사실적 지속뿐만 아니라 그것의 필연적인 파괴 불능성과 절멸 불가능성을 선험적으로 통찰하고 있다. 그렇지만 우리가 끝없는 존속이 확실할지도 모르는 우리 안의 어떤 **사유하는 실체**를 가정하고 싶어 하는 것은 진실로 파괴할 수 없는 이 실체를 유추(Analogie)해서이다. 그런데 이 사유하는 실체가 단순한 현상(물질)의 유추일 뿐이라는 사실과는 별개로, 앞의 증명에서 변증론적 이성에 의해 저질러진 오류가 존재한다. 그 오류는 변증론적 이성이 시간 속에서 주체의 모든 표상이 변화하는 가운데 그 주체의 영속성을 직관 속에서 우리에게 주어진 물질의 영속성과 같은 방식으로 취급하는 데에 있다. 따라서 이성은 두 가지를 실체의 개념으로 묶는다. 이는 물질에 관해 선험적으로 말할 수 있는 모든 것을, 비록 직관의 조건 하에서이긴 하지만, 말하자면 모든 시간을 통한 존속을 소위 비물질적 실체에 귀속시키기 위해서다. 이 비물질적 실체의 영속성은 오히려 그 자체가 모든 시간은 말할 것도 없고, 전혀 시간 속에 놓여 있지 않다는 가정에만 기초하고 있을 뿐인데도 말이다. 그리하여 직관의 조건들, 그 결과로 물질의 파괴 불능성이 선험적으로 선언되는 그 조건들이 여기서 명시적으로 제거된다. 말하자면 공간성이 제거되는 것이다. 그러나 그 비물질적 실체의 영속성은(앞에서 인용한 내 저서의 구절에 따르면) 바로 이 공간성에 기초하고 있다.

영혼의 가정된 **단순성**과 그 결과로 발생하는 **불용성으로부터**— 그 불용성으로 인해 소멸의 유일하게 가능한 방식인 부분들의 용해가 배제되는데—영혼의 불멸성에 대한 증명과 관련하여, 선험적이든 후험적이든 우리가 알고 있는 생성, 소멸, 변화, 영속성 등에 대한 모든 법칙은 전적으로 우리에게 객관적으로 주어진, 거기에다가 우리의 지성에 의해 제약된 **물질계**에만 오로지 적용된다고 일반적으로 말할 수 있다. 따라서 우리가 그 세계를 외면하고 **비물질적** 존재에 관해 이야기하는 순간, 우리는 그러한 존재들의 생성과 소멸이 어떻게 가능한지 또는 불가능한지를 주장하기 위해, 그 법칙과 규칙을 적용할 어떠한 권능도 더 이상 갖지 못하게 된다. 거기에는 우리를 위한 어떠한 표준도 결여되어 있다. 이러한 이유로 사유하는 실체의 단순성으로부터 불멸성의 증명은 차단된다. 왜냐하면 다의성(Amphibolie)의 본질은 우리가 비물질적 실체에 관해 말하고, 그런 다음 물질적 실체의 법칙들을 비물질적 실체에 적용하기 위해 물질적 실체의 법칙들을 암시하는 것에 있기 때문이다.

한편 내가 생각했던 것처럼, 개성의 오류 추리는 그것의 첫 번째 논거에서 우리의 의식 속에 무언가 영속적인 것이 존재해야 한다는 선험적 증거를 제공하지만, 두 번째 논거에서 그 오류 추리는 그 영속적인 것이 후험적이라는 것을 증명한다. 전반적으로 보면, 대체로 온갖 오류에, 그러므로 합리적 심리학의 오류에도 기초하고 있는 것 같은 진실한 것은 여기에 그 뿌리를 갖는 것 같다. 이러한 진실은 우리의 경험적 의식에서도 물론 어떤 영원한 점(Punkt)이 증명될 수 있지만, 실제로는 단지 하나의 점이라는 사실이다. 그리고 또한 그저 증명될 뿐 그런 사실로부터 우리는 더 이상의 입증을 위한 소재를 얻지는 못한다. 여기서 나는 나 자신의 가르침을 참조하도록 권유한다. 그에 따르면 인식 주체는 모든 것을 인식하지만, 인식되지는 않는 존재이다. 그럼에도 우리는 인식 주체를 시간이 모든 표상과 함께 스쳐 흐르는 고정된 점으로 간주한다. 물론 이 흐름 자체는 지속적인 어떤 것과 대조되어 인식될 수 있을 뿐이다. 나는 이것을 객체와 주체 사이의 접점이라고 불렀다. 신체의 뇌 기능으로서 객관적으로 나타나는 인식 작용의 주체는 나의 경우 신체와 마찬가지로 의지의 현상인데, 그 의지는 유일한 사물 자체로서, 여기서는 모든 현상의 상관관계(Korrelat)의, 즉 인식 주체의 기체基體이다.

만약 우리가 이제 **합리적 우주론**에 눈을 돌린다면, 우리는 그것의 이율배반(Antinomie)에서, 충분 근거율로부터 비롯되고, 자고이래로 사람들로 하여금 철학함(Philosophieren)을 하도록 몰아붙인 당혹감의 함축성 있는 표현들을 발견할 수 있다. 다음 설명의 목적은 이 당혹감을 칸트의 설명과는 약간 다른 방식으로 좀 더 분명하고 솔직하게 강조하는 것이다. 나의 설명은 칸트의 그것처럼 추상적 개념으로 단순히 변증론적으로 행해지는 것이 아니라, 직관적 의식에 직접적으로 향할 것이다.

시간은 시작이 있을 수 없고, 어떤 **원인**도 최초의 시작이 될 수 없다. 두 가지 모두 선험적으로 확실하고, 그러므로 논란의 여지가 없다. 모든 시작은 시간 **속에서** 이루어지고, 따라서 시간을 전제로 하기 때문이다. 모든 원인은 배후에 이전의 원인이 있어야 한다. 그 원인은 이전의 원인의 결과인 것이다. 그렇다면 일찍이 세계와 사물의 첫 시작이 어떻게 일어날 수 있었을까? (모세5경의 첫 구절은 물론, 그것도 단어의 가장 본래적 의미에서 선결문제 요구의 오류petitio principii, Erschleichung des Beweisgrundes로 보인다). 그러나 다른 한편으로 만약 첫 번째 시작이 **없었**더라면, 지금의 실재하는 현재가 **바로 지금 비로소** 존재할 수 있는 것이 아니라, **벌써 오래전에** 존재했을 것이다. 우리는 현재와 첫 번째 시작 사이에 우리는 어떤, 그렇지만 특정하고 제한된 기간을 가정해야 하기 때문이다. 그런데 우리가 시작을 부정한다면, 즉 시작을 다시 무한대로 밀어낸다면, 그 기간은 함께 밀려날 것이다. 그러나 심지어 우리가 첫 시작을 상정한다**면** 그렇다고 해도, 그것은 기본적으로 우리에게 도움이 되지 않는다. 그렇게 하여 우리가 임의로 인과의 사슬을 끊었다고 해도, 그 즉시 단순한 시간이 우리에게 골칫거리임이 증명될 것이기 때문이다. 다시 말해 '왜 그 첫 시작은 이미 더 일찍 일어나지 않았을까?'라는 항상 새로워진 질문은 시작 없는 시간 속에서 차근차근 그 시작을 점점 더 멀리 위로 밀어 올릴 것이다. 그래서 그러한 시작과 우리 사이에 놓인 원인의 사슬은 지금의 현재에 다다를 수 있을 만치 충분히 길어지지 않을 정도로 높이 끌릴 것이다. 따라서 그것은 **여전히** 지금의 현재에 다다르지 **못할** 것이다. 하지만 이 말은 현재가 지금 실제로 **현존**하고, 심지어 계산을 위한 우리의 유일한 날짜를 구성한다는 사실과 모순된다. 그러나 앞의 불편한 질문에 대한 정당성은 그 첫 시작이 바로 그 자체로 그것에 선행하는 원인을 전제하지 않는다는 사실과 그 때문에 수백 경 년 전에 일어났을 수도 있다는 사실에서 비롯된다. 다시 말해 그 시작이 발생에 대한 원인이 없다면, 그것은 또한 시작을 기다릴 필요도 없었고, 따라서 시작을 막을 어떤 것도 없었기 때문에, 이미 무한히 더 일찍 일어나야 했을 것이다. 시작의 원인으로서 첫 시작에 선행하는 것은 아무것도 있을 수 없듯이, 시작의 방해물로서 첫 시작에 선행하는 것 역시 아무것도 있을 수 없기 때문이다. 그러므로 시작은 기다릴 것이 전혀 없고, 결코 충분히 일찍 오지 않는다.

따라서 우리가 시작을 어느 시점에 위치시키든, 우리는 그것이 왜 이미 훨씬 더 일찍 존재해서는 안 되는지 결코 이해할 수 없다. 그러므로 이러한 사실은 시작을 점점 더 멀리 위로 밀어 올린다. 그런데 시간 자체는 결코 시작이 없기 때문에, 무한한 시간, 즉 영원은 언제나 현재의 순간까지 내려갔다. 따라서 세상의 시작을 위로 밀어 올리는 것은 끝이 없으므로, 시작부터 우리에게까지 모든 인과의 사슬은 너무 짧아지게 된다. 그 결과 우리는 시작부터 현재에 이르기까지 결코 도달할 수 없다. 이런 일이 일어나는 것은 우리에게 주어진 어떤 고정된 연결점이 없기 때문이다. 따라서 우리는 그러한 점을 어딘가에 임의로 가정해야 하지만, 그 점은 항상 우리의 손 앞에서 무한대 저 위로 후퇴한다. 만약 우리가 **첫 시작**을 상정하고, 그것으로부터 출발한다면 그것은 다음과 같은 결과가 된다. 즉 우리는 첫 시작으로부터 결코 **현재에** 도달할 수 없다.

이와는 반대로 우리가 실제로 주어진 **현재**로부터 시작한다면, 우리는 이미 말했듯이 결코 **첫 시작**에 도달하지 못한다. 우리가 거슬러 올라가는 모든 원인은 항상 이전의 원인의 결과였음이 틀림없고, 그런 다음 그 이전 원인은 다시 같은 경우에 처하기 때문이다. 그리고 이렇게 해서는 결코 끝에 다다를 수 없다. 그러므로 이제 세계는 무한한 시간 자체처럼 우리에게 시작이 없게 된다. 그럼으로써 우리의 상상력은 지치게 되고, 우리의 지성(Verstand)은 만족을 얻지 못한다.

따라서 이 두 가지 상반된 견해는 막대기에 비유될 수 있는데, 그것의 **한쪽** 끝은, 더욱이 마음만 먹으면 편하게 잡을 수 있는 반면, 이

때 다른 쪽 끝은 항상 무한대로 연장된다. 하지만 이 문제의 본질은 시간이 절대적으로 무한하고, 그 속에서 항상 **유한하다**고 가정되는 세계에는 너무 큰 것으로 나타난다는 명제로 요약될 수 있다. 그러나 기본적으로 칸트적인 이율배반(Antinomie)에서 '반대 명제Antithese' 의 진리가 다시 증명된다. 만약 우리가 유일하게 확실한 것 그리고 실제로 주어진 것, 즉 실재하는 현재로부터 시작한다면, 시작 없음이 그 결과로 밝혀지기 때문이다. 반면에 첫 시작은 단순히 임의적인 가정에 불과한데, 그 가정은 그 자체로 앞서 말한 유일하게 확실한 것이자 실제적인 것인 현재와 조화를 이룰 수 없다. 그건 그렇고 우리는 이러한 고찰을 시간의 절대적 실재의 가정으로부터 비롯하는 모순을 밝혀내는 것으로, 따라서 칸트의 기본 학설에 대한 확인으로 간주해야 한다.

세계가 **공간**과 관련하여 제한적인가, 무제한적인가 하는 질문은 결코 초월적인 것이 아니라 오히려 그 자체로 경험적이다. 그 문제는 여전히 가능한 경험의 영역 안에 놓여 있기 때문이다. 단지 우리 자신의 신체적 속성에 의해서만 이 경험을 실제적인 것으로 만드는 것이 방해받을 뿐이다. 여기서 증명 가능한 확실한 논거가 한쪽 대안이든, 다른 쪽 대안이든 어느 쪽에도 선험적으로 존재하지 않는다. 그러므로 이 문제는 다른 쪽의 가정과 마찬가지로 한쪽의 가정으로 상당히 불리한 입장이 발생하는 한 실제로 이율배반과 매우 유사해 보인다. 다시 말해 무한한 공간 속의 제한된 세계는, 그것이 아무리 크다 하더라도, 무한히 작은 크기로 축소된다. 그리고 우리는 묻는다.

나머지 공간은 어떤 목적으로 존재하는가? 다른 한편으로 우리는 어떤 항성도 우주의 가장 바깥쪽에 있는 항성이 아닐 것이라고 상상할 수 없다.

말이 나온 김에 말하자면 그러한 별의 행성들은 그것들 1년 중 반년 동안만 별이 빛나는 하늘을 가지고, 다른 반년 동안에는 별이 없는 하늘을 가질지도 모른다. 그러한 하늘은 거주민들에게 매우 섬뜩한 인상을 줄 것이다. 따라서 앞의 그 질문은 이렇게 표현될 수 있다. 항성의 행성들이 이런 곤경에 처해 있는 항성이 있을까, 없을까? 여기서 그 질문은 분명히 경험적인 것으로 드러난다.

나는 『칸트 철학 비판』에서 이율배반의 모든 가정이 잘못되었고 망상적이라는 것을 증명했다. 제대로 되새겨 보면, 현상들과 선험적으로 확실한 그것들의 법칙으로부터 올바로 파생된 개념들이 논리학에 따라 판단과 결론에 결합되면 모순을 초래하기란 불가능하다는 것을 누구나 미리 인식할 것이다. 그 경우에는 직관적으로 주어진 현상 자체나 또는 그것의 요소(Glied)들의 합법적 연관성에 모순이 있어야 하는데, 이는 불가능한 가정이기 때문이다. 직관적인 것 자체는 모순을 모르기 때문이다. 모순은 직관적인 것과 관련해서 의미도 의의도 없다. 왜냐하면 모순은 단순히 성찰의 추상적인 인식 속에 존재하기 때문이다. 그러니 우리는 아마 공개적으로든 은밀히든 어떤 것을 동시에 상정할 수도 있고 상정하지 않을 수도 있다. 즉 우리는 우리 자신과 모순될 수 없다. 그러나 실제적인 어떤 것이 동시에 존재하고, 존재하지 않을 수는 없다. 물론 잘 알려진 궤변을 가진 엘레아학파의 제논[33]도 칸트가 자신의 이율배반으로 그랬던 것처럼 위의 것과 반대되는 것을 입증하려고 했다.[34] 그러므로 나는 칸트 철학에 대한 나의 비판을 참조할 것을 권한다.

나는 **사변신학**에 대한 칸트의 공적에 대해 이미 앞에서 전반적으로 언급했다. 그것을 더욱 강조하기 위해 나는 이제 최대한 간결하게 문제의 본질을 내 방식대로 이해하기 쉽게 설명하려고 한다.

그리스도교에서 신의 현존은 모든 조사를 초월한 결말 지어진 사실이다. 따라서 신의 현존은 정당하다. 왜냐하면 신의 현존은 당연하고, 계시를 통해 근거 지어지기 때문이다. 그러므로 나는 합리주의자들이 그들의 독단론에서 신의 현존을 성서가 아닌 다른 곳에서 증명하려고 하는 것을 그들의 실수라고 생각한다. 그들은 순진무구함 속에서 이 오락이 얼마나 위험한지 알지 못한다. 반면에 철학은 하나의 학문이므로 그 자체로 신앙 개조를 갖지 않는다. 따라서 철학에서는 경험적으로 즉각 주어지거나 의심의 여지가 없는 추론들을 통해

---

33 엘레아의 제논(Zenon of Elea, BC 495경~BC 430경): 파르메니데스의 제자이자 친구로 아리스토텔레스가 그를 변증법의 발명자라고 불렀다. 그는 아킬레스와 거북이의 역설, 이분법의 역설, 화살의 역설, 경기장의 역설 등의 역설로 유명하다. 화살의 역설은 어떤 움직이는 물체가 실제로는 정지하고 있다는 점을 증명하려는 시도이다. 그의 역설은 논리학과 수학의 엄밀성을 발전시키는 데 이바지했으며 연속과 무한이라는 개념이 정확하게 발전하고서야 비로소 해결될 수 있었다.

34 파르메니데스는 존재만이 '있다' 함은 존재 또는 존재하는 모든 것이 '일자一者'이면서, 운동하지 않는다는 결론을 낳을 수밖에 없음을 추론을 통해 논증했다. 그렇다면 이와 정반대되는 주장은 일자 대신 많은 실체가 실제로 존재하며 이 실재들은 운동하고 있거나 운동할 수 있다는 주장일 것이다. 제논은 이와 같은 '다자多者'가 존재하고, 운동이 존재한다는 두 주장이 불합리하다는 점을 밝히려 했다.

증명되는 것 외에는 어떤 것도 현존한다고 가정할 수 없다. 사람들은 칸트가 이 문제와 관련해 세상을 실망시키고, 그리고 심지어 그러한 증명들의 불가능성을 확실하게 설명했을 때, 물론 오래전에 이 추론들을 소유하고 있다고 생각했다. 그리하여 그 이후로 독일의 어떤 철학자들도 그와 같은 증명을 내세우려고 하지 않았다. 하지만 칸트는 전적으로 그렇게 할 자격이 있었다. 사실 그는 극히 칭찬받을 만한 일을 했다. 왜냐하면 도그마를 받아들이지 않는 모든 사람을 때때로 뻔뻔하게 불량배라고 낙인찍는 이론적인 도그마는 어쩌면 우리가 그 진면모를 한번 진지하게 시험해 볼 만한 것일지도 모르기 때문이다.

소위 그 증거들과의 관계는 다음과 같다. 신의 현존의 **실제성**은 경험적 확인에 의해 보여줄 수 없으므로, 그다음 단계는 그것의 가능성을 알아내는 것이었을지도 모르는데, 그 과정에서 우리는 이미 충분히 어려움에 부딪히게 될 것이다. 하지만 그 대신 사람들은 심지어 신의 현존의 **필연성**을 증명하려고 노력했고, 그러므로 신을 **필연적인 존재**로 입증하려고 노력했다. 그런데 내가 충분히 자주 증명했듯, 필연성은 어디서나 그 근거에 대한 어떤 결과의 의존인 것으로, 따라서 근거가 주어져 있기 때문에 결과가 발생하거나 나타나는 것에 불과하다. 따라서 사람들은 내가 증명한 충분 근거율의 네 가지 형태 중 하나를 선택할 수 있었고, 그 중 첫 번째 두 가지 형태[35]만을 유용하다고 생각했다. 따라서 우주론과 존재론의 두 가지 신학적 증명이 생겨났는데, 하나는 생성(원인)의 근거율에, 다른 하나는 인식의 근거율에 따른 것이었다. 첫 번째 근거율은 세계를 **원인**이 있어야만 하는 결과로 파악함으로써 **인과법칙**에 따라 저 **필연성**을 **자연적** 필연성으로 설명하려고 한다. 이 우주론적 증명에 도움과 지지로서 자연 신학적 증명이 덧붙여진다. 우주론적 논거는 볼프 판에서 가장 강력해지는데, 그 결과 "만약 어떤 것이 존재한다면, 절대적으로 필연적인 존재 또한 존재한다"라는 식으로 표현된다. 이것은 주어진 것 자체 또는 주어진 것을 현존에 이르게 하는 원인들 중 첫 번째의 것으로 이해된다. 그런 다음 후자가 가정된다. 이러한 증명은 무엇보다도 결과로부터 근거를 추론하는 약점을 보여준다. 이러한 추론 방식에 대해서는 이미 논리가 확실성에 대한 모든 주장을 부인한다. 그다음으로 그러한 추론은, 내가 종종 보여주었듯, 우리가 어떤 것이 주어진 다른 어떤 것의 근거가 되는 한이 아니라, 그것이 결과인 한에서만 그것을 **필연적**인 것으로 생각할 수 있다는 것을 무시한다. 더욱이 인과법칙이 이런 식으로 적용되면 너무 많은 것을 증명하게 된다. 왜냐하면 인과법칙이 우리를 세상으로부터 그 원인으로 이끌어야 한다면, 그것은 우리가 이 원인에 멈추어 있는 것을 허락하지 않고, 우리를 그 원인의 원인으로 계속 이끌고, 이렇게 줄곧 가차 없이 무한대까지 이끌기 때문이다. 인과법칙의 본질은 이런 사실을 필연적으로 초래한다. 이때 우리는 괴테의 「마법사의 제자Zauberlehring」[36]와 같은 입장에 있다. 괴테의 피조물은 사실 명령에 따라 시작하지만 다시 멈추지

---

35   생성에 대한 근거율과 인식에 대한 근거율.

않는다. 게다가 인과법칙의 힘과 타당성은 사물들의 질료(Materie)가 아니라 그것들의 **형식**에만 관계된다. 이것은 형식들의 변화의 실마리이며, 그 이상도 이하도 아니다. 즉 질료는 그 형식들의 모든 생성과 소멸에 의해 손상되지 않은 채로 남아 있다. 우리는 이런 사실을 모든 경험 이전에 통찰하고, 따라서 확실히 알고 있다. 결국 우주론적 증명은 인과법칙이 입증된 바와 같이 주관적인 기원이므로, 단순히 우리의 지성을 위한 **현상들**에만 적용되지, **사물들 그 자체**의 본질에는 적용되지 않는 초월적 논거의 토대가 된다.[37]

36　1797년에 발표된 괴테의 발라드. 마법사의 제자가 마법사가 여행을 간 사이에 마법 주문을 사용해서 빗자루를 움직이게 만들어 물을 나르게 하는데 빗자루를 움직이는 데는 성공했지만 이후 마법을 해제하는 주문을 잊어버린다. 빗자루는 계속 물을 나르고, 제자는 이를 멈추려고 도끼로 빗자루를 갈기갈기 조각내버린다. 그러나 오히려 움직이는 빗자루들은 쪼개진 조각 조각마다 더 살아났고 더 빨리 물을 퍼다 날라 제자가 물에 빠져 죽으려는 찰나에 스승 마법사가 돌아와서 겨우 사태를 진정시킨다.

37　사물들을 매우 현실적이고 객관적으로 볼 때 세계가 **자기 스스로 유지된다**는 것은 아주 명백하다. 유기적 존재는 내부의 자기 자신의 생명력(Lebenskraft)에 의해 존속하고 번식한다. 무기물체는 자체 내에 힘들을 가지고 있는데, 그 힘들 중에서 물리학과 화학은 단순히 묘사이다. 그리고 행성들은 관성과 중력의 힘으로 내적인 힘으로부터 그들의 길을 간다. 그러므로 세계는 자신의 존속을 위해 자기 밖의 아무도 필요로 하지 않는다. 왜냐하면 그것이 **비슈누**이기 때문이다.

그러나 내재된 온갖 힘을 가진 이 세계가 언젠가 시간 속에서 결코 존재하지 않고, 세계 바깥에 있는 낯선 힘에 의해 무에서 생겨났다고 말하는 것은 그 어느 것에 의해서도 증명될 수 없는 아주 한가한 생각이다. 따라서 세계의 모든 힘이 질료에 매여 있을수록 그 질료의 생성과 소멸을 우리는 생각할 수조차 없다.

세계에 대한 이러한 파악은 **스피노자 철학**까지 거슬러 올라간다. 고통 속에 있는 인간들이 자연의 힘을 발동시킬 수 있기 위해 자연력과 그 진행 과정을 지배하는 존재들을 어디서나 생각해냈다는 것은 무척 자연스러운 일이다. 그렇지만 그리스인과 로마인들은 그 문제를 각자의 영역에 있는 개별 존재의 지배에 맡기는 것으로 만족했다. 그들 중 한 사람이 세계와 자연력을 만들었다고 말하는 것은 그들의 뇌리에 떠오르지 않았다. ─원주.

앞서 언급했듯이 **자연 신학적**(physikotheologisch) 증명은 우주론적 증명에 대한 지지를 위해 임시변통으로 추가되며, 후자에 의해 도입된 가정에 동시에 증명, 확인, 신뢰성, 색깔과 형태를 제공하는 것을 목표로 한다. 그러나 자연 신학적 증명은 항상 첫 번째 증거의 전제 하에서만 행해질 수 있는데, 그 증거의 해명과 상술詳述이 자연 신학적 증명이다. 그것의 방법은, 그 자연 신학적 증명이 그러한 근거를 통해 설명될 수 있는 많은 결과로부터 귀납법을 통해 이 근거를 확인하려고 시도함으로써 세계의 전제된 첫 번째 원인을 인식하고 의욕하는 존재로 향상시키는 데 그 본질이 있다. 그러나 귀납법은 기껏해야 높은 개연성을 제공할 수 있지만, 결코 확실성을 제공할 수는 없다. 더욱이 언급한 바와 같이 전체 증거는 첫 번째 증거에 의해 조건 지어진 증거이다. 그러나 우리가 매우 인기 있는 이 자연신학에 더 상세하고 진지한 관계를 맺고, 그것을 나의 철학에 비추어 검토한다면, 그것은 자연에 대한 잘못된 기본 견해에 대한 상세한 설명으로 밝혀진다. 이 기본 견해는 단지 하나의 의지를 중재하기 위한 의지의 **직접적인** 현상 또는 객관화를 단순히 **간접적인** 현상으로 격하시킨다. 그러므로 그 기본 견해는 자연물 속에서 본래적이고 강력하며 인식이 없는 그리고 바로 그 때문에 틀림없이 확실한 의지 작용을 인식하는 대신, 그것을 단순히 인식의 빛과 동기의 실마리로 일어나는 이차적인 활동으로 해석한다. 따라서 내부로부터 내몰린 것은 외부로부터 틀이 만들어지고 개조되고 조각된 것으로 간주된다. 왜냐하면 결코 표상이 **아닌** 사물 자체로서의 의지가 그 객관화의 행위에서,

그 본래 성질로부터 표상 속으로 들어가고, 그리고 우리는 사물 자체가 표상의 세계에서, 따라서 **인식**의 결과로서 만들어졌다는 전제 하에 표상 속에서 자신을 나타내는 것에 접근한다면, 물론 그 사물 자체는 모든 객체와 그 연결고리를 한눈에 조망하는 과도하게 완전한 인식에 의해서만 가능한 것으로서, 즉 최고의 지혜의 업적으로서 드러나기 때문이다. 이에 대해 나는 내 논문 「자연에서의 의지에 대하여」에서 '비교해부학'이라는 제목을, 그리고 내 주저인 『의지와 표상으로서의 세계』 II, 26장의 첫머리를 참조할 것을 권한다.

앞서 언급한 바와 같이 두 번째 신학적 증명인 **존재론적** 증명은 인과법칙이 아니라 인식 작용의 충분 근거율을 실마리로 삼는다. 그럼으로써 신의 현존의 필연성을 **논리적인** 필연성으로 만든다. 다시 말해 신의 현존은 **신**이라는 개념으로부터 단순히 분석적인 판단의 결과로서 생겨난다. 그래서 사람들은 이 개념을, 신의 현존을 부정하게 될지도 모르는 어떤 명제의 대상(Subjekt)으로 삼을 수 없다는 것이다. 다시 말해 그것은 그 명제의 대상과 모순될지도 모르기 때문이다. 그것은 논리적으로 옳고, 하지만 매우 자연스럽기도 하며 쉽게 꿰뚫어 볼 수 있는 마술사의 눈속임이다. 중간 용어(terminus medius)로서 필요한 '완전성' 또는 '실재성'의 개념을 조작하는 방법으로 현존의 술어를 대상에 도입하고 나면, 우리는 그 대상을 나중에 거기서 다시 발견할 수 있으며, 분석적 판단을 통해 그것을 드러내는 데 실패할 수 없기 때문이다. 그러나 그것으로 전체 개념을 내세우기 위한 정당성이 입증되지는 않는다. 오히려 그 개념은 완전히 자의적으로 고안되었거나 또는 모든 것을 자연적 필연성으로 환원시키는 우주론적 증명에 의해 도입되었다. 크리스티안 볼프는 자신의 형이상학에서 우주론적 논거를 홀로 사용하고, 이를 명시적으로 언급하고 있는 것으로 보아, 아마 이런 사실을 통찰한 것 같다. 내 논문 「충분근거율의 네 겹의 뿌리에 대하여」 제2판 7장에 우주론적 증명이 자세히 조사되고 평가되어 있으니, 그 부분을 참조하길 바란다.

물론 두 가지 신학적 증명들은 서로를 뒷받침하지만, 그 때문에 그것들은 일어설 수 없다. 우주론적 증명은 어떻게 그것이 신의 개념에 도달했는지 해명해주고, 그리고 그 부가어인 자연 신학적 증명의 도움으로 이 개념을 그럴듯하게 만들어주는 장점이 있다. 반면에 존재론적 증명은 그것이 어떻게 가장 실재적인 존재의 개념에 도달했는지를 전혀 보여줄 수 없다. 그러므로 존재론적 증명은 선천적인 척하거나 또는 우주론적 증명으로부터 그 증명을 차용한 다음, 이미 존재하는 것과는 달리 생각될 수 없는 존재, 그것의 현존이 이미 그 개념에 들어 있을지도 모르는 등의 존재에 관한 고상하게 들리는 명제를 통해 그 증명을 견지하려고 한다. 한편 우리는 다음 사항을 고려한다면 존재론적 증거의 발명에 대한 명민함과 교묘함의 명예를 부정해서는 안 될 것이다. 주어진 존재를 설명하기 위해, 우리는 그 존재의 원인을 입증하는데, 이와 관련하여 그런 다음 그 존재는 필연적인 존재로 서술된다. 이것이 설명으로 간주된다. 그러나 충분히 드러난 바와 같이, 이러한 방법은 무한 회귀(regressus in infinitum)를 초래하며, 따라서 설명의 근본적인 설명 근거를 제공하는 최종적인 어떤 것에 결코 도달할 수 없다. 어떤 존재(Wesen)의 **실존**(Existenz)이 실제로 그 존재의 **본질**(Essenz)로부터, 그러므로 그것의 단순한 개념이나 정의로부터 추론될 수 있다면, 상황이 달라질지도 모른다. 다시 말해 그러면 그 존재는 그 자신의 개념 이외의 다른 어떤 것에 얽매이지 않고 **필연적** 존재(이것은 어디서나 그렇듯이 여기서 단지 '그 자신의 근거로부터 일어나는 어떤 것'을 말할 뿐이다)로 인식될 것이다. 따라서 **인과적** 필연성이 언제나 그렇듯이, 존재의 필연성은 단지 일시적이고 순간적인 것, 즉 그 자체로 다시 조건 지어져서 끝없는 계열로 이어지지 않을 것이다. 오히려 그런 다음 단순한 인식 근거는 자신을 실제 근거로, 즉 원인으로 변형시킬 것이고, 그러므로 앞으로 모든 인과 관계(Kausalreihe)에 대한 궁극적이고 따라서 고정된 연결점을 제공하는 데 완벽하게 적합할 것이다. 그러면 우리는 우리가 찾는 것을 갖게 될 것이다. 그러나 우리는 이 모든 것이 망상적이라는 것을 앞에서 보았다. 이 말은 실제로 그러한데, 그것은 아리스토텔레스가 "현존(Dasein)은 본질(Wesen)에 속하지 않는다"(『분석론 후서』 II, 7)라고 말했을 때, 그가 이미 그러한 궤변을 피하고 싶어서 그랬던 것과 같다. 이 때문에 캔터베리의 안셀무스가 그와 같은 사고 과정의 길을 턴 후, 이 문제에 대해 무관심하게 후일 **데카르트**는 요구되는 것을 성취한 개념으로 신의 개념을 내세웠다. 그러나 **스피노자**는 홀로 존재하는 실체로서의 세계의 개념을 확립했다. 따라서 그 실체는 "그 자신의 원인이고, 즉 자기 자신을 통해 존재하는 것이고, 그 자신을 통해 파악되는 것이며, 따라서 존재하기 위해 다른 것을 필요로 하지 않는다"(『에티카』 I, 정리 1). 그런 다음 스피노자는—모든 사람을 만족시키기 위해—이렇게 확립된 세계에 명예를 위해 신(Deus)이라는 칭호를 수여한다. 그러나 **실제로** 필요한 것을 위해 **논리적으로** 필요한 것을 우연을 가장하여 보여주려고 하는 것은 여전히 마술사의 눈속임이다. 그리고 그 속임수는 다른 비슷한 기만들과 함께, 마침내 개념들의 **기원**에 대한 **로크**의 위대한 조사를 유발했는데, 그 조사로 앞으로 비판 철학의 근거가 마련되었다. 그 두 독단론자의 방법에 대한 보다 특수한 설명은 내 논문 「충분근거율의 네 겹의 뿌리에 대하여」 제2판 제7조와 제8조에 들어 있다.

칸트가 사변신학에 대한 비판을 통해 이 방법에 최후의 일격을 가한 후, 그는 이에 대한 인상을 부드럽게 하려고 노력해야 했고, 그래서 **흄**의 방법과 유사하게 진통제로서 진정제를 투여해야 했다. 흄은 가차 없는 만큼 읽을 가치가 있는 『자연종교에 관한 대화*Dialogues on natural religion*』의 마지막에 가서 그 모든 것은 단지 농담에 불과했고, 단순한 논리적 연습(exercitium logicum)이었음을 우리에게 알려준다. 그에 따라 칸트는 신의 현존에 대한 증명의 대용물로 실천 이성의 요청(Postulat)과 거기에서 생겨나는 도덕 신학을 제공했다. 그 도덕 신학은 지식이나 이론적 이성을 위한 객관적 타당성에 대한 어떠한 요구도 없이, 행동과 관련해서 또는 실천 이성에 대한 완전한 타당성을 가져야 했다. 그로써 지식 없이 어떤 신앙이 근거 지어졌다—사람들이 단지 어떠한 것을 손에 넣기 위해. 잘 이해된다면, 그의 설명은 죽은 후에 보상하고 벌하는 정의로운 신의 가정이 우리 행동의 깊이 느껴진 진지하고 윤리적인 중요성을 해석할 뿐만 아니라 이 행동 자체를 지도하기 위한 유용하고 적절한 **규제적 도식**(regulatives Schema)이라는 것 외에 다른 어떤 것도 말하지 않는다. 따라서 그 가정은 어느 정도는 진리에 관한 알레고리이다. 그리하여 궁극적으로 유일하게 중요한 이 점과 관련해서, 비록 그 가정이 이론적으로나 객관적으로 정당화될 수 없다고 하더라도, 그것이 진리의 자리를 대변할 수 있다는 것이다.

같은 경향의 유사한 도식, 하지만 훨씬 더 많은 진실 내용을 담은, 훨씬 더 큰 신뢰성, 따라서 더 직접적인 가치를 지닌 유사한 도식은 보상하고 벌하는 윤회에 관한 브라만주의의 교리이다. 윤회 교리에 따르면 우리는 언젠가 우리로 인해 상처받은 모든 피조물(Wesen)의 모습으로 다시 태어나 같은 피해를 당해야 한다. 그러므로 우리는 칸트의 도덕 신학을, 여기서 일어나는 것처럼, 그 자신이 본래적인 실상에 대해 솔직하게 표현해서는 안 된다는 것을 고려함으로써 특정한 의미에서 받아들여야 한다. 그러나 그는 단순히 **실천적** 타당성에 관한 **이론적인** 가르침이라는 괴물을 내세움으로써, 좀 더 현명한 사람들이 그 가르침을 '한 알갱이의 소금'[38]으로 받아들일 것으로 기대했다. 그 때문에 칸트 철학으로부터 소원해진 근래의 신학 및 철학 저술가들은 대체로 칸트의 도덕 신학이 실제적인 독단적 유신론(dogmatischer Theismus)인 것처럼, 즉 신의 현존의 새로운 증거인 것처럼 보이게 하려고 노력해왔다. 하지만 실상은 전혀 그렇지 않다. 오히려 도덕 신학은 단순히 도덕의 목적을 위해, 도덕의 범위 내에서만 유효할 뿐 지푸라기 너비 이상만 넘어도 유효하지 않다.

철학 교수들조차 오랫동안 이것에 만족하지 못했다. 그들은 칸트의 사변신학 비판에 크게 당황했을지라도 말이다. 예로부터 그들은 신의 현존과 성질을 입증하고 신을 그들의 철학함의 주된 대상으로 삼는 것을 그들의 특수한 직분으로 인식해 왔기 때문이다. 그러므로 신이 밭의 까마귀에게 먹을 것을 준다고 성서가 가르칠 때, 나는 "신이 강단의 철학 교수들을 먹여 살리신다"라고 덧붙이지 않을 수 없다. 그러니까 심지어 오늘날까지 그들은 절대자(das absolutum) (잘 알려진 바와 같이, 선한 주님을 위한 새로 유행하는 호칭)와 세계와의 그의 관계가 철학의 진정한 주제라고 무척이나 뻔뻔스럽게 주장한다. 그리고 그들은 여전히 주제를 더 자세히 규정하고, 상세히 묘사하고, 그것에 대한 환상을 갖는 데 몰두하고 있다. 물론 그와 같이 철학을 하도록 자금을 제공하는 정부는 훌륭한 그리스도교인들과 열성적인 교회 신자들도 철학 강의실에서 나오는 것을 보고 싶어 하기 때문이다. 그러므로 칸트가 사변신학의 모든 증명은 유지될 수 없고, 그들의 정선된 주제와 관련된 모든 지식은 우리의 지성에 결코 접근할 수 없다는 증거를 통해 그들의 개념을 아주 멀리 옮겨버렸을 때, 돈 되는 철학을 하는 신사들은 어떤 기분이었을까? 처음에 그들은 잘 알려진 민간요법인 무시를 통해, 하지만 그런 다음에는 논박을 통

---

38   한 알갱이의 소금(granum salis). 플리니우스의 『자연학Historia naturalis』 23, 8, 149. —원주.

해 스스로를 도우려고 했다. 하지만 그런 방법은 장기적으로는 시험을 견뎌내지 못했다. 그리하여 그들은 신의 현존에 대해 어떠한 증명도 할 수 없지만, 그것 또한 필요하지 않다고 주장하는 데 전념했다. 왜냐하면 신의 현존은 자명한 일이고, 세상에서 가장 확실히 해결된 문제이므로, 우리는 그것을 전혀 의심할 수 없고, 우리는 '신의 의식'[39]을 가지고 있고, 우리의 이성은 초현세적인 사물들을 직접 인식하기 위한 기관이고, 그러한 사물들에 대한 가르침은 이성에 의해 직접 **인지되기**(vernehmen) 때문이라는 것이다. 이성이 'Vernunft'로 불리는 것은 바로 'vernehmen 듣다, 들어서 알다, 인지하다'에서 왔기 때문이라는 것이다!(나는 여기서 내 논문 「충분근거율의 네 겹의 뿌리에 대하여」 제2판 34장, 『윤리학의 두 가지 근본 문제들』, 마지막으로 『의지와 표상으로서의 세계』 I의 부록에 수록된 「칸트 철학 비판」도 참조할 것을 간곡히 부탁한다).

그러나 다른 사람들에 따르면 이성은 단순한 예감을 제공할 뿐이었다. 반면에 다른 사람들은 심지어 지적 직관을 지니고 있었다! 하지만 또다른 사람들은 절대적인 사유, 즉 사람들이 사물들을 둘러볼 필요 없이 신적인 전지함으로 그들이 최종적으로 어떻게 존재하는

---

39   최근에 우리는 이와 관련하여 이러한 신의 의식의 **발생**(Genesis)에 대한 주목할 만한 비유적인 묘사, 즉 동판화를 얻었다. 그것은 세 살배기 아이에게 두 손을 포갠 채 무릎을 꿇고 침대에서 기도하는 것을 훈련시키는 어머니의 모습을 보여준다—이것은 신의 의식의 발생을 형성하는 빈번히 일어나는 사례이다. 아주 어린 나이에 첫 번째 성장 단계에 있는 뇌가 이런 식으로 만들어진 후, 신의 의식이 마치 실제로 타고난 것처럼 그 아이에게 확고히 뿌리박게 되는 것은 의심할 여지가 없기 때문이다.—원주.

지 결정짓는 사유를 생각해냈다. 이것은 논란의 여지 없이 모든 고 안물 중에서 가장 편리하다. 하지만 그들 모두는 '절대자'라는 단어 에 의지했다. 간단히 말해서 다름 아닌 우주론적 증거인 그 절대자가 오히려 너무 심하게 수축함으로써, 미시적으로 된 그 증거는 시야에 서 벗어나게 되고, 그리고 이제 눈에 띄지 않고 슬쩍 빠져나가 자명 한 어떤 것으로 받아들여진다. 우주론적 증명은 칸트의 엄격한 검토 (examen rigorosum)를 거친 이래로 더 이상 진정한 형태로 볼 수 없기 때문이다. 나는 이 문제를 내 논문 「충분 근거율의 네 겹의 뿌리에 대 하여」 제2판과 「칸트 철학 비판」 제2판에서도 좀 더 자세히 설명했 다. 나는 약 50년 전에 **절대자**라는 이러한 독점적인 이름으로 폭발했 다가 금지된 우주론적 증거를 익명으로(incognito) 밀수입하는 속임 수를 맨 처음 사용한 사람이 누구였는지 더 이상 밝힐 수 없다. 그러 나 그 트릭은 대중의 능력에 전적으로 적합했다. 왜냐하면 오늘날까 지 '절대자'는 액면 그대로 통용되기 때문이다. 요컨대 철학 교수들 에게는 이성 비판과 그 증거에도 불구하고 신의 현존과 세상과 신의 관계에 대한 믿을 만한 소식이 결코 부족하지 않았다. 그러한 소식 을 상세하게 전달하는 것이 철학함의 진정한 본질이라고 그들은 말 한다. 그러나 사람들이 "너희는 치르는 대로 받는다"[40]라고 말하듯, 그들의 경우 자명한 이러한 신 또한 바로 그런 존재이다. 신에게는 손도 발도 없다. 그러므로 철학 교수들은 신을 산 뒤에 두거나, 오히

---

40   동전을 내면 동전 제품을 받는다(kupfernes Geld, kupferne Ware).

려 굉굉 울리는 단어 구조물 뒤에 두어서, 우리가 신의 끝자락을 거의 알아차리지 못하게 한다. 만일 우리가 신이라는 단어를 어떻게 생각해야 하는지 그들에게 분명하게 설명하도록 강요할 수만 있다면, 우리는 신이 자명한 존재인지 알 수 있을 것이다. 능산적 자연(natura naturans)(그들의 신은 종종 능산적 자연 속으로 넘어갈 위험이 있다)이라는 말조차 자명한 것이 아니다. 우리는 레우키포스, 데모크리토스, 에피쿠로스, 루크레티우스가 그것 없이 세계를 구성하는 것을 보았기 때문이다. 하지만 이 남자들은 숱한 오류에도 불구하고 여전히 많은 수의 풍향계 이상의 가치가 있었는데, 이들의 생업 철학(Erwerbs-Philosophie)은 바람에 따라 바뀐다. 그러나 능산적 자연이 신이 되려면 아직 오랜 시일이 걸릴지도 모른다. 오히려 그 개념에는 소산적 자연(natura naturata)의 너무나 무상한, 쉴 없이 변화하는 현상들 배후에 불멸의 지칠 줄 모르는 힘이 숨겨져 있어야 한다는 통찰이 담겨 있다. 그 힘에 의해 현상들은 항시 스스로를 새롭게 하지만, 이 힘 자체는 현상들의 소멸에 아무 영향을 받지 않을 것이다.

소산적 자연이 물리학의 주제이듯, 능산적 자연은 형이상학의 주제이다. 결국 후자는 우리 자신도 자연에 속하며, 따라서 능산적 자연뿐만 아니라 소산적 자연의 가장 가깝고 분명한 표본은 물론이고, 심지어 **내부로부터** 접근 가능한 표본도 우리 안에 지니고 있음을 우리에게 깨닫게 해줄 것이다. 우리 자신에 대한 진지하고 세심한 성찰은 **의지**를 우리 존재의 핵심으로 인식할 수 있도록 해주므로, 그 점에서 우리는 능산적 자연에 대한 직접적인 계시를 갖게 된다. 그런

연후에 우리는 우리에게 단지 일면적으로만 알려진 다른 모든 존재에게 그 능산적 자연을 넘겨줄 권한을 갖는다. 그래서 우리는 능산적 자연 또는 사물 자체가 우리 마음속의 의지라는, 그러나 소산적 자연 또는 현상은 우리 머릿속의 표상이라는 위대한 진리에 도달한다. 그렇지만 이 결과와는 별개로 능산적 자연과 소산적 자연의 단순한 구별은 유신론과는 거리가 멀고, 범신론도 아니라는 것은 명백하다. 범신론이 되려면(범신론이 단순한 상투어가 아니라고 한다면) 세계에 귀속되지 않는 특정한 도덕적 성질, 예컨대 자비, 지혜, 행복감 등이 첨가되어야 하기 때문이다. 게다가 범신론은 스스로를 지양하는 개념이다. 신이라는 개념이 신과는 다른 세계를 본질적인 상관관계로 전제하기 때문이다. 반면에 세계가 신의 역할을 떠맡아야 한다면, 신이 없는 절대적인 세계가 남아 있게 된다. 그러므로 범신론은 무신론의 완곡한 표현에 지나지 않는다. 그러나 이러한 범신론이라는 표현은 유신론이 자명한 것이라고 미리 가정함으로써 그 자체로 철학적 궤변을 내포하고 있다. 그럼으로써 범신론은 "주장을 내세우는 자에게 증명 책임이 있다"[41]라는 사실을 교묘하게 회피하고 있다. 반면에 이른바 무신론은 우선 점유권을 가지고 있으며, 먼저 유신론에 의해 들판에서 쫓겨나야 한다. 나는 여기서 인간이 할례를 받지 않고 세상에 나온다는 것을, 따라서 유대인으로 세상에 나오는 것은 아니라는 것

---

[41] affirmanti incumbit probatio(dem, der eine Behauptung aufstellt, obliegt der Beweis. he who alleges something must prove that allegation).

을 감히 언급한다.

하지만 세계와는 다른 어떤 원인에 대한 가정조차 아직 유신론이 아니다. 이 유신론은 세계와는 다른 원인뿐만 아니라, 지적인, 즉 인식하고 의욕하는, 그러므로 인격을 지닌, 따라서 또한 개별적인 세계 원인을 요구한다. 그러한 원인만이 신이라는 말을 지칭하는 용어다. 비인격적인 신은 결코 신이 아니라 단순히 잘못 사용된 단어, 개념 없는 단어, 형용어의 모순, 철학 교수들을 위한 암호[42]일 뿐이다. 그들은 그 문제를 포기해야 했던 후에 그 단어를 피하려고 애쓴다. 하지만 다른 한편 개성, 즉 먼저 **인식하고** 그다음에 인식된 것에 따라 **의욕하는** 자의식을 지닌 인격은 우리의 작은 행성에 존재하는 동물적 본성으로부터만 우리에게 알려진, 이 동물적 본성과 내적으로 너무나 밀접하게 결부된 현상(Phänomen)이다. 그래서 우리는 이 본성과는 별개이며 독립적이라고 생각할 권한이 없을 뿐더러 그럴 능력조차 없다. 하지만 그런 종류의 존재를 자연 자체의 기원으로, 즉 모든 현존재의 기원으로 가정하는 것은 우리를 놀라게 할 엄청나고 무척 대담한 생각이다. 만약 우리가 그 생각을 처음 들었다면, 그리고 그 생각이 매우 이른 각인과 끊임없는 반복을 통해, 친숙한, 그러니까 제2의 본성이 되지 않았더라면 말이다. 나는 제2의 본성을 거의 고정 관념이라고 말하고 싶다. 따라서 말이 나온 김에 말하자면 **카스파 하우저**[43]의 주장의 진짜 여부가, 그에게 제시된 소위 자연신학

---

42   Schibboleth. 사사기 12: 5~6 참조.

이 사람들의 기대만큼 그에게 유달리 명백해지지 않았던 것과 마찬가지다. 내게는 아무것도 증명되지 않았다는 사실을 덧붙이고 싶다. 게다가 ('스탠호프 백작[44]이 교사 마이어에게 보낸 편지'에 따르면) 카스파 하우저는 태양에 특이한 경외심을 보였다.

그러므로 철학에서 이 신학적인 기본 사상은 자명하며, 이성은 그 사상을 즉시 파악하고 진실로 인식하는 능력일 뿐이라고 가르치는 것은 후안무치한 평계이다. 철학에서 그러한 생각은 전적으로 타당한 증거 없이 가정되어서는 안 될 뿐만 아니라 심지어 종교에서도 결코 본질적이지 않다. 이러한 사실은 현재 3억 7천만 명에 달하는, 세계에서 가장 많은 추종자를 거느리고 있는 태곳적 종교, 지극히 도덕적이고, 즉 금욕적이며, 심지어 또한 가장 많은 수의 승려들을 부양하는 불교에서 증명되고 있다. 불교는 그러한 사상을 결코 용납하지 않고, 오히려 불교는 그 사상을 명시적으로 몹시 싫어하며, 우리의 표현에 따르면 단연코 무신론적이다.[45]

---

43 카스파 하우저(Caspar Hauser, 1812?~1833): 어린 시절 외부 세계에 접근할 수 없는 어두운 감방에서 자랐다고 주장하는 야생아동의 원형으로서, 그는 지금도 매혹의 대상이 되고 있다. 1829년에 복면 괴한의 습격으로 머리에 도끼를 맞았지만 이마에 경상을 입는 데 그쳤다. 그리고 1833년 12월 14일, 부모가 누군지 알려주겠다는 사람의 편지를 받고 외출했다가 칼에 찔리는 습격을 당한다. 부상당한 채 간신히 살아 돌아온 하우저는 '내 잘못이 아니다'라는 말을 남기고 혼수상태에 빠졌으며, 결국 사흘 후 사망했다. 쇼펜하우어는 이 에세이의 마지막 부분에서 자신을 카스파 하우저에 비유한다.

44 스탠호프(Stanhope) 백작은 카스파 하우저를 입양한 사람이다.

45 "아바에 있는 불교 신자들의 최고 사제인 자라도부라(Zaradobura)는 가톨릭 주교에게 바친 그의 종교에 관한 논문에서, 세상과 세상의 만물을 창조하고 그것만으로도 숭배될 가치가 있는 하나의 존재가 있다는 교리를 6개의 저주받을 이단의 하나로 꼽고 있다"(프란

앞의 설명에 따르면 신인 동형론(Anthropomorphismus)은 유신론에 절대적으로 본질적인 성질이다. 더구나 그것의 본질은 가령 단순히 인간의 형태, 심지어 단지 인간의 정동과 열정에만 있는 것이 아니라, 근본 현상 자체에, 즉 지도를 위해 지성을 갖춘 의지라는 근본 현상에 있다. 그 현상은 앞서 언급했듯이 단순히 동물적 본성으로부터, 인간 본성으로부터 우리에게 가장 완벽하게 알려져 있으며, 단지 인격으로, 합리적인 인격일 경우 개성으로 불리는 인격으로 생각될 수 있다. 이는 "하느님이 살아계시듯이So wahr Gott lebt"라는 표

시스 부하난(Francis Buchanan), 「버마의 종교에 대하여」, 아시아 연구, 제6권, 268쪽). 또한 같은 모음집 제15권 148쪽에서 불교도들이, 원초적 존재가 전체 자연에 스며들어 있고, 따라서 그들의 머릿속에도 있다는 것을 근거로 내세우면서 어떠한 신성한 형상 앞에서도 고개를 숙이지 않는다는 것을 여기서 인용할 만하다. 또한 박식한 동양학자이자 페터스부르크의 학자였던 이삭 야콥 슈미트가 1824년 그의 저서『중앙아시아 근세 교양사 분야의 연구 Forschungen im Gebiete der älteren Bildungsgeschichte Mittelasiens』(페터스부르크 1824, 268쪽)에서 말하는 것도 이와 마찬가지이다. "불교 체계는 모든 시대 전에 존재한, 보이고 보이지 않는 모든 것을 만들어낸, 영원한, 창조되지 않은, 하나의 신적인 존재를 알지 못한다. 이 생각은 신적인 존재에 완전히 이질적인 것이고, 불교 서적들에서 그 흔적을 조금도 찾아볼 수 없다. 마찬가지로 창조는 없다." 등등.
그런데 칸트와 진리에 의해 압박받는 철학 교수들의 '신의 의식'은 어디에 있는가? 또한 그 신의 의식이 전 인류의 약 5분의 2에 달하는 중국인들의 언어에 **신**과 **창조**에 대한 표현이 없다는 사실과 어떻게 합일할 수 있을까? 그 때문에 모세 오경의 첫 구절을 중국어로 번역할 수 없어서 선교사들이 크게 당황하게 되었다. 조지 스턴튼 경(Sir George Staunton)이 자신의 책『성서를 중국어로 번역함에 있어서 **하느님**이라는 단어를 번역하는 적절한 방식에 관한 연구An Inquiry into the Proper Mode of Rendering the Word God in Translating the Sacred Scriptures into the Chinese Language』(런던 1848)로 그들에게 도움을 주려 했지만 말이다. 1848년 런던.─원주(여기서 쇼펜하우어는 이 책의 저자에 대해 잘못 알고 있다. 동양학자 조지 스턴튼(1781~1859)이 아니라 중국에 파견된 영국 선교사 월터 헨리 메드허스트(Walter Henry Medhurst, 1796~1857)이다. 이 책은 상하이에서 출판되었다. 런던 선교 협회 출판부, 1848).

현으로도 입증된다. 하느님은 살아 있는 존재, 즉 인식으로 의욕하는 존재이기 때문이다. 심지어 바로 그 때문에 천국은 하느님이 보좌에 앉아 다스리는 곳에 속한다. 바로 이러한 이유로, 여호수아서(10장 12~14절)[46]에 나오는 표현 때문에 그러는 것보다 훨씬 이상으로 교회는 코페르니쿠스적 우주 체계에 대해 즉각 격렬하게 분노했다. 그에 따라 우리는 100년 후 조르다노 브루노를 그 체계의 옹호자이면서 동시에 범신론의 옹호자로 발견하게 된다. 유신론을 신인 동형론으로부터 순화하려는 시도는, 그들이 껍데기만 건드린다고 상상하는 동안, 실제로는 바로 그것의 가장 깊은 본질에 타격을 가한다. 그들은 대상을 추상적으로 파악하려고 노력함으로써, 그것을 흐릿한 안개 형태로 승화시키고, 그 윤곽은 인간의 형태를 피하려는 노력에 의해 점차 완전히 녹아내리게 된다. 더욱이 우리는 이러한 시도를 하는 것이 특징인 합리주의적 신학자들을 "신은 자신의 형상대로 인간을 창조했다. 즉 신의 형상대로 그분은 인간을 창조했다"[47]라고 말하는 성서에 모순되는 주장을 한다고 비난할 수 있다. 그러므로 철학 교수들

---

46   여호수아 10장 12절. "12 여호와께서 아모리 사람을 이스라엘 자손에게 붙이시던 날에 여호수아가 여호와께 고하되 이스라엘 목전에서 가로되 태양아 너는 기브온 위에 머무르라 달아 너도 아얄론 골짜기에 그리할지어다 하매 13 태양이 머물고 달이 그치기를 백성이 그 대적에게 원수를 갚도록 하였느니라 야살의 책에 태양이 중천에 머물러서 거의 종일토록 속히 내려가지 아니하였다고 하지 아니하였느냐 14 여호와께서 사람의 목소리를 들으신 이 같은 날은 전에도 없었고 후에도 없었나니 이는 여호와께서 이스라엘을 위하여 싸우셨음이니라."

47   창세기 1장 27절: "하나님이 자기 형상 곧 하나님의 형상대로 사람을 창조하시되 남자와 여자를 창조하시고"

의 전문용어를 제거하도록 하자! 하느님 외에 다른 신은 없고, 구약
성서는 하느님의 계시이며, 특히 여호수아서에 그런 내용이 있다.[48]

어떤 의미에서 우리는 **칸트**와 함께 유신론을 실천적 요청
(Postulat)이라고 부를 수 있을지도 모르지만, 그가 의미하는 것과는
상당히 다른 의미에서 그러하다. 말하자면 유신론은 사실 **인식**의 산
물이 아니라 **의지**의 산물이기 때문이다. 만약 유신론이 원래 **이론적
인 것**이라면, 어떻게 그것의 모든 증명이 그토록 근거가 희박할 수
있단 말인가? 하지만 유신론은 다음과 같이 의지에서 비롯된다. 인
간으로 하여금 두려워하고 희망을 품게 **하는** 사물들이 그의 통제 하
에 있지 않아, 즉 그러한 것들을 야기하는 인과 사슬의 연관성이 단
지 짧은 시간 동안만 그의 인식에 의해 추적될 수 있는 반면, 인간의
가슴(의지)을 때로는 심하게 불안하게 하고, 때로는 격렬하게 움직여
서 지속적으로 두려움과 희망의 상태로 유지하는 영속적인 고통 —
이러한 고통, 이 끊임없는 두려움과 희망은 모든 것이 의존하는 인격
적인 존재들을 가정하게 만든다. 그런데 그러한 존재들은 다른 사람
들과 마찬가지로 부탁과 아부, 봉사와 공물에 넘어가기 쉽다고 전제
할 수 있으며, 따라서 엄격한 필연성, 무자비하고 무정한 자연력, 그
리고 세상만사의 어두운 힘들보다 더 다루기 쉽다. 처음에는 자연스
러운 일이듯 또 고대인들이 매우 적절히 관찰한 것처럼, 일의 다양성

---

48 철학자와 신학자 들이 원래 여호와였던 하느님을 한 겹씩 벗겨내어, 결국 말씀만 남게
되었다. — 원주.

에 따라 여러 신들이 존재했다면, 나중에는 이 신들은 인식에 일관성과 질서, 그리고 통일성을 부여하려는 필요성을 통해 **하나**의 신에 종속되거나 또는 심지어 **하나**의 신으로 축소되었다―그런데 언젠가 괴테가 내게 말한 바와 같이, 그 신은 그다지 극적이지 않다. **한** 인물(Person)로는 아무것도 시작할 수 없기 때문이다. 그렇지만 본질적인 것은 빈번하고 비참한 큰 고통 속에서, 그리고 또한 영원한 구원과 관련해서 무릎을 꿇고 도움을 간청하는 두려움에 빠진 인간의 충동이다. 인간은 자신의 공적보다 오히려 낯선 은총을 더 신뢰한다. 그 것은 유신론의 주요 기둥 중 하나이다. 그러므로 인간의 가슴(의지)이 기도의 안도감과 희망의 위안을 얻도록 지성은 인간을 위해 신을 창조하지 않을 수 없다. 하지만 이와는 반대로 인간의 지성이 신을 논리적으로 올바르게 추론했기 때문에 인간이 기도한다는 것은 아니다. 인간이 고통, 소망과 욕구가 없이 단지 의지가 없는 지적인 존재가 되게 하라. 그러면 인간은 신을 필요로 하지 않으므로 신을 만들지 않는다. 가슴, 즉 의지는 극심한 곤경 속에서 전능하고 초자연적인 도움을 요청해야 할 필요가 있다. 그러므로 신에게 기도를 드려야 하기 때문에 신이 실체를 가진 존재가 되는 것이지 그 반대가 아니다. 따라서 여러 민족 신학의 이론적인 부분에서 신들의 수와 속성이 무척 상이한 것은 그 때문이다. 하지만 우리가 그 신들을 섬기고 숭배한다면 그들은 도울 수 있고 도움을 준다―이것이 신들 모두의 공통점이다. 그것이 중요한 점이기 때문이다. 하지만 동시에 이것은 우리가 모든 신학의 기원을 인식하게 해주는 모반母斑(Muttermal)

이기도 하다. 다시 말해 신학은 흔히 주장되는 것처럼, 머리나 인식이 아니라 가슴으로부터, **의지**로부터 생겨났다. 콘스탄티누스 대제나 심지어 프랑크 왕 클로도위그(Chlodowig)가 그들의 종교를 바꾼 진짜 이유는 전쟁에서 새로운 신으로부터 더 나은 지원을 기대해서였다는 사실이 그 말에 상응한다. 장조보다 단조를 더 좋아하며, 신들 대신 단순히 악령만을 가지고 있는 몇몇 민족이 있다. 그 민족들은 제물과 기도를 통해 악령들이 해를 끼치지 않기를 간청한다. 결과에 있어서 주된 사항은 큰 차이가 없다. 브라만교와 불교가 도입되기 전에 인도 반도와 스리랑카의 토착민들 또한 그와 같은 민족이었던 것으로 보인다. 그들의 후손들은 일부 야만인들과 마찬가지로 부분적으로 여전히 그러한 카코데몬(kakodaimonologisch) 종교[49]를 가지고 있다고 전해진다. 싱할라 불교[50]와 혼합된 카푸이즘[51]이 그것에서 유래한다. 마찬가지로 **레이야드**(Layard)[52]가 방문한 메소포타미아의 악마 숭배자들이 여기에 속한다.

앞에서 설명한, 모든 유신론의 진정한 기원과 밀접한 관련이 있으며, 마찬가지로 인간 본성에서 기원한 것은 신들의 호의를 얻기 위해, 또는 신들이 이미 그러한 호의를 보였다면, 호의의 지속을 확실

---

49 악령을 믿는 종교.

50 12세기에 번창한 스리랑카의 불교.

51 카푸(kappu)는 스리랑카의 무속인과 마법사 계급(Kaste)이다—원주.

52 레이야드(Austen Henry Layard)는 니네베와 그 유적, 쿠르디스탄의 칼데아 그리스도교인들과 악마 숭배자들을 방문했다고 한다.

히 하기 또는 그들에게서 악을 사들이기 위해 신들에게 **제물**을 바치고자 하는 충동이다(산초니아톤[53]의 『단편斷片』, 오렐리판, 라이프치히 1826, 42쪽 참조). 이것은 모든 제물의 의미이며, 바로 그로 인해 모든 신의 현존의 기원이고 버팀목이다. 그래서 신들은 진정으로 희생 제물을 먹고 산다고 말할 수 있다. 왜냐하면 초자연적인 존재들의 도움을 불러오고 얻고 싶은 충동은, 비록 고통과 지적 제한성의 자식이긴 하지만, 인간에게 자연스럽고, 그것의 충족이 필요하므로 인간은 신들을 창조하기 때문이다. 따라서 모든 시대에 걸쳐 매우 다양한 민족들 사이에서 제물의 보편성이 존재하고, 상황과 교육 수준의 더없이 큰 차이에도 불구하고 그 문제의 동일성이 존재한다. 예를 들어 헤로도토스(『역사』 4, 152)는 사모스에서 온 배가 타르테수스(Tartessos)에서 화물을 아주 잘 팔아서 전례 없이 큰 이득을 보았다고 이야기한다. 그 후 이 사모스 섬 사람(Samier)들은 이 액수의 10분의 1에 해당하는 6탈렌트[54]를 매우 정교하고 커다란 청동 꽃병을 만드는 데 활용하여 헤라의 신전에서 그것을 그녀에게 선물했다. 그리고 오늘날 우리는 난쟁이의 모습으로 쪼그라든, 유목 생활을 하는 라플란드 사람(Rentierlappen)이 자신의 저축한 돈을 바위틈과 협곡의 여러 은밀

---

53 페니키아 역사가인 산초니아톤(Sanchoniathon)은 그리스도가 오기 전인 BC 2~3세기에 살았던 것으로 전해진다. 페니키아의 문학은 그리스의 사상과 에너지를 발전시키기 전에 소멸되었고, 회복 불가능한 것으로 간주되었다. 산초니아톤은 포르피리오스가 모세의 기록을 공격했을 때 인용한 것이며, 필로 비블리우스는 산코니아톤의 것으로 추정되는 단편들을 그리스어로 번역하여 진위를 보증했다.

54 고대 그리스·로마의 중량 및 화폐 단위.

한 곳에 숨기는 것을 이 그리스인들의 대응물로 본다. 그는 임종의 순간에 상속인을 제외하고는 누구에게도 그 장소를 알려주지 않는다―그는 이 상속인에게도 한 장소는 숨긴다. 그곳에 있는 돈을 그는 그곳의 정령인 자기 구역의 수호신에게 제물로 바쳤기 때문이다(알브레히트 판크리티우스, 『신기루(*Hägringar*), 1850년의 스웨덴, 라플란드, 노르웨이, 덴마크 여행』, 쾨니히스베르크, 1852, 162쪽 참조).

그러므로 신에 대한 믿음은 이기심에 뿌리를 두고 있다. 그리스도교에서만 진정한 의미에서의 제물이 사라졌다. 비록 희생 제물이 죽은 자들을 위한 미사 그리고 수도원과 교회, 예배당의 건물 형태로 아직 존재하고 있지만 말이다. 하지만 그것 말고도, 특히 개신교에서 공평무사한 사람에게는 그다지 적합하지 않아 보이는 경우에조차 최상급으로 행해지는 찬양, 영광, 감사 등이 제물의 대용품 역할을 한다. 게다가 이것은 국가 역시 공로에 대해 항상 선물을 주는 것이 아니라 경의를 표하는 것으로 보상하여, 그로써 국가의 지속적인 발전을 유지하는 것과 유사하다. 이와 관련하여 위대한 **데이비드 흄**이 그에 대해 한 말을 기억에 떠올릴 만하다. "따라서 이 신이 그들의 특별한 후원자로 여겨지든, 하늘의 보편적인 지배자로 여겨지든, 그의 추종자들은 온갖 수단을 다해 그의 호의를 암시하려고 애쓸 것이다. 그리고 신이 그들 자신처럼 찬양과 아부를 기뻐할 것이라고 전제하고 그들은 신에 대한 찬양하는 말이나 과장하는 말 따위를 아끼지 않을 것이다. 인간의 두려움이나 곤경이 더 절실해짐에 따라, 그들은 늘 새로운 종류의 아부의 말을 만들어낸다. 그리고 심지어 그의 신성의 예찬을 부풀리는 데 있어서 전임자를 능가하는 그 누구도 더 새롭고 더 과장된 칭찬의 술어로 그의 후임자에 의해 추월당할 것이다. 따라서 그들은 계속 전진하여, 마침내 그 이상 나아가는 것이 더는 불가능한 무한대에까지 도달한다."(『몇 가지 주제에 관한 에세이와 논문 *Essays and Treatises on Several Subjects*』, 런던 1777년, 2권, 429쪽). 더욱이 거기에는 이런 말이 나온다. "비속한 사람들의 원래 생각(Vorstellung)은 신성을 제한된 존재로 간주하고, 그것을 단지 건강이나 질병, 과잉이나 결핍, 행운이나 불운의 특별한 원인으로만 간주하지만, 더 고상한 생각(Idee)이 그들에게 알려지면, 그들은 **동의의 거부를 위험하다**고 간주한다. 여러분은 여러분의 신이 유한하고, 그의 완전성이 제한되어 있다고, 더 큰 힘에 의해 극복될 수 있다고 말하려는 건가? 인간적인 열정과 고통, 약함에 사로잡힐 수도 있고, 시작과 끝이 있다고 말하려는 건가? 그들은 이것을 감히 긍정하지 못하고, **더 고상한 찬가를 따르는 것이 가장 안전하다고 생각하여, 가장된 환희와 꾸민 황홀**로 신의 환심을 사려고 노력한다. 이에 대한 확인으로서 우리는 이 경우 비속한 사람들의 동의가 단지 언어에 의한 것일 뿐이며, 신에게 귀속되는 것처럼 보이는 저 숭고한 성질들을 그들이 이해할 능력이 없다는 것을 관찰할 수 있다. 그들의 거만한 말에도 불구하고 신에 대한 그들의 진짜 생각은 늘 그렇듯이 여전히 빈약하고 보잘것없다."(위의 책, 432쪽).

모든 사변신학에 대한 자신의 비판의 불유쾌한 성격을 완화하기 위해, **칸트**는 도덕 신학을 추가했을 뿐만 아니라, 비록 신의 현존이 증명되지 않은 채로 남아 있어야 한다고 해도, 마찬가지로 그 반대를 증명하는 것 역시 불가능하다는 확신도 추가했다. 많은 사람은 그가 위장된 단순함으로 "증명 책임은 청구인에게 있다apeminant incumbit probabio"[55]라는 사실을 무시한 것을, 또한 증명할 수 없는 비존재의 수가 무한히 많다는 것을 눈치채지 못했기 때문에 안심했다. 물론 그는, 가령 사람들이 더 이상 단순히 방어적인 태도를 취하지 않고 일단 공세적으로 나아가려고 할 때, 간접 증명에 따른[56]반대 증거(Gegenbeweis)로 이용될 수 있는 논거를 증명하지 않도록 더욱 조심했다. 이러한 것으로는 가령 다음과 같은 방식이 있을 수 있다.

1. 무엇보다도 생명체가 서로를 잡아먹는 것으로 인해 존재하는 세상의 슬픈 속성, 이것에서 비롯된 살아 있는 모든 존재의 고난과 두려움, 악의 양과 엄청난 크기, 종종 끔찍할 정도로 증가하는 고통의 다양성과 불가피성, 삶 자체의 부담과 쓰라린 죽음을 향한 돌진은 솔직히 무한한 자비, 지혜, 힘이 세상에 함께 작용하는 것으로 여겨지는 사실과 조화를 이루지 못한다. 이에 대해 격렬한 항의를 제기하는 것은 적절한 근거를 가지고 이 문제와 대면하기 어려운 것만큼 쉽다.

2. 사고하는 모든 인간에게 관련되어 있을 뿐 아니라 모든 종교의 신봉자들이 대체로 마음에 두고 있고, 따라서 종교들의 힘과 존립이

---

55   유스티니우스의 『로마법 대전*Corpus iuris civilis*』에 "증거의 책임은 부인하는 사람이 아니라 확언하는 사람에게 있다"라고 되어 있다.

56   apagogisch. 반대되는 것의 부정확성이나 불가능성을 입증하는 증명을 말함.

의존하는 두 가지 점이 있다. 첫째는 우리의 행동(Handeln)의 초험적인 도덕적 중요성이고, 둘째로는 죽은 후 우리의 존속이다. 만약 어떤 종교가 이 두 가지를 잘 배려했다면 다른 모든 것은 부차적이다. 따라서 나는 여기서 유신론은 첫 번째 점과 관련해서, 그리고 두 번째 점과 관련해서는 다음 숫자에 근거하여 검토할 것이다.

그러므로 유신론은 우리의 행동의 도덕성, 다시 말해 과거에 관한 것과 미래에 관한 것, 즉 우리의 행동의 근거와 그리고 결과와 관련해서 이중의 연관성이 있다. 먼저 후자인 미래에 관해 말하자면, 유신론은 사실 도덕에 버팀목을 제공하지만, 가장 조야한 종류의 버팀목을 제공한다. 그럼으로써 행동의 진실하고 순수한 도덕성은 기본적으로 폐지된다. 그로 인해 모든 비이기적인 행위는 우리가 지불의 대가로 받는 매우 장기적인, 그러나 안전한 어음에 의해 즉시 이기적인 행위로 변하기 때문이다. 다시 말해 태초에 창조주였던 신이 결국 복수자이자 보상자로 나타나기 때문이다. 그러한 신에 대한 고려는 물론 유덕한 행위를 불러일으킬 수 있다. 그러나 처벌에 대한 두려움이나 보상에 대한 희망이 그것의 동기이기 때문에 이러한 행위는 순수하게 도덕적이지 않을 것이다. 오히려 그러한 덕의 내적 본질은 현명한, 신중히 생각한 이기심[57]에 해당할 것이다. 궁극적으로는 이 경우 증명할 수 없는 것에 대한 믿음의 확고함이 중요하다. 만약 확고한 믿음이 존재한다면, 우리는 물론 영원한 기쁨을 위해 짧은 기간의 고통을 받아들이는 것을 주저하지 않을 것이며, 도덕의 실제적인 지도 원칙은 '기다릴 수 있는 것'이 될 것이다. 그러나 이 세상에서든 미래의 세상에서든, 자신의 행위에 대한 보상을 추구하는 자는 모두 이기주의자다. 만약 그가 자신이 희망한 보상을 놓쳤다면, 이것이 이 세상을 지배하는 우연을 통해서 일어나든, 그를 위해 미래 세계를 건설한 망상의 공허함을 통해서 일어나든, 그것은 매한가지다. 이 때문에 **칸트**의 도덕 신학도 엄밀히 말하자면 도덕성의 기반을 훼손한다.

반면에 과거와 관련하여 유신론은 또한 자유와 책임 능력을 폐지하기 때문에 도덕과 충돌한다. 현존(Dasein, existentia)과 본질(Wesen, essentia)에 관련하여 다른 사람의 업적(Werk)으로 생겨난 존재(Wesen)에 대해서는 죄도 공적도 생각할 수 없기 때문이다. 이미 **보브나르그**는 매우 정확히 말한다. "모든 것을 받은 존재는 자신에게 주어진 것에 상응하게만 행동할 수 있고, 무한한 힘을 지닌 신적인 전능함은 그 존재에게 독립을 부여할 수 없다."(『자유에 관한 담론 *Discours sur la liberté*』. 전집, 파리 1823, 2권, 331쪽 참조). 생각할 수 있는 다른 모든 어떤 존재와 마찬가지로, 그 존재는 **자신의 속성에 따라서**만 활동할 수 있고, 이를 통해 그 속성을 알릴 수 있기 때문이다. 그러나 그 존재는 부여받은 속성에 따라 여기서 창조된다. 만약 그 존재가 나쁘게 행동한다면 그것이 나쁘기 때문에 일어나는 결과이다. 그렇다면 그 죄는 그의 죄가 아니라 그것을 만든 자의 죄다. 그 존재

---

57 "프랑스식이든 영국식이든
　　이탈리아식이든 독일식이든
　　무엇을 추구하든 간에
　　다들 이기심이 명하는 것만 원한다."
　　　　　　　　―괴테의『서동 시집』

의 현존과 속성의 저작자, 거기에다가 또한 그가 처한 상황의 저작자가 그의 활동과 행동의 저작자가 되는 것은 불가피한 일이다. 그것들은 이 모든 것에 의해 삼각형이 두 개의 각과 하나의 선으로 이루어진 것처럼 확실히 결정된다. 성 아우구스티누스, 흄과 칸트는 이 논증의 정확성을 분명히 인식하고 인정한 반면, 다른 사람들은 약삭빠르고 비겁한 방식으로 이를 무시했다. 나는 이런 사실에 대해 나의 현상 논문 「의지의 자유에 대하여」 67쪽 이하에서 상세하게 보고했다.

바로 이 끔찍하고 치명적인 어려움을 피하기 위해, 사람들은 의지의 자유, 완전히 터무니없는 가설(Fiktion)을 포함한, 사고하는 모든 사람에 의해 항상 논박된, 이미 오래전에 거부당한 무관심의 자유(liberum arbitrium indifferentiae)를 생각해냈다. 아마도 그 무관심의 자유가 그 어디서도 방금 언급한 수상 논문에서만큼 체계적이고 철저히 논박되지 않았을 것이다. 어중이떠중이들이 의지의 자유를 계속 끌고 다니도록 하라. 심지어 문학적인, 또한 철학하는 어중이떠중이들까지도 말이다. 그것이 우리에게 무슨 상관이란 말인가? 주어진 존재가 **자유롭다**는 주장은, 즉 주어진 상황에서 자유롭게 또한 다르게도 행동할 수 있다는 것은, 그 존재가 모든 본질(essentia) 없이 실존(existentia)을 소유한다는 것을 말하며, 이는 그것이 **무엇인가**로 있지 않음에도 단순히 **존재한다**는 것을 의미한다. 그러므로 그것은 **아무것도** 없지만, 그럼에도 존재한다는 말이다. 따라서 그것은 존재하면서도 동시에 존재하지 않는다는 말이다. 그러므로 이는 불합리의 극치이지만, 그럼에도 진실이 아니라 먹잇감을 추구하는 자들, 따라서 그들이 살아가는 목적에, 그들이 살아가기 편리한 이야기에 맞지 않는 것은 아무것도 인정하지 않는 자들에게는 유익하다. 그들의 무능함에 기여하는 것은 반박이 아니라 무시이다. 그런데 '땅을 향해 등을 구부리고 배에 기여하는 가축들'(살루스티우스[58] 『카틸리나[59]』 1장)의 견해에 우리가 어떤 중요성을 부여해야 하겠는가?

존재하는 모든 것은 또한 **어떤 것**이기도 하며, 하나의 본질, 하나의 속성, 하나의 성격을 지니고 있다. 이러한 성격에 따라 그 존재는 개별적인 표현을 유발하는 외부 사건이 일어날 때 활동하고 행동해야 한다(이는 동기에 따라 활동한다는 말이다). 그런데 그 존재는 현존(Dasein), 즉 실존(existentia)을 갖는 곳에 또한 그 무엇, 즉 속성인 본질(essentia)을 갖는다. 두 가지 다 개념적으로 다르지만, 실제로는 분

---

58 가이우스 살루스티우스 크리스푸스(Gaius Sallustius Crispus, BC 86~BC 35): 이탈리아 출신의 호민관, 속주 총독을 역임한 전쟁기 작가. 저서로 『카틸리나 전쟁기』가 있다. 카틸리나 모반의 전반적인 과정을 다룬 살루스티우스의 전쟁기는 키케로의 탄핵 연설과 함께 널리 읽히는 귀중한 기록이다. 살루스티우스는 카틸리나라는 인물이 로마의 전통적인 덕목과 반대되는 특성들을 악용하면서 자신의 탐욕과 야심을 쟁취하기 위하여 막대한 재산을 투입하여 내전을 획책하고 실패하는 과정을 생생하게 그려낸다.

59 루키우스 세르기우스 카틸리나(Lucius Sergius Catilina, BC 108~BC 62): 집정관을 배출한 귀족 가문 출신으로 BC 65년 집정관 선거에 출마했으나 속주민 대표단이 그를 권력 남용으로 원로원에 기소하여 재판에 회부되는 바람에 입후보 자격을 상실했다. 그에 대한 불만으로 음모를 꾀했으나 실패하고(제1차 카틸리나 모반 사건), 그 뒤에도 여러 차례 집정관을 노렸으나 부채 전액 탕감 등 급진적 공약을 두려워한 원로원의 방해로 번번이 실패하자 카틸리나는 부채 탕감을 원하는 지지자들을 규합하여 BC 63년 10월 28일 공화정을 전복하려는 무장봉기를 일으켰는데 이것이 제2차 카틸리나 모반 사건이다. 11월 8일 원로원 회의에서 키케로는 유명한 카틸리나 탄핵을 발표했고, 카이사르는 음모자의 재판권 없는 처형을 반대했으나, 카토와 키케로의 열변으로 결국 처형이 결정되었다.

리될 수 없기 때문이다. 그러나 하나의 본질, 즉 하나의 본성, 성격, 속성을 갖는 것은 항상 이 속성에 따라서만 활동할 수 있고 다른 방식으로는 결코 활동할 수 없다. 단순히 개별적인 행동의 시점 그리고 보다 자세한 형태와 속성은 그때마다 발생하는 동기에 의해 결정된다. 창조자가 인간을 자**유롭게** 창조했다는 것은 본질 없이 실존을 부여했다는 것, 즉 인간이 존재하기를 원하는 **모습**을 그 자신에게 맡김으로써 인간에게 **현존**을 단순히 추상적으로 주었다는 것이 불가능함을 말해준다. 이 점과 관련해 나는 내 논문「도덕의 기초에 대하여」20장을 참조할 것을 부탁한다.

도덕적 자유와 책임 또는 책임 능력은 절대적으로 **자존성**(Aseität)을 전제로 한다. 행동은 필연적으로 항상 성격으로부터, 즉 동기의 영향 아래에 그리고 동기에 따라서 한 존재의 독특하고 변화하지 않는 속성으로부터 비롯된다. 따라서 그 존재는 책임을 지려면, 본래적으로 그리고 자신의 절대적인 힘으로부터 존재해야 한다. 그 존재가 자신의 **행위**(Tat)의 진정한 창시자가 되려면, 그는 자신의 현존과 본질에 따라 스스로 그 자신의 업적과 그 자신의 창시자가 되어야 한다. 또는 내가 두 개의 내 현상 논문에서 표현했듯, 자유는 '행위 operari'에 있을 수 없고, '존재esse'에 있어야 한다. 왜냐하면 자유는 물론 존재하는 것이기 때문이다.

이 모든 것은 선험적으로 증명할 수 있을 뿐만 아니라, 일상적인 경험조차도 각자 이미 완성된 도덕성을 이 세상에 가지고 와서 끝까지 그것에 대해 변함없이 충성을 다한다는 것을 분명히 가르쳐주므로, 그리고 더구나 각자 다른 사람에 대한 신뢰나 불신을 한번 드러난 그 사람의 특징에 따라 영원히 확고히 함으로써, 이 진실은 현실의 실제 생활에서 암묵적이지만 확실히 전제되므로, 사람들은 우연히 1600년 동안 어떻게 그 반대가 이론적으로 주장되고 그에 따라 도덕적 관점에서 모든 인간은 원래 정확히 평등하다는 것이 가르쳐지는지 의아해할 수 있다. 그리고 그들의 행위의 큰 차이는 원래 타고난 기질과 성격의 원래 타고난 차이에서 비롯된 것이 아니고, 마찬가지로 발생하는 상황과 계기에서도 비롯된 것이 아니라, 엄밀히 말하자면 무(nichts)로부터, '자유의지'라는 이름을 얻는 그런 절대 무(Garnichts)로부터 비롯한다. 하지만 이 어처구니없는 학설은 마찬가지로 순수하게 이론적인 다른 가정—그 학설은 그 이론적인 가정과 밀접한 관계가 있다—즉 인간의 탄생은 인간이 무에서 **창조된다**(특별한 경우에만 유효한 생각을 가리키는 표현terminus ad hoc)라는 점에서 그의 현존의 절대적인 시작이라는 가정에 의해 필수적으로 된다. 만약 이 전제하에 삶이 여전히 도덕적 의미와 경향성을 유지한다면, 이것은 그 삶의 과정에서 비로소 생겨나야 하며, 그것도 무에서 비롯되어야 한다. 그렇게 생각된 이 모든 인간이 무에서 생겨난 것처럼 말이다. 선행하는 조건에 대한 모든 관계, 이전의 현존, 또는 시간 외적인 행위는 여기서 최종적으로 배제된다. 비록 도덕적 성격의 헤아릴 수 없고 원래적이며 선천적인 상이성이 그와 같은 것들을 다시 분명히 언급하지만 말이다. 따라서 자유의지의 터무니없는 허구성이 언급된다. 주지하다시피 진실들은 모두 연관관계를 맺고 있다. 그러나 오류는 서로를 필요로 한다―**한 가지** 거짓말이 두 번째 거짓말을 요구하듯, 또는 마주 세운 두 장의 카드가 서로를 떠받치듯이―아무것도 그 두 개를 넘어뜨리지 않는 한.

3. 유신론을 가정할 때 죽은 후의 우리의 존속의 문제는 의지의 자유의 문제보다 훨씬 나은 것이 아니다. 타자에 의해 창조된 것은 그것의 현존의 시작을 가진다. 무한한 시간 동안 전혀 존재하지 않다가, 그 존재가 이제부터 영원히 존속해야 한다는 것은 지극히 대담한 가정이다. 만약 처음 태어날 때 무에서 생겨나 창조되었다면, 내가 죽으면서 다시 무가 될 개연성이 매우 높다. 미래의 무한한 지속과 과거의 무는 서로 어울리지 않는다. 스스로 근원적이고, 영원하고, 창조되지 않는 것만이 파괴될 수 없다(이에 대해서는 아리스토텔레스, 『천체론』, I, 12, 281~283쪽, 그리고 프리스틀리[60], 『물질과 정신에 관하여』, 버밍엄 1782, 1권, 234쪽 참조). 따라서 30년 또는 60년 전에 순수한 무였다가, 그다음에 이것으로부터 다른 사람의 업적(Werk)으로서 생겨났다고 믿는 사람들은 기껏해야 죽음에 처해 절망할 수 있을 뿐이다. 이제 그들은 그렇게 생겨난 현존이, 무한한 시간이 경과한 후에야 비로소 발생한 늦은 시작에도 불구하고, 여전히 끝없이 지속할 거

---

60   프리스틀리(Joseph Priestley, 1733~1804): 영국 출신의 성직자이자 산소를 발견한 과학자. 그는 심적 과정과 운동을 동일시하며 심신의 문제에 대한 유물론적 해결책을 제시했다. 프리스틀리는 물질과 영혼이라는 이원론에 종식을 고하기 위해 두 개의 실체라는 이원론적 관점의 근거가 되는 그런 유형의 견고한 물질이라는 개념이 사라지기를 바랐다. 프리스틀리의 지적 발전과정은 칼뱅주의에서 시작하여 그리스도의 신성을 부정하는 아리안주의를 거쳐 삼위일체를 완전히 부정하는 합리적 유니테리언주의에 도달했다.

라고 가정하는 어려운 과제를 가지기 때문이다. 반면에 자신을 근원적이고 영원한 존재, 모든 현존 자체의 원천으로 인식하고, 자신 이외에 실제로 아무것도 실존하지 않는다는 것을 아는 자, "이 모든 피조물 모두가 나며, 나 이외에 다른 어떤 존재도 없다"라고 말하는 신성한 우파니샤드의 격언으로 자신의 입이나 마음속으로 자신의 개별적인 현존을 끝내는 자가 어떻게 죽음을 두려워한단 말인가? 그러므로 그자만이 일관된 사유를 하면서 차분히 죽을 수 있다. 앞서 말했듯이, **자존성**은 책임 능력의 조건일 뿐만 아니라 불멸성의 조건이기도 하기 때문이다. 따라서 죽음에 대한 경멸과 더없이 완벽한 태연함, 심지어 죽음 앞의 기쁨도 인도에서는 흔히 볼 수 있는 일이다. 반면에 원래 유일하게 순수한 일신교인 유대교, 하늘과 땅의 실제 창조자-신을 가르치는 유대교는 완벽히 일관되게 불멸의 교리를 가지고 있지 않다. 그러므로 죽은 후의 응보應報도 없고, 단순히 일시적 처벌과 보상이 있을 뿐이다. 마찬가지로 이를 통해 유대교는 비록 유리하지는 않더라도 다른 모든 종교와 구별된다. 유대교에서 생겨난 두 종교는 더 나은, 그것들에 다른 식으로 알려진 교리로부터 불멸성을 추가하고, 그러면서 창조자-신을 그대로 유지함으로써 그 점에서 사실상 일관성이 없어져 버렸다.[61]

방금 언급했듯이, 유대교가 유일무이한 순수 일신교, 즉 창조자-신을 만물의 기원으로 가르치는 종교라는 사실은, 모든 민족이 서로 다른 이름이긴 하지만 참된 신을 숭배했다는 것을 항상 주장하고 가르침으로써, 사람들이 이해할 수 없을 정도로 애써 감추려 했던 하

나의 공적이다. 하지만 이 유대교에는 많은 것이 부족할 뿐만 아니라

61   창세기와 역대기의 끝까지의 모든 역사책에서 서술되고 가르쳐지고 있는 본래적인 **유대교**는 모든 종교 중에서 가장 조잡하다. 그것은 불멸의 교리가 전혀 없는 유일한 종교이기 때문이다. 모든 왕과 영웅, 또는 예언자가 죽으면 그의 조상들 곁에 묻히고, 그것으로 모든 것이 끝난다. 죽은 뒤에 어떠한 현존의 아무런 흔적도 없다. 오히려 이런 종류의 모든 생각은 마치 의도적으로 지워진 것처럼 보인다. 예컨대 여호와께서 요시아(Josias) 왕에 대해 긴 칭찬의 말을 한다. 그 말은 다음과 같은 보상의 약속으로 끝난다. "그러므로 내가 네게 너의 조상들에게 돌아가서 평안히 묘실로 들어가게 하리니"(역대하 34, 28). 그러므로 요시아 왕은 네부카드네자르(Nebukadnezar)를 보기 전에 죽을 운명이다. 그러나 그는 단순히 죽어서 더 이상의 고통을 겪지 않는다는 부정적인 보상 대신에, 죽은 후의 또다른 현존과 그에 따른 긍정적인 보상에 대한 생각은 하지 않는다. 반면에 여호와께서 그의 수예품과 놀잇감을 닳게 하고 괴롭힐 때, 그는 그것을 두엄더미 위에 내버리는데, 그것이 그 보상이다. 유대교가 불멸을 알지 못하고, 따라서 사후의 처벌도 알지 못하기 때문에 여호와는, 출애굽기 34장 7절과 민수기 14장 18절에서 볼 수 있듯이, 그의 악행에 대해 그의 자녀와 4대까지 이르는 그의 후손들을 벌하는 것만으로 땅 위에서 번영하는 죄인을 위협할 수 있다. 이것은 불멸의 교리가 없음을 증명한다. 또한 토비아스 3장 6절에는 그가 '구원받아 흙으로 돌아가기를' 청하면서 여호와께 죽음을 간청하는 구절이 있는데, 거기에는 더 이상 아무것도 없으며, 죽은 후의 현존에 대한 어떠한 개념도 없다.

구약성서에서는 미덕에 대해 약속된 보상은 땅에서 되도록 오래 사는 것이다(예를 들면 신명기 5장 16절과 33절). 반면 **베다**에서는 다시 태어나지 않는 것이 보상이다.

유대인들이 늘 동시대 모든 민족의 경멸을 받은 것은 대부분 그들 종교의 빈약한 속성 때문이었을지도 모른다. 전도서(Koheleth)가 3장 19절과 20절에서 선언하는 것은 **유대교**의 본래 신조다. 가령 **다니엘서** 12장 2절에처럼 불멸에 대한 암시가 있다면, 그것은 다니엘서 1장 4절과 6절에 나오는 것처럼 외래 교리이다. 마카베오 제2서 7장에서는 불멸의 교리가 분명히 나타나는데, 이는 바빌로니아에서 기원한다. 다른 모든 종교, 인도의 종교인 브라만과 불교뿐 아니라 이집트와 페르시아의 종교, 심지어 드루이드교까지도 불멸과, 젠드아베스타(Zendavesta) 경전을 가진 페르시아인들을 제외하고, 윤회도 가르친다. 에다, 말하자면 뵐루스파(Völuspa)가 윤회를 가르친다는 것은 에켄달(Ekendahl)에 의해 '스웨덴의 예언가와 시인'이라는 그의 평론의 '문예 오락란Blätter für literarische Unterhaltung'(1843년 8월 25일)에서 입증되었다. 심지어 그리스인과 로마인들조차 타르타로스(황천)와 엘리시움(극락)이라는 사후 세계를 가지고 있었으며, 그들은 이렇게 같이 말했다.

> "죽은 이의 혼령(Manen)은 아직 무언가이며, 죽음이 모든 것을 끝내지는 않는다.
> 꺼진 장작불에서 흐릿한 그림자가 빠져나간다."(프로페르티우스, 『비가Elegiae』 IV, 7)

모든 것이 부족하다. 압도적인 수의 신봉자들 덕분에 지상에서 가장 고상한 종교인 불교가 전적으로 그리고 명백하게 무신론적이라는 사실이 모든 신빙할 만한 증언과 원문의 일치를 통해 의심할 여지 없이 증명된다. 또한 베다는 창조자-신을 가르치지 않고, **브라만**[62]이라고 불리는 세계영혼을 가르친다. 비슈누의 배꼽에서 네 개의 얼굴과 트리무르티[63](Trimurti)의 일부로 태어난 **브라흐마**(Brahma)는 매우 투

사실 종교 그 자체의 본질은 그것이 우리에게 주는 확신, 우리의 본래적인 현존은 우리의 삶에만 국한되지 않고 무한하다는 확신에 있다. 그런데 이 가련한 유대교는 그런 일을 전혀 하지 않는다. 그러니까 그런 일을 시도하지 않는다. 그 때문에 유대교는 모든 종교 중에서 가장 조잡하고 나쁜 종교이다. 유대교의 본질은 세상을 창조한 주님이 그의 뜻(will)을 숭배하는 것을 목표로 삼는 허무맹랑하고 혐오스러운 유신론에 있다. 따라서 주님은 무엇보다도 그의 동료들인 다른 신들을 질투하고 부러워한다. 다른 신들에게 제물이 바쳐지면 주님은 격노한다. 그러면 그의 유대인은 곤란해진다. 이 모든 다른 종교들과 그들의 신들은 70인 역譯 그리스어 구약성서(Septuaginta)에서 크게 모욕받는다. 하지만 불멸의 개념이 없는 조잡한 유대교는 사실 이런 이름을 받을 만하다. 유대교가 유럽에서 지배하는 종교의 토대가 되었다는 것은 극히 한탄스러운 일이다. 유대교는 형이상학적 경향이 없는 종교이기 때문이다. 다른 모든 종교가 사람들에게 삶의 형이상학적 의미를 그림과 비유로 가르치려 하는 반면, 유대교는 전적으로 내재적이고, 다른 민족들을 정복할 때 단순한 함성 외에는 아무것도 제공하지 않는다. 레싱의 『인류의 교육』은 '유대민족의 교육'을 의미해야 한다. 이 선택받은 민족을 제외하고, 전체 인류는 저 진리에 관해 확신했기 때문이다. 그렇지만 유대인들은 그들 **신**의 선택받은 백성이고, 그 신은 그의 백성들의 선택받은 신이다. 그리고 그것에 대해 아무도 신경 쓸 필요가 없다. ('나는 그들의 하나님이 되고, 그들은 나의 백성이 될 것이라'라는 말은 ―한 예언자(예레미야서, 31장 33절)로부터 나오는 구절이다―알렉산드리아의 클레멘스에 따르면). 그러나 현재의 유럽 민족들이 그들 스스로를 신의 선택받은 사람들의 상속인으로 간주하고 있다는 것을 내가 깨달았을 때, 나는 나의 유감을 숨길 수 없다. 반면에 우리는 유대교가 지구상의 유일한 사실상 유일신 종교라는 명성을 얻는 것에 이의를 제기할 수 없다. 말하자면 다른 어떤 종교도 하늘과 땅의 창조자라고 제시하는 객관적인 신을 가지고 있지 않기 때문이다.―원주.

62   Brahm. 인도 철학의 최고 원리로 우주 만물을 생성·지배하는 영원한 힘.

명한 인도 신화의 단순히 인기 있는 의인화일 뿐이다. 분명히 브라흐마는, 비슈누가 절정을, 시바가 몰락을 나타내듯, 생식, 즉 존재들의 생성을 나타낸다. 또한 그에 의한 세계 발생은 브라만에 의한 세계의 현현顯現이 그렇듯 죄 많은 행위이다. 더구나 우리가 아는 바와 같이, 아흐리만(Ahriman)은 젠드아베스타의 오르무즈드(Ormuzd)와 동등하며, 둘 다 헤아릴 수 없는 시간인 제르바네 아케레네(Zervane Akerene)(만약 그것이 맞다면)로부터 생겨났다. 우리는 또한 산초니아톤(Sanchoniathon)에 의해 기록되고, 비블로스의 필론[64]이 우리를 위해 보존한 매우 아름답고 무척 읽을 만한, 아마 모세 우주 진화론의 원형인 『**퓌니키아인의 우주 진화론**_Kosmogonie der Phönizier_』에서 유신론이나 개인적 존재에 의한 세계 창조의 흔적을 찾을 수 없다. 말하자면 여기서도 우리는 모세의 창세기에서처럼 근원적인 혼돈이 밤속에 잠긴 것을 볼 수 있다. 그러나 어떠한 신도 빛이 있으라, 이것이 있으라, 저것이 있으라, 명령하면서 나타나지는 않는다. 오, 그렇지 않다! 오히려 대량으로 발효하는 정신은 그 자신의 본질과 사랑에 빠진다. (정신은 자신의 시작과 사랑에 빠진다. 산초니아톤, 『페니키아인의 신학_Phoenicum theologia_』 오렐리판, 8쪽). 그로 인해 세계의 근본 성분

---

63   트리무르티(Trimurti)는 힌두교에서 브라흐마·비슈누·시바의 삼신합일의 사상. 학자들은 이 사상을 서로 다른 일신교적 접근과 궁극적 실재인 브라만에 대한 철학적 가르침을 조화시키려는 시도로 간주한다. 때로는 힌두교의 삼위일체라고 불리기도 하지만 힌두교의 트리무르티는 그리스도교의 그것과 유사한 점이 거의 없다.

64   필론(Philon Byblius, 64~141): 페니키아 학자이자 로마 시인. 그는 로마의 하드리아누스 황제에 대해 썼으며, 산초니아톤의 『페니키아 역사』를 번역했다.

들이 섞이게 되고, 그 결과 그것도 매우 적절하고 의미심장하게, 사실 동경, 주석자가 올바르게 언급한 것처럼, 그리스인들의 에로스인 동경에 의해—원형질이 생겨나고, 이것으로부터 드디어 식물들, 그리고 마침내 인식하는 존재, 즉 동물들이 생겨난다. 그때까지는 명시적으로 언급된 바와 같이, 모든 일이 인식 없이 일어났다. "하지만 존재 스스로는 자신의 창조를 인식하지 못했다."(위의 책, 10쪽). (산초니아톤은 이집트인 타우토스(Taaut)가 쓴 우주 진화론에 이런 내용이 적혀 있다고 덧붙인다). 그런 다음 그의 우주 진화론에 더 자세한 **동물 발생론**이 이어진다. 특정한 대기 및 지상의 과정들은 현대 지질학의 수미일관한 가정을 실제로 상기시켜주는 것으로 설명된다. 마침내 천둥 번개가 치고 폭우가 쏟아진다. 우지끈 꽝 하는 그 소리에 흠칫 놀란 인식하는 동물들이 자신의 현존을 깨우치고, "이제 지상과 바다에서, **수컷과 암컷**이 움직인다." 우리가 비블로스의 필론의 단편斷片들(『복음서 준비*Preparatio] evangelica*』, 2권, 10장 참조)을 빚지고 있는 에우세비우스(Eusebios)가 무신론의 이 우주 진화론을 비난하는 것은 전적으로 정당하다. 유일하게 유대교 교리를 제외하고는, 세상의 발생에 관한 모든 교리와 마찬가지로 그것은 논란의 여지가 없다. 그리스인과 로마인의 신화에서 우리는 사실 신들을 신들의 아버지로서 그리고 덧붙여서 인간들의 아버지로서 (이것들은 원래 프로메테우스의 도기陶器임에도 불구하고) 발견하지만, 창조자-신은 발견하지 못한다. 나중에 유대교에 친숙해진 몇 명의 철학자들이 아버지 제우스를 창조자-신으로 재해석하려 했다는 사실은 그에게 중요하지 않다. 마찬가지로 **단테**가 그의 지옥에서 제우스의 허락을 구하지 않고, 그를 도메네디오(Domeneddio)[65]와—도메네디오의 유례없는 복수심과 잔인함이 바로 그 지옥에서 찬양되고 상세히 묘사된다—곧장 동일시하려고 하는 것 역시 별로 중요하지 않다(예컨대 제14곡[칸토][66] 70행. 제31곡 92행). 마지막으로 (사람들은 무엇이든 붙잡기 때문이다) 북미 야만인들이 **위대한 영**靈인 신이라는 이름으로 하늘과 땅의 창조주를 숭배했으며, 따라서 그들이 순수한 유신론자들이었다는 수없이 되풀이된 보도는 완전히 잘못된 것이다. 이 오류는 **존 스콜러**(John Scouler)가 1846년 4월 29일 런던 인종학회(Sitzung der Londoner ethnographischen Gesellschaft)에서 낭독한 북미 야만인에 대한 논문에서 최근 반박되고 있다. 그에 관해 1847년 7월 '학회, 야만인 사회 저널L'Institut, Journal des sociétés savantes' 분과 2에서 발췌문을 제공한다. 그 내용은 다음과 같다. "우리가 인디언의 미신에 대한 보도에서 **위대한 영**이라는 용어를 들을 때, 우리는 이러한 표현이 우리가 그것에 결부시키는 생각(Vorstellung)과 일치하는 생각을 나타낸다고, 그리고 그들의 신앙은 단순한 자연 **유신론**이라고 가정할 준비가 되어 있다. 그러나 이러한 해석은 결코 올바른 해석이 아니다. 이 인디언의 종교는 오히려 마술 도구(Zaubermittel)와 마술(Zauberei)로 구성된 순수한 **주물**呪物 **숭배**에 불과하다. 어린 시절부터 인디언들 사이에

---

65 신을 말함.

66 canto. 서사시나 긴 이야기체 시를 크게 나누는 단위.

서 살았던 **태너**(Tanner)의 이야기를 들어보면 그 세부는 충실하고 특기할 만한 반면, 어떤 작가들의 만들어낸 것과는 판이하다. 말하자면 그런 사실로부터 우리는 인디언의 종교가 사실상 예전에 핀란드인들 사이에 만연했던, 그리고 지금도 시베리아 사람들 사이에 발견되는 것과 유사한 주물 숭배에 불과하다는 것을 알아챈다. 산악지대의 동쪽에 사는 인디언들 사이에서 주물은 신비로운 성질을 가진 것으로 여겨지는 어떤 물건으로 구성되어 있을 뿐이다." 등등.

이 모든 것의 결과로서 여기서 논의된 견해는 오히려 그 반대되는 주장에 자리를 내줘야 한다. 다시 말해 매우 작고, 중요하지 않은 민족, 모든 동시대 민족의 경멸을 받고 모든 민족 중에서 혼자 사후 존속에 대한 믿음이 없이 살아가는 유일한 민족, 하지만 그럼에도 그러한 운명을 갖도록 선택된 민족만이 순수한 일신교 또는 참된 신에 대한 인식을 가졌다는 그 반대되는 주장에 자리를 내줘야 한다. 그리고 이것도 철학의 도움을 통해서가 아니라 오로지 그것에 적합한 계시를 통해서만 이루어진다. 이미 계시 없이도 사람들이 알고 있는 것만 가르쳐 주는 계시가 무슨 가치가 있겠는가? 일찍이 다른 어떤 민족도 그러한 생각을 하지 못했다는 사실이 따라서 계시에 대한 평가에 기여해야 한다.

14

나 자신의 철학에 대한
몇 가지 언급

나의 철학만큼 그토록 단순하고 또 그토록 몇 가지 요소로 구성된 철학 체계는 아마 거의 찾아볼 수 없을 것이다. 그러므로 나의 철학 체계는 **한** 눈으로 쉽게 조망하고 요약할 수 있다. 이는 최종적으로 그것의 기본 사고의 완전한 통일과 일치에 기인하며, 일반적으로 단순성과 관련 있는 그것의 진리에 대한 호의적인 표시이다. "진리를 말해야 하는 자는 자기의 심중을 단순하게 표현한다."(에우리피데스, 『페니키아 여인들*Phoenissae*』, 469). 사람들은 나의 체계를 **내재적 독단론**이라고 부를 수 있다. 그 명제들은 사실 독단적이지만 경험에서 주어진 세계를 넘어서지 않고, 이 세계를 최종적인 성분들로 분해함으로써 단순히 **이 세계가 무엇인지** 설명하기 때문이다. 다시 말해 **칸트**에 의해 전복된 옛 독단론(근대의 세 명의 대학 궤변론자의 허풍도 그에 못지않다)은 **초험적**이다. 그 독단론은 다른 어떤 것에 기초해 세계를 설명하기 위해 그 세계를 넘어서기 때문이다. 그 독단론은 세계를 결과로부터 추론하는 어떤 원인(Grund)의 결과로 만든다. 반면에 나의 철학은 원인과 결과가 오직 세계 **안**에서만 그리고 이 세계를 전제해서 존재한다는 명제로부터 시작되었다. 네 가지 형태를 지닌 충분 근거율은 지성의 가장 보편적인 형식이고, 반면에 객관적인 세계는 지성 안에서만 참된 세계의 장소(locus mundi)로서 존재하기 때문이다.

다른 철학 체계에서 일관성은 명제로부터 명제를 추론함으로써 발생한다. 그러나 이를 위해서는 필연적으로 체계의 본래적인 내용이 이미 최상위 명제들에 존재해야만 한다. 따라서 그 명제로부터 추론된 것과 다른 내용은 단조롭고, 빈약하고, 공허하며 지루하지 않을 수 없다. 왜냐하면 그 내용은 원칙들에서 이미 주장되었던 것을 단지 발전시키고 반복한 것에 불과하기 때문이다. 실증적 추론의 이 암울한 결과는 크리스티안 볼프의 경우에 가장 두드러지게 나타난다. 그러나 이 방법을 엄격하게 따랐던 스피노자조차도 그의 지력(Geist)에 의해 그에 대해 보상하는 방법을 알았음에도 불구하고 이 단점을 완전히 피할 수는 없었다. 반면에 나의 명제는 대체로 추론의 사슬에 의존하지 않고 직접적으로 직관적 세계 자체에 의존한다. 다른 어떤 체계에서와 꼭 마찬가지로 내 체계에 존재하는 엄격한 일관성은 일반적으로 단순한 논리적인 방식으로 얻어지는 일관성이 아니다. 오히려 이것은 이 명제들이 같은 직각적直覺的(intuitiv) 인식에 기초함으로써, 즉 상이한 관점에서 다만 연속적으로 바라보는 같은 대상에 대한 직관적(anschaulich) 이해, 다시 말해 실재 세계가 표현되는 의식을 고려하여 그 모든 현상 속의 그 실재 세계에 대한 직관적 이해에 기초함으로써 불가피하게 발생하는 명제들의 자연스러운 일치이다. 그 때문에 또한 나는 나의 명제들의 일치에 대해 항상 염려하지 않을 수 있었다. 심지어 때때로 한동안 그러했듯이 개별적인 명제들이 나에게 양립 불가능한 것처럼 보였을 때도 마찬가지였다. 그러한 일치는 나중에 명제들이 모두 하나로 합쳐지면서 저절로 올바르게 일어났는데, 내게는 그 일치가 바로 실재하는 그 자신과의 일치와 다름없기 때문이다. 그러한 일치는 결코 잘못될 수 없다. 이는 우리가 어느 건물을 처음에 **한**쪽에서만 바라볼 때 그 건물의 부분들의 연관성을 때때로 이해하지 못하는 것과 유사하다. 그렇지만 우리는 그 연관성이 부족하지 않고 우리가 건물 전체를 둘러보는 즉시 명백해질 것이라고 확신한다. 하지만 이러한 종류의 일치는 그것의 근원적인 성격에 의해 그리고 그것이 경험의 지속적인 통제하에 지배하에 있기 때문에 완전히 확실한 일치이다. 반면에 삼단논법을 통해서만 이루어진 추론된 일치는, 즉 긴 사슬의 어떤 부분이 진짜가 아니고, 느슨하게 고정되어 있거나, 또는 그밖에 결함을 지니고 있자마자, 언젠가 쉽게 그릇된 것으로 간주될 수 있다. 따라서 나의 철학은 모든 것이 직접적으로 또 따라서 안전하게 서 있는 넓은 기반을 가지고 있는 반면, 다른 체계들은 높이 쌓아 올린 탑들과 유사하다. 이 경우 만약 **하나의** 버팀목이 부서지면, 다른 모든 것이 무너진다. 여기서 말하는 모든 것은 나의 철학이 종합적 방법이 아닌 분석적 방법으로 생겨나고 서술되었다는 명제로 요약될 수 있다.

나는 어디서나 **사물들의 근거를 규명**하려고 노력한다는 것을 철학적 사유의 독특한 특징으로 내세울 수 있다. 나는 그러기 위해 사물들을 실제로 주어진 궁극적인 것에 이르기까지 추구하는 것을 포기하지 않는다. 이 일은 내가 어떤 더 보편적이고 추상적인 인식, 따라서 아직 좀 더 불확실한 인식으로, 언어로는 말할 것도 없고 단순한 개념들로 묶인하는 것을 거의 불가능하게 만드는 자연스러운 성향에 의해 일어난다. 그러나 그 일은 내가 모든 개념과 명제의 궁극적인 기초, 언제나 직관적인 기초를 분명히 내 눈앞에 가질 때까지 나를 계속 몰아낸다. 그런 다음에 나는 그 기초를 근원 현상으로 그대로 두거나, 또는 아무튼 사물의 본질을 극한까지 추구하면서, 가능하다면 직관적인 기초를 계속 그것의 요소들로 용해한다. 이러한 이유로 사람들은 (물론 내가 살아 있는 동안은 아니겠지만) 결국 이전의 철학자들이 같은 주제를 다루는 방식이 나의 방식과 비교했을 때 깊이가 없어 보인다는 것을 언젠가는 인식할 것이다. 따라서 인류는 결코 잊지 못할 몇 가지를 나에게서 배웠고, 나의 글은 소멸하지 않을 것이다.

유신론 또한 세계가 **의지**로부터 시작되도록 하고, 행성들은 의지에 의해 자신의 궤도로 인도되며, 자연은 행성들의 표면에 생겨난다. 유신론은 유치하게도 이 의지를 외부로 옮기고, 그것이 단지 간접적인 방식으로, 즉 인간의 방식으로 인식과 물질(Materie)을 개입시킴으로써 사물에 영향을 미치도록 할 뿐이다. 반면에 나의 경우에는 의지가 사물들보다는 오히려 사물들 안에서 더 작용한다. 사실 사물들은 단지 바로 의지의 가시성에 지나지 않는다. 그렇지만 우리는 이러한 합의로부터 우리 모두 근원적인 것을 **의지**와 다른 것으로는 생각할 수 없음을 알 수 있다. **범신론**은 사물에 작용하는 의지를 신이라고 부른다. 나는 그것의 터무니없음을 종종 그리고 매우 강력하게 비난해왔다. 나는 그 의지를 **삶에의 의지**(Willen zum Leben)라고 부른다. 이는 의지 속에서 궁극적으로 인식 가능한 것이 표현되기 때문이다. 간접성의 직접성에 대한 이와 같은 관계는 도덕에서 다시 한 번 나타난다. 유신론자들은 누군가가 행하는 것과 그가 당하는 것 사이에서의 균형을 원한다. 나 역시 그러하다. 그러나 그들은 오직 시간과 재판관, 응보應報를 통해서만 그러한 균형을 가정한다. 나는 이와는 달리 가해자(Täter)와 당하는 자(Dulder)에게서 동일한 본질을 증명함으로써 직접적으로 그러한 균형을 가정한다. 사람들은 나의 경우에 그리스도교의 도덕적 결과가 가장 극단적인 금욕주의에 이르기까지 합리적으로 또 사물들의 연관성에 근거하고 있는 것을 발견한다. 반면에 그리스도교에서는 그 결과가 단순한 우화(Fabel)에 근거한다. 이 우화에 대한 믿음은 날이 갈수록 더 사라진다. 그러므로 사람들은 나의 철학에 눈을 돌려야 할 것이다. **범신론자들**은 진지하게 생각된 도덕을 가질 수 없다. 그들의 경우에는 모든 것이 신성하고 훌륭하기 때문이다.

나는 철학을 하면서, 따라서 이론적인 방식으로 삶을 참담하고 결코 바람직하지 않은 것으로 서술해서 많은 비난을 받았다. 그러나 실천적으로 삶에 대한 더없이 단호한 경멸을 드러내는 사람은 칭찬받고 경탄받는 반면, 삶을 보존하기 위해 주의 깊게 노력하는 사람은 경멸받는다.

　내 글이 몇몇 사람들의 관심을 끌기 무섭게, 벌써 나의 기본 사상과 관련해 그것의 우선권에 관한 불만이 들리고, 셸링이 **언젠가** 했다는 "의욕은 근원 존재다[1]"라는 말과 그 외에 사람들이 찾을 수 있는 이런 종류의 어떤 말이 인용되었다. 이 문제 자체와 관련하여, 내 철학의 뿌리는 칸트 철학, 특히 경험적이고 예지적인 성격의 가르침에 있다고 말할 수 있다. 하지만 일반적으로는 칸트가 사물 자체에 더 많은 빛을 비출 때마다, 사물 자체가 언제나 **의지**로서 그것의 베일을 통해 밖을 내다보는 것에 내 철학의 뿌리가 있다. 이에 대해 나는 나의『칸트 철학 비판』에서 명시적으로 주의를 환기했고, 결과적으로 나의 철학은 그의 철학을 끝까지 사유하는 것(Zu-Ende-Denken)에 불과하다고 말했다. 그러므로 사람들은 마찬가지로 칸트로부터 출발한 **피히테**와 **셸링**의 철학 학설들에서 같은 기본 사상의 흔적이 발견될 때 놀라서는 안 된다. 비록 거기에서 그 학설들이 일관성(Folge), 연관성, 그리고 완성이 없이 나타나고, 따라서 나의 가르침의 단순한 전조로 간주될 수 있더라도 말이다. 그러나 일반적으로 이 점에 관해 이렇게 말할 수 있다. 모든 위대한 진리는 그것이 발견되기 전에 예감, 징조, 안개 속에서와 같은 흐릿한 이미지가 그것에 관해 알려준다. 그리고 진리를 붙잡으려는 헛된 시도가 행해진다. 바로 시간의 진행이 진리를 준비했기 때문이다. 따라서 산발적인 표현들이 전

1　K. F. A. 셸링이 펴낸 전집, 1856~1861, 제1부 7권 350쪽. ─원주.

주곡으로 나온다. 그러나 어떤 진리를 그 근저들로부터 인식하고, 그 결과들에서 숙고하고, 그 전체 내용을 발전시키고, 그 영역의 범위를 개관하고, 그리고 그에 따라서 그 진리의 가치와 중요성을 완전히 의식하여 명확하고 조리 있게 설명한 사람만이 진리의 창안자다. 반면에 고대나 근대에는 반의식적으로 거의 잠꼬대하듯 진리를 말하여, 나중에 찾아보면 비록 그것이 단지 많은 단어로 쓰여 있다 하더라도 그저 많은 글자로 쓴 것 이상의 의미가 없다는 사실이 발견된다. 이는 어떤 사물의 발견자란 그 가치를 인식하면서 그것을 집어 들고 보관한 사람인 것이지, 우연히 한 번 그 사물을 손에 집어 들었다가 다시 떨어뜨린 사람이 아닌 것과 마찬가지다. 또는 콜럼버스는 아메리카의 발견자이지 파도에 그곳으로 휩쓸려간 최초의 난파자가 아닌 것처럼 말이다. 도나투스[2]가 한 말[3]의 뜻은 바로 이것이다. "우리 앞에서 우리의 사상을 표명한 자들은 멸망하기를." 반면에 누군가가 그와 같은 우연한 발언을 우선순위로 나에게 관철하려고 한다면, 훨씬 더 거슬러 올라가서, 예컨대 알렉산드리아의 클레멘스가 한 말을 인용할 수 있었을 것이다. "그러므로 의지는 모든 것에 우선한다. 이성의 힘은 의지의 시녀이기 때문이다."(『잡록 *Stromata*』 제2권 17절 304쪽). 그리고 스피노자 역시 이렇게 말한다. "욕망(Begierde)은 모든 사

2　도나투스(Aelius Donatus): 4세기 중엽에 활동한 로마의 유명한 문법학자, 수사학 교사.

3　도나투스의 말은 테렌티우스(Terentius)의 작품 『환관 *Eunuchus*』에 대해 마르티네우스(Martinaeus)가 행한 논평에서 전승되었다. ─원주.

람의 본성과 본질을 이루는 바로 그것이다."(『에티카』제3부, 정리 57, 증명). 그리고 그 이전에는 정리 9, 숄리아 판에서 이렇게 말한다. "이 충동(Antrieb)이 정신(Geist)에만 관계될 때 그것은 의지라고 불린다. 그것이 정신과 신체에 동시에 관계될 때는 욕망이라고 불린다. 그러므로 의지는 다름 아닌 인간의 본질 그 자체이다." 그리고 마지막으로 제3부 정의 1, 설명, 183쪽).

엘베시우스[4]의 다음 말은 절대적으로 옳다. "부러워하는 사람이 공적을 떨어뜨리기 위해 정의를 가장하여 시도하지 않는 수단은 없다…… 근대의 모든 발견을 우리로 하여금 이미 고대인들에게서 발견하게 하는 것은 단순한 부러움이다. 무의미하거나 또는 그러면서도 이 발견에 선행하는 이해되지 않는 관용구는 표절이라는 비난을 불러일으키기에 충분하다."(『정신론』IV, 7, 228쪽). 그리고 나는 이 점과 관련해 엘베시우스의 또다른 구절을 상기할 수 있도록 허락을 구한다. 그렇지만 그 구절의 인용에 대해 허영심과 오만불손으로 해석하지 않고, 그곳에 표현된 사고의 정확성을 염두에 둘 것을 부탁한다. 그것에 포함된 어떤 것이 내게 적용될 수 있는지 없는지를 미

---

4   엘베시우스(Claude-Adrien Helvétius, 1715~1771): 프랑스의 계몽주의 시기의 철학자·논쟁가. 쾌락주의의 관점에서 육체적 감각을 중시했고 윤리학의 종교적 기초를 공격했으며 방만한 교육이론 등으로 유명하다. 기념비적인 철학 저서 『정신론De l'esprit』은 종교에 근거한 모든 도덕 형태를 공격했기 때문에 나오자마자 커다란 악명을 얻었다. 특히 왕실의 특전에 힘입어 출간되었음에도 루이 15세의 황태자 루이까지 이 비판에 가세했다. 소르본대학은 유죄판결을 내렸고 이 책을 소각하라는 명령도 내려졌다. 이런 일은 일찍이 철학자들이 겪어보지 못한 매우 심각한 사태였기 때문에 볼테르도 이 책이 진부하고 모호하며 오류에 빠졌다고 인정해야 했다.

해결 상태로 두면서 말이다. "인간의 정신을 관찰하는 것을 즐기는 사람은 누구든 매 세기마다 대여섯 명의 지성인들이 한 명의 천재에 의해 이루어진 하나의 발견을 둘러싸고 배회하는 것을 볼 수 있다. 이 발견의 영광이 천재에게 계속 머물러 있다면, 그 이유는 이 발견이 다른 모든 사람의 손에서보다 그의 손에서 더 많은 결실을 낳기 때문이다. 왜냐하면 그는 자신의 생각을 더 큰 힘과 정확성으로 표현하기 때문이다. 그리고 마지막으로 우리는 사람들이 하나의 원칙이나 발견으로부터 장점을 끌어오는 상이한 방법으로부터, 이 원칙이나 발견이 누구에게 속하는 것인지 항상 알아챌 수 있기 때문이다."(『정신론』 IV, 1).

어디서나 그리고 언제까지나 정신과 지성(Verstand)에 맞서 무능력과 어리석음에 의해 치러지는 오래되고 화해할 수 없는 전쟁의 결과로서—후자는 군단으로 대변되고, 전자는 소수의 개인으로 대변되는—가치 있고 진정한 것을 가져다 주는 모든 사람은 몰상식, 둔감함, 형편없는 취향, 사익, 질투에 맞서 힘든 싸움을 수행해야 한다. 모든 것이 걸맞은 연합을 하고 있다. 즉 그에 관해 **샹포르**[5](『선집

---

5   샹포르(Sébastien-Roch Nicolas Chamfort, 1740/41~1794): 많은 금언과 격언으로 프랑스의 상류사회를 비판한 극작가. 작품으로 『금언, 격언과 일화*Pensées, maximes et anecdotes*』(1795)가 있다. 미라보와 함께 일간지 〈메르퀴르 드 프랑스Mercure de France〉에서 일했으며, 급진주의 성향을 가진 자코뱅당의 서기가 되었다. '저택에는 전쟁, 오두막에는 평화', '얻기란 쉽지 않다. 우리 자신의 내부에서 행복을 얻기란 매우 어려우며, 다른 곳에서 얻기란 아예 불가능하다', '지금 웃지 않고 있다면 당신의 소중한 시간을 낭비하고 있는 것이다'와 같은 그의 금언들이 잘 알려져 있다. 그는 공포정치의 과도함에 충격을 받아 온건파에 가입했으나 총안전위원회로부터 탄핵당했다. 투옥의 위협을 받자 그는 자살을 기도했고

Oevres choisies』)는 이렇게 말한다. "멍청이들이 지적인 사람들에 맞서 단합하는 것을 보면 우리는 주인들을 타도하려고 음모를 꾸미는 하인들을 본다고 생각한다." 게다가 내게는 이례적인 적이 하나 더 있었다. 나의 분야에서 대중의 판단을 이끄는 직업과 기회를 가진 사람들 대부분은 모든 철학 중 가장 나쁜 것인 **헤겔라이**[6]를 퍼뜨리고 찬양하기 위해, 즉 하늘로 드높이기 위해 고용되어 급료를 받아왔다. 그러나 사람들이 선을 인정하되 동시에 다만 어느 정도까지만 인정하려고 한다면, 이것은 성공할 수 없다. 이런 사실로부터 다음 세대의 독자들에게 내가 달나라 사람만큼이나 동시대인들에게 이질적인 존재였다는 사실, 안 그러면 수수께끼 같았을 사실이 설명될 것이다. 그렇지만 다른 사람들의 무관심에도 불구하고 그 창안자를 오랜 세월에 걸쳐 끊임없이 활기차게 몰두하게 하고, 그를 지속적인 보상을 받지 못한 일을 하도록 자극할 수 있었던 사고 체계는 바로 이 점에서 그 가치와 진실에 대한 증언을 발견한다. 외부로부터 아무런 격려도 받지 못한 채, 내 일(Sache)에 대한 사랑만이 오랜 세월에 걸쳐 나의 노력을 전적으로 지탱해 주었고, 나를 지치지 않도록 해주었다. 그러면서 나는 나쁜 자에 대한 시끄러운 칭찬을 경멸하며 내려

결국 그 상처로 사망했다.

6   쇼펜하우어는 피히테(Fichte)를 '허풍쟁이', 헤겔을 '사이비 철학자' 또는 '헤겔라이 Hegelei'로 불렀다. 헤겔라이는 신비로운 언어나 이해 불가능한 난해한 단어들을 나열하면서 '사상적 깊이, 복합적 관계, 대단히 중요한 철학'이라는 냄새를 풍기는 표현법이다. 쇼펜하우어는 아무런 내용도 깊이도 의미도 없는 사이비 철학을 '헤겔 철학질'이라고 낮추어 평가한다.

다보았다. 내가 삶으로 들어왔을 때 내 수호신은 내게 선택을 제의했다. 진리를 인식하되, 그것으로 누구의 마음에도 들지 않는 것, 또는 추종자를 거느리고 갈채를 받으며 다른 사람들과 함께 거짓을 가르치는 것 중의 선택이었다. 나에게 그 선택은 어렵지 않았다. 따라서 내 철학의 운명은 두 철학의 속성에 따라 동전의 양면이라고 볼 수 있을 정도로 헤겔라이의 그것과 정반대가 되었다. 헤겔라이는 진실, 명확함, 지력(Geist), 그리고 사실 상식도 없이, 게다가 일찍이 들어본 적이 없는 더없이 혐오스럽고 황당무계한 모습을 하고 나타나 강요되고 특권을 지닌 강단 철학이 되었다. 따라서 그것은 헤겔 학파를 먹여 살린 터무니없는 것이 되었다. 헤겔라이와 같은 시기에 나타난 내 철학은 그것에 결여된 모든 특성을 지니고 있었다. 그러나 내 철학은 보다 높은 목적에 따라 재단된 것이 아니고, 시대 상황에 비추어볼 때 강단에 전혀 맞지 않았으므로, 사람들이 말하듯 아무짝에도 쓸모가 없었다. 그리하여 밤을 이어 낮이 오듯, 헤겔라이는 모든 사람이 몰려드는 깃발이 되었다. 반면에 내 철학은 갈채도 추종자도 없었고, 입을 모아 고의로 완전히 무시되었고 은폐되었으며, 가능한 한 억눌러졌다. 쏟아져 들어오는 햇빛으로 벽의 그림자놀이가 방해받듯, 내 철학이 눈앞에 존재함으로 인해 눈에 확 띄는 게임이 방해받았을 것이기 때문이다. 그 결과 나는 철 가면, 또는 고귀한 **도르구트**[7]의 말처럼, 철학 교수들의 카스파 하우저가 되었다. 공기와 빛을

---

7   1836년 『자연에서의 의지에 대하여』를 읽고 쇼펜하우어에게 편지를 보낸 도르구트

차단하여, 아무도 나를 보지 못하게 하고, 나의 타고난 주장이 효력을 발휘하지 못하도록 하기 위해서다. 그러나 이제 철학 교수들에게서 완전히 외면받았던 그 남자는, 지금 어떤 표정을 지어야 할지 전혀 알지 못하고 있는 그들이 아연실색하게도 다시 부활했다.

(Dorguth)는 그의 추종자가 되었다. 그는 1843년 '쇼펜하우어는 문학사상 최초의 진정한 체계적 사상가'라고 높이 평가했다. 도르구트는 자신의 '주인'의 철학을 홍보하고 옹호하는 글을 썼으며, 그는 철학 교수들에게서 받은 쇼펜하우어의 처우를 인생 대부분을 독방에서 지내도록 강요당했다고 주장하는 독일 청년 카스파 하우저의 고통에 비교했다.

관념적인 것과 실재적인 것에 관한 학설의 역사 스케치

**Skizze einer Geschichte
der Lehre vom
Idealen und Realen**

Plurimi pertransibunt,
et multiplex erit scientia.

[Viele werden darüberkommen,
und das Wissen wird vielfältig sein.]

"많은 사람이 그곳을 지나갈 것이며,
지식은 폭넓어질 것이다."

다니엘, 12장 4절 •

• 여호와가 다니엘에게 봉인하라고 명하는 글. '그곳을 지나가다'라는 말은 '두루 탐구하다', '상세히 설명하다'라는 뜻이다. — 원주. "다니엘아 마지막 때까지 이 말을 간수하고 이 글을 봉함하라 많은 사람들이 빨리 왕래하며 지식이 더하리라."

관념적인 것과
실재적인 것에 관한 학설

데카르트가 근대 철학의 아버지로 간주되는 것은 당연하다. 주로 그리고 일반적으로, 그는 자신의 머리를 사용할 것을 사람들에게 지시함으로써 자신의 두 발로 설 것을 이성에게 가르쳤기 때문이다. 그때까지 사람들은 한편으로는 성서에, 다른 한편으로는 아리스토텔레스에게 의존해왔다. 하지만 그는 특별한 의미에서 그리고 보다 협소한 의미에서 아버지다. 그는 그 이후로 모든 철학함이 주로 핵심으로 다룬 문제를 맨 먼저 의식했기 때문이다. 말하자면 관념적인 것(das Ideale)과 실재적인 것(das Reale)의 문제, 즉 우리의 인식에서 무엇이 객관적이고 무엇이 주관적인지, 그러므로 그 인식에서 무엇이 우리와 상이한 어떤 것에 귀속되는지, 그리고 무엇이 우리 자신에게 귀속되는지 하는 문제 말이다. 다시 말해 우리의 머릿속에서 이미지들은 내적 계기에서—가령 자유재량(Willkür)이나 사고의 연관성에서 비롯되는 것이 아니라 외적 계기에서 생겨난다. 이 이미지들만이 우리에게 직접 알려지고 주어진 것이다. 그것들은 우리와 완전히 분리되고 독립적으로 존재하는, 어떻게든 이러한 이미지들의 원인이 되는 사물들에 어떤 종류의 관계를 가질 수 있을까? 우리는 일반적으로 그런 사물들이 심지어 존재한다고 확신하는가? 그리고 만약 그렇다면 그 이미지들은 또한 우리에게 그 사물들의 속성에 대해 설명을 해주는가? 이것이 문제다. 그리고 그 결과로 지난 200년 동안 철학자들의 주된 노력은 관념적인 것, 즉 오로지 우리의 인식에만 속하는 것을 실재적인 것으로부터, 즉 우리의 인식과는 독립적으로 존재하는 것으로부터 직선으로 딱 잘라서 순수하게 분리하고, 그리하여 양자의 상호 관계를 확정하는 것이었다.

실제로 고대의 철학자들도 스콜라 철학자들도 이러한 철학적 근원 문제에 대해 명확하게 의식하지 못한 것 같다. 비록 관념론으로서, 또한 **플로티노스**(『엔네아데스』 III, 7권, 10장)에게서 시간의 관념성(Idealität)에 관한 학설로서 그 흔적이 발견되긴 하지만 말이다. 거기에서 플로티노스는 영혼이 영원성에서 시간 속으로 들어감으로써 세상을 만들었다고 가르친다. 예를 들어 "이 우주에는 영혼과 다른 장소가 없기 때문이다"라는 구절과 또한 "그러나 저편의 영원함이 존재자의 외부에 있지 않은 것처럼, 시간을 영혼의 외부에 있는 것으로 가정해서는 안 된다"라는 구절이 있다. 이것으로 사실 칸트의 시간의 관념성이 이미 표현되고 있다. 그리고 다음 장에 이런 말이 나온다. "이러한 삶은 시간을 만들어낸다. 이것이 영혼이 이 우주 전체와 동시에 시간을 만들었기 때문에, 시간이 이 우주 전체와 동시에 생겨났다고 말해지는 이유다." 그럼에도 이에 필요한 성찰 (Besonnenheit)이 데카르트에게서 맨 처음 일깨워진 이후, 분명히 인식되고 분명히 표명된 문제는 **근대** 철학의 특징적인 주제로 남는다. 그는 우리가 맨 처음에 우리 자신의 의식에 한정되어 있고, 세계는 오로지 **표상**으로서 우리에게 주어져 있다는 진리에 사로잡혀 있었다. 그의 잘 알려진 "나는 의심한다, 즉 나는 생각한다, 고로 나는 존재한다dubito, cogito, ergo sum"(『철학의 원리Principia philosophiae』 I, 7)(1644)의 도움으로 그는 다른 모든 것의 문제성 있는 것(das Problematische)과는 대조적으로 주관적 의식의 배타적 확실성을 강조하고, 실제로 또 무조건적으로 **주어진** 유일한 것이 자의식이라는 위대한 진리를 표명하려고 했다. 자세히 고찰해 보면, 그의 유명한 명제는 내가 나의 철학의 출발점으로 삼은 명제인 "세상은 나의 표상이다"의 등가물이다. 유일한 차이는 그의 명제는 주체의 직접성을 강조하고, 나의 명제는 객체의 간접성을 강조한다는 점이다. 두 명제는 같은 것을 다른 측면에서 표현한다. 『윤리학의 두 가지 근본 문제』 서문에서 내가 설명한 바에 따르면, 그것들은 서로의 이면裏面이며, 따라서 관성의 법칙과 인과법칙과 같은 관계에 있다. 물론 사람들은 그 이후, 단순히 그것의 중요성에 대한 느낌으로부터 그리고 그것의 실제 의미와 목적에 대한 분명한 이해 없이, 그의 명제를 수없이 반복해 왔다(데카르트의 『성찰Meditations』 II, 15쪽 참조). 따라서 주관적인 것 또는 관념적인 것과 객관적인 것 또는 실재적인 것 사이의 간극을 발견한 사람은 바로 그였다. 그는 외부 세계의 실존에 대한 의심의 형태로 이 통찰에 옷을 입혔다. 하지만 이 의심으로부터의 옹색한 탈출을 통해―즉 자비로운 신이 아마도 우리를 배반하지 않으리라는 것을 통해, 그는 그 문제가 얼마나 심각한지, 또 얼마나 해결하기 어려운지를 보여주었다. 그러는 동안 그를 통해 이 회의가 철학 속으로 들어왔고, 그것이 근본적으로 해결될 때까지 사람들을 계속 괴롭힐 수밖에 없었다. 설명된 차이에 대한 철저한 지식과 설명 없이는 확실하고 만족스러운 체계가 불가능하다는 의식이 그때부터 존재해왔고, 그리고 그 질문은 더 이상 묵살될 수 없었다.

그 질문을 해결하기 위해, **말브랑슈**[1]는 맨 처음 기회 원인론의 체계를 생각해냈다(『진리에 대한 탐구*Recherches de la vérité*』, 제3권, 2부). 그는 그 문제 자체를 전체적인 범위에서 **데카르트**[2]보다 더 분명하고 더 진지하며 더 깊게 파악했다. 데카르트는 신의 신용을 바탕으로 외

---

1   말브랑슈(Malebranche, 1638~1715): 프랑스의 로마 가톨릭 사제, 신학자. 르네 데카르트의 철학에서 비롯된 데카르트 학파의 주요 철학자로서, 그의 철학의 특징은 데카르트 철학을 성 아우구스티누스의 사상 및 신플라톤 철학과 종합하려 한 데 있다. 그의 기회 원인론에 의하면 인간은 자기의 정신을 가지고 하느님의 정신에 참여하여, 그의 안에서 살며 만물을 본다. 따라서 첫째로 알려지는 자는 무한한 자이고 유한한 자는 오직 이 무한한 자를 한계 지은 것에 지나지 않는다. 인간은 윤리적인 선을 파악할 때에도 우선 영원하고 무한한 선들 중의 무엇을 파악한다. 하느님 안에서 모든 것을 직관함으로써 정신과 신체의 상호작용설은 쓸모없게 된다. 물체는 독자적으로 하느님의 밖에 있는 것으로 물체의 세계는 부정되지 않는다. 우리의 정신은 물체에서 정신적인 것, 즉 이념을 인식하기 때문에 연장 실체와 정신이 어떻게 결합하게 되는지에 대한 어려움도 없어진다.

2   데카르트는 (유한) 실체를 연장과 사유라는 두 가지로 정의한 이후 발생한 모순, 과연 어떻게 정신과 육체가 만날 수 있느냐 하는 모순을 해결하고자 했다. 그는 기회 원인론은 정신과 육체가 공통으로 그 자체의 원인 작용을 가지기보다는 신이라는 유일한 작용인에 의해 기회 원인으로서 작용한다고 주장한다.

부 세계의 실재성을 가정했다. 다른 유신론 철학자들이 세계의 실존 (Existenz)으로부터 신의 존재를 증명하려고 애쓰는 반면, 데카르트는 이와 반대로 신의 존재와 진실성에 기초해서 세계의 실존을 증명하는 것은 물론 이상해 보인다. 이는 앞뒤가 바뀐 우주론적 증명이다. 여기서도 한 걸음 더 나아가 **말브랑슈**는 우리가 모든 사물을 직접 신 자체 내에서 본다고 가르친다. 물론 이것은 훨씬 덜 알려진 것의 도움으로 알려지지 않은 것을 설명하는 것을 의미한다. 게다가 우리는 말브랑슈에 따르면, 신 안에서 모든 사물을 볼 뿐만 아니라, 이 신은 모든 사물 안에서 유일한 작용인(das Wirkende)이기도 하다. 그래서 물리적 원인은 겉보기에 그럴 뿐 단순한 기회 원인이다(『진리에 대한 탐구』, 제6권, 2부, 3장). 그러므로 우리는 **데카르트**에게서보다 **말브랑슈**에게서 더 많은 것을 배운 것 같은 **스피노자**의 범신론을 이미 여기서 본질적으로 가지게 된다.

일반적으로 사람들은 이미 17세기에 범신론이 유신론에 대해 완전한 승리를 거두지 못한 것에 대해 놀랄지도 모른다. 그것에 대한 가장 독창적이고, 가장 멋지고, 가장 철저한 유럽적인 서술(베다의 우파니샤드와 비교했을 때 물론 그 모든 것은 아무것도 아니기 때문이다)이 모조리 그 시기에 **브루노, 말브랑슈, 스피노자**와 **스코투스 에리게나**를 통해 알려졌기 때문이다. 스코투스 에리게나는 수 세기 동안 잊히고 잃어버린 상태에 있은 후 옥스퍼드에서 재발견되었고, 스피노자가 죽은 지 4년 후인 1681년에 처음으로 인쇄물로 출판되었다. 이는 시대정신이 개인의 통찰력을 받아들이기에 성숙하지 않는 한 그 통찰

말브랑슈의 심오한 사상은 처음으로
라이프니츠의 '예정 조화' 체계에 대한 계기를 마련해주었다.
라이프니츠의 당대의 광범위한 명성과 높은 명망은
불합리한 것이 세상에서 가장 쉽게
행운을 얻는다는 것에 대한 증거를 제공한다.

말브랑슈   Malebranche

력이 효력을 발휘할 수 없음을 증명하는 것으로 보인다. 이와 반대로 우리 시대에 범신론은, 단지 셸링의 절충적이고 혼란스러운 부흥에서만 설명되고 있음에도, 학자들과 심지어 교육받은 사람들의 지배적인 사고방식이 되었다. 다시 말해 칸트가 그 전에 유신론적 독단론을 타도하고 범신론을 위한 길을 닦았기 때문이다. 이를 통해 범신론을 위한 시대 정신이 씨앗을 뿌리기 위해 쟁기질한 밭처럼 준비되었다. 반면에 17세기에 철학은 다시 그 길을 떠나서, 그 후 한편으로는 베이컨과 홉스가 미리 길을 닦은 **로크**에 도달했고, 다른 한편으로는 **라이프니츠**를 경유하여 **크리스티안 볼프**[3]에 도달했다. 그런 다음 이 두 사람은 결국 제설 통합적인 절충주의(Eklektismus)에 흡수되기는 했지만, 18세기에 독일에서 최고의 지위를 차지했다.

말브랑슈의 심오한 사상은 처음으로 **라이프니츠**의 '예정 조화 harmonia praestabilita' 체계에 대한 계기를 마련해주었다. 라이프니츠의 당대의 광범위한 명성과 높은 명망은 불합리한 것이 세상에서 가장 쉽게 행운을 얻는다는 것에 대한 증거를 제공한다. 비록 내가 동시에 수학적 점, 물질적 원자, 영혼이기도 한 라이프니츠의 모나드(Monad)를 분명히 이해하고 있다고 주장할 수는 없지만, 일단 그러한 가정이 확정되면 관념적인 것과 실재적인 것 사이의 연관성을 설

---

3 크리스티안 볼프(Christian Wolff, 1679~1754): 독일의 철학자이자 수학자, 과학자. 합리론의 성격을 띤 18세기 철학 운동인 계몽주의의 대변자로 유명하다. 볼프는 라이프니츠의 충분근거율에 따라 이 세상에서 일어나는 모든 사건에는 그럴 만한 충분한 근거가 있다고 강조하면서, 만일 그렇지 않다면 무에서 유가 생겨날 수 있다고 가정할 수밖에 없는데 그 것은 결코 있을 수 없는 일이라고 주장했다.

명하기 위한 더 이상의 모든 가설을 피하고, 두 가지가 모나드들에서 이미 완전히 그 동일성이 확인되었다고 주장함으로써 그 질문을 처리하는 데 도움이 될 수 있을 것이라는 점은 그런 만큼 의심의 여지가 없는 것 같다(그러한 이유로도 우리 시대에 동일성 체계의 창시자인 **셸링**은 이 가정을 다시 즐겼다). 그럼에도 유명한 철학하는 수학자, 박식한 사람(Polyhistor), 정치가에게는 이러한 목적을 위해 그 모나드들을 이용하는 것이 마음에 들지 않았다. 그 대신 라이프니츠는 이러한 목적을 위해 예정 조화설을 만들어냈다. 그런데 이 예정 조화설은 우리에게 전혀 다른 두 개의 세계를 제공하며, 각각은 다른 세계에 영향을 미칠 수 없다.(『철학의 원리*principia philosophia*』 84절 그리고 『라이프니츠 작품집*Oeuvres de Leibnitz*』의 『말브랑슈의 감정 검사*examen du sentiment du P. Malebranche*』). 각각의 세계는 다른 세계의 완전히 불필요한 복사품이다. 하지만 이 두 세계는 일단 존재하고, 서로 평행하게 달리고, 서로 매우 정확히 보조를 맞춰야 한다. 그러므로 이 두 세계의 창시자는 처음부터 그것들 사이에 더없이 정확한 조화를 확립했고, 지금은 그것들이 각별한 사이가 되어 나란히 달리고 있다. 덧붙여 말하자면, '예정 조화설'은 어쩌면 무대에 비유하는 것이 가장 이해하기 쉬울지도 모른다. 원인과 결과가 단순히 감독에 의해 예정 조화를 통해 연결됨으로써, 예를 들어 한 인물이 총을 쏘고 다른 인물이 곧장 쓰러질 때, 무대에서는 매우 자주 단지 외견상으로는 물리적 영향(influxus physicus)만 존재하는 것 같다. **라이프니츠**는 『변신론』[4] 62절과 63절에서 이 문제를 터무니없이 불합리하게 더없이 조악하고 간

17세기에 철학은 다시 그 길을 떠나서,
그 후 한편으로는 베이컨과 홉스가
미리 길을 닦은 로크에 도달했고,
다른 한편으로는 라이프니츠를 경유하여
크리스티안 볼프에 도달했다.

크리스티안 볼프   Christian Wolff

결하게 서술했다. 그럼에도 스피노자가 이미 『에티카』의 제2부에서, 즉 정리 6과 정리 7, 그리고 그 필연적 귀결(Korollarium)과 아울러, 다시 제5부(명제 1)에서, '예정 조화설'을 충분히 분명하게 설명함으로써, 라이프니츠는 도그마 전체에 대한 독창성이라는 장점조차 가지고 있지 않다. 그 전에 스피노자는 제2부의 명제 5에서 우리가 모든 것을 신 안에서 본다는 그와 무척 밀접한 관련이 있는 **말브랑슈**의 가르침을 자신의 방식으로 표현했다.[5] 그러므로 말브랑슈만이 스피노자와 라이프니츠가 각각 자신의 방식으로 활용하고 수정한 이 전체 사상의 창시자이다. 라이프니츠는 심지어 그 사안 없이 지낼 수 있었을지도 모른다. 그는 물질계와 영혼계 사이에 다리를 놓는 것이 가능하지 않다는 교의를 대체하기 위해, 문제를 구성하는 단순한 사실, 즉 세계는 우리의 표상으로만 주어져 있다는 단순한 사실을 이미 떠났다. 그는 표상과 사물 그 자체의 관계에 대한 질문을 의지를 통한 신체의 움직임의 가능성에 대한 질문과 한데 엮음으로써 그렇게 한다.

4 　변신론(辯神論, Theodicée)은 독일의 철학자 라이프니츠가 제창한 이론으로 신정론神正論이라고도 한다. 악의 존재가 창조주인 신의 의지에 반하는 것이 아니라고 신을 변호하는 이론. 세계에 존재하는 악에 대해서는 이 세상의 창조주인 전능한 신이 책임을 져야 한다는 주장과 달리 그것이 신의 선성善性과 모순되지 않는 것임을 주장한다.

5 　『에티카』 제2부, 정리 7: 이념의 질서와 연결은 사물의 질서와 연결과 같다. ―제5부, 정리 1: 사고와 사물의 이념이 정신 속에서 연결되듯이, 신체의 애정(Affektion)이나 사물의 상도 이와 마찬가지로 신체 속에 정돈되고, 연결되어 있다. 등등 ―제2부, 정리 5: 이념의 형식적 존재(Sein)는 신이 사유하는 존재로 간주되는 한, 그리고 신이 다른 속성(Attribut)에 의해 설명되지 않는 한, 신을 원인으로 갖는다. 즉 개별 사물의 이념뿐 아니라 신의 속성의 이념은 이 이념의 객체를, 즉 지각된 사물을 원인으로 갖는 것이 아니라, 신이 사유하는 존재인 한에서 신 자체를 원인으로 갖는다. ―원주.

그리고 이제 그의 예정 조화설을 통해 두 가지를 함께 해결한다(라이프니츠의 『자연의 새로운 체계*Système nouveau de la nature*』, 『작품집*Opera*』, 에르트만 판, 125쪽. 브루커[6]의 『비판적 철학사*Historia critica philosophiae*』, 제4권, 제2부, 425쪽 참조). 그의 가정의 터무니없는 불합리는 이미 그의 몇몇 동시대인들, 특히 벨[7]에 의해 그것에서 비롯한 결과를 지적함으로써 확연히 드러났다(1740년 후트(Huth)가 번역한 라이프니츠의 『단편집*Kleine Schriften*』, 79쪽의 주해에서 라이프니츠 자신이 자기 주장의 언짢은 결과를 설명하지 않을 수 없다고 본다). 그렇지만 당면한 문제로 인해 사유하는 머리를 움직이게 한 가정의 바로 그 불합리는 그 문제의 크기, 어려움, 당혹감을 증명한다. 그리고 사람들이 단순한 부정을 통해, 오늘날 몇몇이 감히 그렇게 했듯이, 우리가 그 문제를 해치우기가, 따라서 매듭을 끊기가 얼마나 어려운지 증명하고 있다.

스피노자는 데카르트로부터 직접 다시 출발한다.[8] 그런 관계로 그

6 　브루커(Johann Jacob Brucker, 1696~1770): 독일의 철학자 겸 목사. 그는 다양한 철학 학파에 대한 최초의 완전한 역사서인 『비판적 철학사』로 알려져 있다. 이 책은 풍부한 자료 수집을 통한 귀중한 전기를 포함하고 있다. 쇼펜하우어는 철학자들의 원작을 읽으라는 조언을 하면서 브루커를 칭찬했다.

7 　벨(Pierre Bayle, 1647~1706): 프랑스의 철학자, 작가, 사전 편찬자. 위그노 출신인 벨은 1681년 프랑스의 종교적 박해 때문에 네덜란드 공화국으로 망명했다. 그는 1697년에 출간된 그의 역사 및 비판 사전으로 가장 잘 알려져 있다. 벨은 종교적 관용의 주창자였고, 그의 회의적인 철학은 유럽 계몽주의 시대의 성장과 발전에 중요한 영향을 미쳤다. 벨은 일반적으로 18세기 중반의 백과사전 편찬자들의 선구자로 여겨진다.

8 　데카르트가 주체를 대상 세계(자연)와 분리하면서 전자를 능동적인 것으로, 후자를 수동적인 것으로 이해했던 것과 달리 스피노자는 대상 세계(자연) 역시 능동적이고 활기 있는

는 데카르트파 학도로 등장하면서 처음에는 심지어 스승의 이원론을 유지했고, 그에 따라 '사유하는 실체'와 '연장된 실체'를 사실로 상정하여, 전자는 주체로, 후자는 인식 대상으로 삼았다. 그러나 나중에 그는 자신의 두 발로 섰을 때, 두 가지가 다른 측면에서 바라본 하나이자 동일한 실체라는 것을, 따라서 한번은 연장된 실체로, 다른 때는 사유하는 실체로 파악된다는 것을 발견했다. 그런데 이는 사실 사유하는 것과 연장된 것, 즉 정신과 신체의 구별이 근거 없고 그 때문에 용납될 수 없다는 것을, 따라서 그러한 구별에 대해 이제 더 이상 말하지 말았어야 한다는 것을 의미한다. 그럼에도 그는 두 개가 하나라는 것을 지치지 않고 되풀이한다는 점에서 여전히 그러한 구별을 유지하고 있다. 이것에 그는 이제 '마찬가지로 또한ebenso auch'을 통해 '연장의 양태(Modus)와 그 양식의 이념은 하나이고 동일하다'(『에티카』 제2부, 정리 7, 숄리아 판)는 것을 연결한다. 이는 신체에 관한 우리의 표상과 이러한 신체 자체가 하나이고 동일하다는 것을 의미한다. 그렇지만 '마찬가지로 또한'은 이를 위한 불충분한 이행移行이다. 정신과 신체 또는 표상하는 것과 연장된 것의 차이가 근거 없다는 사실로부터, 우리의 표상과 그 표상의 바깥에 존재하는 객관적

것임을 주장했다(**존재론**). 또 데카르트가 (유한) 실체를 연장-실체와 사유-실체로 설정했던 것과 달리 스피노자는 연장과 사유를 자연이라는 실체의 두 속성, 즉 연장-속성과 사유-속성으로 설정함으로써 데카르트에게 문제시되었던 양자의 일치 딜레마를 제거했다(**인식론**). 또한 데카르트는 인간의 이성이 인간 내부의 자연적 요소를 억압하고 통제해야 한다고 말한 반면에 스피노자는 자연의 일부분인 인간이 자연적 요소를 억압하고 통제하는 것은 애초에 불가능하다고 말한다(**윤리학**).

이고 실재적인 것 사이의 차이, 데카르트가 제기한 이 근원 문제 역시 근거 없다는 것이 뒤따르지 않기 때문이다. 표상하는 것과 표상된 것은 여하튼 동질적인 것일지도 모른다. 그럼에도 내 머릿속의 표상으로부터 나와 구별되는, 그 자체로, 즉 독립적으로 실존하는 존재의 현존을 내가 확실하게 추론할 수 있는지의 문제가 여전히 남는다. 이 것은 특히 **라이프니츠**(예컨대 『변신론』, 제1부, 59절)가 왜곡해서 만들려고 하는 어려움이 아니라, 가정된 영혼과 물질계 사이에서, 완전히 이질적인 두 종류의 실체로서 어떠한 작용과 관계(Gemeinschaft)도 결코 일어날 수 없다는 어려움이다. 이것이 그가 물리적 영향력을 부정하는 이유이다. 이 어려움은 단순히 합리적 심리학의 결과일 뿐이고, 따라서 스피노자에게서 일어나는 것처럼, 허구로서 무시되기만 하면 되기 때문이다. 게다가 대인 논증[9]으로서, 우리는 하나의 영혼이라는 신이 물질계를 창조하고 지속적으로 지배하여, 그러므로 영혼이 직접 신체에 영향을 미칠 수 있다는 도그마를 유지하는 사람들을 지지해야 한다. 오히려 그 어려움은 단순히 데카르트적인 어려움이고, 계속 그러한 어려움으로 남으며, 우리에게 직접 주어진 유일한 세계는 완전히 관념적인 세계, 즉 우리 머릿속의 단순한 표상으로 구성된 세계라는 것이다. 반면에 우리는 이 세계를 넘어서 실재하는 세계, 즉 우리의 표상 작용과는 독립적으로 현존하는 세계로부터 판단하려고 시도한다. 그러므로 '사유하는 실체'와 '연장된 실체' 사이의

---

9   argumentum ad hominem.

차이를 폐기함으로써 **스피노자**는 이 문제를 아직 해결하지 못하고, 기껏해야 물리적 영향을 다시 허용하게 되었다. 그러나 인과법칙은 입증된 대로 주관적 기원을 지니므로, 이 영향은 어려움을 해결하기에 적합하지 않다. 그러나 인과법칙이 이와 반대로 외부 경험으로부터 비롯되었다고 해도, 그것은 여전히 의문시되는 세계, 우리에게 단순히 관념적으로 주어진 세계에 속할지도 모른다. 그래서 인과법칙은 결코 객관적인 것과 주관적인 것 사이의 가교역할을 할 수 없고, 오히려 단순히 현상들을 서로 연결하는 끈에 불과하다(『의지와 표상으로서의 세계』 II, 12쪽과 15쪽 참조).

그렇지만 앞에서 인용한 연장의 동일성과 연장에 관한 표상의 동일성을 좀 더 자세히 설명하기 위해, **스피노자**는 **말브랑슈**와 **라이프니츠**의 견해를 동시에 아우르는 어떤 것을 내세운다. 즉 전적으로 **말브랑슈**에 따라서 우리는 신 안에서 모든 사물을 본다. "개별 사물의 관념은 대상 자체나 지각된 사물이 아니라, 신이 사유하는 사물인 한 신 자체를 효율적인 원인이라고 인정한다."(『에티카』 제2부, 정리 5). 그리고 이 신은 바로 **말브랑슈**의 경우에서처럼, 사물들 속에서 실재하는 동시에 작용하는 존재다. 그렇지만 **스피노자**는 '신Deus'이라는 명칭으로 세상을 지칭하므로, 그것으로 결국 아무것도 설명되지 않는다. 그러나 이와 동시에 **라이프니츠**의 경우에서처럼 스피노자의 경우 연장된 세계와 표상된 세계 사이에는 "관념의 질서와 연결은 사물의 질서와 연결과 같다"(제2부, 명제 7)와 그리고 많은 유사한 구절에서 보듯이 정확한 평행성이 있다. 이것이 라이프니츠의

'예정 조화설'이다. 단지 여기서 라이프니츠에게서처럼 표상된 세계와 객관적으로 존재하는 세계는 완전히 분리되어 있지 않고, 단순히 미리 그리고 외부로부터 조절되는 '조화'의 힘으로 서로 상응하여, 실제로 하나이자 동일한 것이다. 그러므로 우리는 여기서 사물의 현존이 우리 안에 있는 그 사물의 표상과 정확히 일치하는 한 두 가지가 하나이므로[10] 무엇보다도 완전한 **실재론**(Realismus)을 갖는다. 따라서 우리는 사물들 자체를 인식한다. 사물들은 그 자체로 '연장된' 것이다. 또한 이와 마찬가지로 그것들이 '사유된' 것으로 나타나는 한, 즉 사물들은 그것들에 관한 우리의 표상에서 '연장된' 것으로 나타난다(말이 나온 김에 말하자면, 여기에 실재적인 것과 관념적인 것에 관한 셸링의 동일성의 기원이 있다). 그런데 이 모든 것은 사실 단순한 주장에 근거한다. 전적으로 비유적인 의미로 쓰이는 '신Deus'이라는 용어의 모호성 때문에, 그리고 또한 그 외의 이유들 때문에 그 설명은 이미 불명료하다. 그 때문에 스피노자는 애매함 속에 길을 잃고, 결국 이렇게 말할 수밖에 없다. "현재로서는 이것을 더 분명하게 설명할 수 없다."(『에티카』 제2부 정리 7). 그러나 설명의 불명료함은 항상 철학 학설(Philosophem)에 대한 자신의 이해함(Verstehen)과 숙고함(Durchdenken)의 불명료함에서 비롯된다. **보브나르그**[11]는 매우 적

---

10   스피노자는 『인간지성론 *Tractatus de emendatione intellectus*』(414~425쪽)에서 확고한 **실재론**을 드러낸다. 더구나 진정한 이념은 그것을 통해 생각된 대상과는 다르다는 것을 보여준다. 등등. 그렇지만 이 논고(Traktat)는 의심할 여지 없이 그의 『에티카』보다 더 오래되었다.—원주.

절하게 다음과 같이 말했다. "명료함은 철학자들의 신용장이다."(『두 세계 르뷔Revue des deux Mondes』, 1853년 8월 15일, 참조). 음악에서 '순수한 악곡(Satz)'에 해당하는 것이 철학에서는 '완전한 명료성'이다. 완전한 명료성이 그것의 성취 없이는 모든 것이 자신의 가치를 잃어버리는 '필수 불가결한 조건'이라면, 우리는 "당신이 이런 식으로 내게 보여주는 것은 무엇이든 믿을 수 없고, 나는 그것을 증오한다."(호라티우스의 『시론De arte poetica』, 188)라고 말해야 한다. 그렇지만 우리가 심지어 평범하고 실제적인 삶의 문제들에서도 일어날 수 있는 오해를 명료성을 통해 조심스럽게 막아야 한다면, 가장 어렵고 난해하며 거의 접근하기 어려운 사유 대상인 철학의 과제에서 어떻게 자신을 불확실하게, 그러니까 수수께끼처럼 표현해도 된다는 말인가? 스피노자의 학설에서 질책받는 애매함은 그가 원래 그대로의 사물의 본성으로부터 편견 없이 출발한 것이 아니라 데카르트주의로부터, 따라서 그가 이제 에움길을 통해 자신의 진리와 조화를 이루려고 애쓴 '신', '실체', '완전함' 등과 같은 온갖 종류의 물려받은 개념으로부터 출발했다는 사실에서 비롯되었다. 스피노자는 항상 우회적으로 또 거의 알레고리적으로 말함으로써, 특히 『에티카』 제2부에서 최상의 생각(das Beste)을 매우 자주 간접적으로만 표현한다. 다른 한편으

---

11   보브나르그(Luc de Clapiers, Marquis de Vauvenargues, 1715~1747): 프랑스의 작가이자 도덕가. 그는 20세 연상인 볼테르와 우정을 나누며 그의 격려로 익명으로 수필과 격언집을 출판하였다. 그는 1797년 처음으로 자신의 이름으로 세인의 주목을 받았고, 1857년부터 그의 격언은 대중화되었다.

로 스피노자는 명백한 **초월적 관념론**을, 즉 로크에 의해, 특히 칸트에 의해 분명하게 설명되는 진리에 관한 보편적 인식이긴 하지만, 그러므로 사물 자체로부터 현상의 실질적인 구별을, 그리고 현상만이 우리에게 접근 가능하다는 인정을 명시적으로 드러낸다. 『에티카』 제2부, 정리 16을 두 번째 필연적 귀결과 함께, 그리고 그 필연적 귀결을 자기 인식으로 확장하는 정리 17, 정리 18, 정리 19, 정리 23을 참조하라. 그것을 분명하게 표현하는 정리 25, 그리고 마지막으로 요약하자면, 우리가 우리 자신이나 사물들을 있는 그대로 인식하지 못하고, 단순히 현상하는 대로만 인식한다는 것을 분명히 말하는 정리 29에 대한 필연적 귀결을 참조하라. 제3부 정리 27의 증명(Demonstration)은 바로 처음에 그 문제를 가장 분명하게 표현하고 있다. 스피노자와 데카르트의 학설 사이의 관계에 관하여 나는 『의지와 표상으로서의 세계』 II에서 그것에 대해 말한 것을 여기에서 독자들에게 상기시킨다. 스피노자는 데카르트 철학의 개념에서 출발했기 때문에 많은 애매함과 오해의 소지가 있을 뿐 아니라, 그로 인해 많은 뚜렷한 역설, 명백한 거짓, 곧 불합리와 모순에 빠져들었다. 이러한 이유로 그의 학설의 많은 참되고 탁월한 요소들은 도저히 소화가 안 되는 요소들과 지극히 불쾌하게 혼합되었고, 독자들은 경탄과 짜증 사이에서 이리저리 내몰린다. 그러나 현재의 우려와 관련하여 스피노자의 근본적인 오류는 그가 관념적인 것과 실재적인 것, 또는 주관적 세계와 객관적 세계 사이를 가르는 선을 잘못된 지점에서 그었다는 사실이다. 다시 말해 **연장**은 **표상**과 결코 반대되는 것이 아니라, 전적으로

254

그 안에 있기 때문이다. 우리는 사물들을 연장된 것으로 표상하고, 연장된 것인 한에서 그것들은 우리의 표상이다. 그러나 우리의 표상 작용과는 무관하게, 의문과 원래의 문제는 어떤 것이 연장되는지, 그러니까 실제로 어떤 것이 존재하느냐의 여부이다. **칸트**는 나중에 연장이나 공간성이 오로지 표상에만 있다고, 그러므로 표상에 부착되어 있다고 주장함으로써 지금까지 부인할 수 없이 올바르게 이 문제를 해결했다. 왜냐하면 공간 전체가 표상의 단순한 형식이기 때문이다. 그에 따라 연장된 어떤 것도 우리의 표상 작용과 무관하게 존재할 수 없고, 또한 전적으로 확실하지는 않다. 따라서 스피노자가 그은 선은 전적으로 관념적인 측면으로 떨어졌고, 그는 **표상된** 세계에 멈춰 섰다. 그러므로 그는 연장의 형식으로 지칭되는 이 표상된 세계를 실재적인 것으로, 따라서 표상되는 것과는 독립적으로, 즉 그 자체로 존재하는 것으로 간주한다. 그런데 그가 연장된 것과 표상되는 것, 즉 신체에 관한 우리의 표상과 이 신체 자체가 하나이며 동일하다고 주장하는 것은 물론 정당하다(『에티카』 제2부 정리 7). 사실 사물들은 표상된 것들로만 연장되고, 연장된 것들로만 표상될 수 있기 때문이다. 즉 표상으로서의 세계와 우주 공간 속의 세계는 하나이며 같은 것이다. 우리는 이런 사실을 전적으로 인정할 수 있다. 그런데 만약 연장이 사물 자체의 성질이라면 우리의 직관은 사물 자체의 인식일 것이다. 스피노자가 가정하는 것이 또한 이것이고, 그의 실재론의 본질이 여기에 있다. 하지만 그는 이 실재론에 대한 근거를 대지 않고, 공간적 세계에 대한 우리의 직관에 대응하여 이 직관으로부터 독립적인 공간적 세계가 존재한다는 것을 증명하지 않는다. 그 때문에 근본 문제는 미해결의 상태로 남는다. 그리고 이것은 실재적인 것과 관념적인 것, 객관적인 것과 주관적인 것, 사물 자체와 현상 사이의 선이 올바르게 그려지지 않았다는 사실에서 비롯된다. 오히려 앞에서 말한 것처럼, 스피노자는 세계의 관념적이고 주관적이며 현상하는 측면, 즉 표상으로서의 세계의 중간을 잘라서, 이 세계를 연장된 세계 또는 공간적인 세계 그리고 그 세계에 대한 우리의 표상으로 나눈 다음, 그 두 개가 단지 하나일 뿐임을 보여주기 위해 열심히 노력한다. 그 두 개가 실제로도 그러한 것처럼 말이다. 사실 스피노자가 전적으로 세계의 관념적 측면에 머무르는 이유는 그가 관념적 세계에 속하는 연장된 세계에서 이미 실재적인 것을 발견한다고 추정했기 때문이다. 그에 따르면 직관적인 세계는 우리 **바깥**의 유일하게 실재적인 것이고, 인식 행위(das Erkennende, cogitans)는 우리 **안**의 유일하게 실재적인 것이므로, 그는 다른 한편 유일하게 진실로 실재하는 것, 즉 의지를 관념적인 것 속으로 옮긴다. 그럼으로써 그는 의지를 단순한 사유의 양태(Modus)가 되게 하고, 그러니까 의지를 **판단**과 동일시한다. 『에티카』제2부, 48번과 49번의 증명을 참조하라. 거기서 다음과 같이 말한다. "나는 의지를 긍정과 부정의 능력으로 이해한다." 그리고 다시 이렇게 말한다. "특정한 의지 행위, 즉 정신이 삼각형의 세 각이 두 직각과 같다는 것을 긍정하는 사유의 양태를 생각해보자." 여기서 나오는 필연적 귀결은 다음과 같다. "의지와 지성은 하나이고 같은 것이다." 일반적으로 스피노자는 전체 세계에서 다른 이름으로 통하는 개념들을 지칭하기 위해 일부러 단어를 오용하는 큰 실수를 저지른다. 그 반면에 그는 어디서나 그 이름들이 지닌 의미를 **빼앗는다.** 그래서 그는 어디서나 '세계'라고 불리는 것을 '신'이라고 부르고, 어디서나 '폭력'이라고 불리는 것을 '법(das Recht)'이라고 부르며, 어디서나 '판단'이라고 불리는 것을 '의지'라고 부른다. 우리가 이와 관련하여 코체부[12]의 『베뇨프스키』[13]에 나오는 코사크인들의 수장을 떠올리는 것은 전적으로 정당하다.

나중에 태어나서 이미 **로크**에 친숙해졌음에도, **버클리**는 초지일관하게 이러한 데카르트주의자의 이 길을 계속 가서, 본래적이고 진정한 **관념론**의 창시자, 즉 우주에서 연장되고 채워지는 것, 그러므로 일반적으로 직관적인 세계는 그 현존 자체를 오로지 우리의 표상 속에서만 가질 수 있다는 인식의 창시자가 되었다. 그리고 모든 표상

---

12   코체부(August von Kotzebue, 1761~1819): 독일의 극작가. 예나대학의 법학도 시절에 쓴 첫 희극으로 바이마르 궁정의 문학 서클에 들어갔으나, 1781년 불분명한 이유로 쫓겨났다. 1783년 러시아에서 행정부에 들어가 1785년 에스토니아 지방의 수석 치안판사가 되었고 귀족의 칭호를 받았다. 1817년 알렉산드르 황제가 정치·재정·교육 분야에서 당대 서구 사상의 흐름을 알아보라고 해외로 파견했는데, 정치적 급진파들은 그를 반동 세력에 고용된 스파이로 보고 대단히 싫어했으며, 결국 코체부는 대학생 학우회의 일원인 카를 잔트에게 암살당했다. 이 살인은 메테르니히에게 1819년 카를스바트 칙령을 발표할 구실을 주었고, 대학생 학우회를 해산하고, 자유주의 언론을 탄압했으며, 독일 연방의 주들에서 학문의 자유를 심각하게 제한했다.

13   『베뇨프스키 백작 또는 캄차카에서의 모반Graf Benjowsky oder die Verschwörung auf Kamtschatka』(1795). — 원주. 코사크 족의 수장은 즉흥적으로 단어를 재정의하고("내가 아무도 없다고 말할 때, 이미 많은 사람이 이미 도망쳤다는 것을 뜻한다."), 자신의 망상적 상상력에 따라, 예컨대 자신을 캘리포니아의 왕으로 만듦으로써, 현실을 재해석하는 자만심 강한 바보이다.

바깥에 또 인식 주체와 독립적으로 어떤 현존을 현존 그 자체에 귀속시키고, 따라서 그 자체로 실존하는 물질을 가정하는 것은 불합리하고, 심지어 모순적이라는 인식의 창시자가 되었다.[14] 이것은 매우 올바르고 심오한 통찰이다. 그의 전체 철학의 본질 또한 그것에 있다. 그는 관념적인 것을 떠올렸고, 그것을 순수하게 구별했다. 하지만 그는 관념적인 것을 어떻게 찾는지 알지 못했고, 찾으려고 그다지 노력하지도 않았다. 그는 단지 가끔, 단편적인 방식으로 불완전하게 그것에 관해 자신의 견해를 밝힐 뿐이다. 신의 뜻과 전능은 직관적인 세계의 모든 현상, 즉 우리의 모든 표상의 직접적인 원인이다. 실질적인 실존(Existenz)은 오직 우리 자신이 그러한 것처럼 단지 인식하고 의욕하는 존재들에 귀속될 뿐이다. 그러므로 이들은 신 외에 관념적인 것의 본질을 이룬다. 그들은 정신적 존재들(Geister), 즉 인식하고 의욕하는 존재들이다. 그는 또한 인식과 의지를 결코 분리할 수 없다고 간주하기 때문이다. 버클리는 또한 신이 앞에 놓인 세계보다 더 잘 알려져 있으며, 따라서 신에 환원시키는 것을 설명(Erklärung)이라고 간주하는 견해를 선대 철학자들과 공유한다. 일반적으로 성

---

14 많은 철학박사를 포함하여 철학의 문외한들한테서 **'관념론'**이라는 용어를 완전히 없애야 한다. 그들은 그것이 무엇을 의미하는지 알지 못하고, 그 용어로 온갖 횡포를 부리기 때문이다. 그들은 관념론을 때로는 유심론으로 때로는 대충 속물근성의 반대로 생각하여, 그러한 견해로 통속 문사들에 의해 지지되고 확인된다. '관념론'과 '실재론'이라는 용어는 주인이 나서지 않는 것이 아니라 고정된 철학적 의미를 지닌다. 그러니 다른 어떤 것을 의미하는 사람들은 사실 다른 용어를 사용해야 한다. **관념론**과 **실재론**의 반대는 **인식된 것**, 객체와 관련되는 반면, **유심론**과 **유물론** 사이의 반대는 **인식하는 것**, 주체와 관련된다. (오늘날의 무지한 삼류 문필가들은 관념론과 유심론을 혼동한다).―원주.

직자 신분, 심지어 주교라는 신분은 그에게 너무 무거운 족쇄를 채웠고, 그가 어디서도 침범해서는 안 되는 협소한 사고 범위에 그를 제한했다. 그래서 그는 계속 나아갈 수 없었고, 진실과 거짓이 그의 머릿속에서 될 수 있는 한 잘 어울리는 법을 배워야 했다. 이것은 심지어 스피노자를 제외한 이 모든 철학자의 업적으로 범위를 넓힐 수 있다. 그들은 모두 조사에 영향받지 않고, 모든 시험에 죽은, 따라서 실제로 고정 관념으로 나타나며, 사사건건 진리의 길을 가로막는 유대의 유신론에 의해 타락한다. 그래서 유신론이 이론적인 영역에서 끼친 해악은 말하자면 종교 전쟁, 종교재판소, 그리고 칼을 통한 사람들의 개종에서 그것이 천 년 동안 실제적인 영역에서 끼친 해악과 맞먹는다.

말브랑슈, 스피노자와 **버클리** 사이의 더없이 밀접한 친화성은 놓칠 수 없다. 또한 우리는 그들 모두 **데카르트**로부터 출발하는 것을 본다. 그들이 관념적이고 주관적인, 즉 우리의 표상 속에서만 주어진 세계와 그것과는 독립적인 실재적이고 객관적인 세계 사이의 구별과 관계를 조사하려고 애씀으로써, 외부 세계의 실존에 대한 의혹의 형태로 데카르트에 의해 제시된 근본 문제를 고수하고, 그것을 해결하려고 시도하는 한에서 말이다. 따라서 앞에서 말한 것처럼, 이 문제는 근대 철학 전체가 그 주위를 회전하는 축이다.

로크는 다른 철학자들과 다음 사실을 통해 구별된다. 그는 필경 홉스와 베이컨의 영향 아래에 있기 때문에, 초자연적(hyperphysisch) 가설을 최대한 피하면서 경험과 상식(der gemeine Verstand)에 되도록 가까이 다가간다. 그에게 **실재적인 것**은 **물질**이다. 그는 비물질적이고 사유하는 실체와 물질적이고 연장된 실체 사이의 인과 관계의 불가능성에 대한 라이프니츠적인 회의를 고려하지 않고, 서슴없이 물질과 인식 주체 사이의 물리적 영향을 가정한다. 하지만 이와 관련하여 드물게 사려 깊고 솔직하게 그는 혹시 인식하고 사유하는 것이 물질일 수도 있다는 것을 인정하기까지 했다(『인간 지성론』, 제4권, 3장, 6절). 이것은 후에 위대한 **볼테르**[15]의 거듭된 찬사를 받았지만, 그의 시대에는 교활한 성공회 사제인 폰 우스터 주교[16]의 악의적인 공격을 받았다.[17] 로크의 경우 **실재적인 것**, 즉 물질은 인식하는 것

15　볼테르(Voltaire, 1694~1778): 프랑스의 작가·사상가. 계몽주의 시대를 대표하는 인물이다. 비판 능력과 재치 및 풍자를 구현한 작품과 활동으로 명성을 떨쳤다. 오늘날까지 읽히는 작품은 소수에 불과하지만, 그는 18세기 유럽의 전제 정치와 종교적 맹신에 저항하고 진보의 이상을 고취한 인물로 아직도 세계적인 명성을 누리고 있다. 고전주의 말기에서 프랑스 혁명기 직전에 걸친 생애를 통하여, 그는 비판 능력과 재치 및 풍자 같은 프랑스 정서 특유의 자질들을 구현한 작품과 활동으로 유럽 문명의 진로에 상당한 영향을 끼쳤다.

16　우스터 주교(von Worcester)는 영국 캔터베리 지역 우스터 교구의 수장이다.

17　영국 성공회만큼 빛을 피하는 교회는 없다. 이 교회만큼 큰 금전상의 이익을 가진 교회는 없기 때문이다. 이 교회 수입이 500만 파운드에 달하는데, 이는 남반구와 북반구의 전체 그리스도교 성직자들의 수입을 합친 것보다 4만 파운드가 더 많은 액수라고 한다. 다른 한편 다른 모든 것을 능가하는 더없이 모멸적인 맹신(Köhlerglaube)에 의해 영국만큼 지성이 조직적으로 명청하게 되는 것을 보는 것이 고통스러운 나라는 없다. 악의 근원은 영국에 공교육을 위한 정부 부처가 없어서, 이 공교육이 지금까지 전적으로 성직자들 수중에 그대로 있다는 데 있다. 그 결과 국민의 3분의 2가 읽거나 쓸 수 없다. 때때로 이들은 뻔뻔하게도 우스꽝스럽기 짝이 없는 오만불손한 태도로 자연과학에 대해 욕지거리를 쏟아놓는다. 그러므로 모든 성직자 중에서 가장 잘 먹고 잘살아가는 사람들이 마침내 밥벌이를 그만두도록, 생각할 수 있는 모든 경로를 통해 빛, 계몽과 과학을 영국으로 몰래 들여보내는 것은 인간의 의무이다. 유럽 대륙의 교양 있는 영국인들이 유대인의 안식일 미신과 그 밖의 어리석은 거짓 믿음을 드러낼 때, 사람들은 그들이 상식으로 부끄러움을 느낄 때까지 숨김없는 비웃음

속에서 '충력(Impuls)', 즉 충동(Stoß)을 통해 표상, 또는 **관념적인 것**을 낳는다(『인간 지성론』, 제1권 9장 11절). 그러므로 우리는 꽤 견실한 실재론을 가지고 있다. 그것은 바로 과잉을 통해 모순을 불러일으키면서 버클리적인 관념론을 초래했다. **로크**가 『인간 지성론』의 제2권 21장 2절의 끝에 눈에 띄게 사려 깊지 않게 내세우는 것이 아마 버클리적인 특수한 관념론의 기원일 것이다. 그중에서도 그는 특히 이렇게 말한다. 예컨대 "불가입성, 연장, 형태, 운동, 정지가, 그것들을 지각하는 감정을 지닌 존재가 있든 없든 간에, 있는 그대로 실제로 세상에 존재할지도 모른다." 다시 말해 우리가 이것을 성찰하는 순간 우리는 그것을 거짓으로 인식해야 한다. 그런데 버클리의 관념론이 우리 앞에 버티고 있어 부정할 수 없다. 한편 **로크** 역시 저 근본 문제, 즉 우리 내부의 표상과 우리와 독립적으로 존재하는 사물들 사이의 괴리, 그러므로 관념적인 것과 실재적인 것의 차이를 간과하지 않는다. 그렇지만 그는 일반적으로 건전하지만 조야한 지성의 논거를 통해, 그리고 실제적인 목적을 위한 사물에 대한 우리의 인식의 충분

으로 그들을 대해야 한다. 그와 같은 짓은 유럽에 하나의 스캔들이므로 더 이상 용납되어서는 안 되기 때문이다. 그런 이유로 우리는 평범한 삶에서도 결코 영국 성공회의 미신에 대해 최소한의 용인도 해서는 안 되고, 그 미신이 드러날 때마다 어디서든 즉각 더없이 따끔한 맛을 보여줘야 한다. 영국 성직자들의 오만함을 능가하는 오만함은 없기 때문이다. 따라서 영국 성직자들은 대륙에서 너무나 많은 굴욕을 겪을 수밖에 없으므로, 굴욕의 일부를 그것이 부족한 고향으로 가지고 가야 한다. 성공회 사제들과 그들의 노예 같은 추종자들의 뻔뻔스러움은 오늘날까지 도저히 믿기지 않을 정도이다. 그러므로 그들은 그들의 섬으로 추방되어야 한다. 만약 뻔뻔스러움이 감히 대륙에 모습을 드러낸다면, 즉각 낮 동안에는 부엉이가 역할을 하도록 해야 한다.— 원주.

함을 원용함으로써 그 문제를 처리한다(『인간 지성론』, 제4권, 4장, 9절). 이것은 분명히 요점을 놓치고 있으며, 경험주의가 그 문제에 얼마나 부적절한지 보여줄 뿐이다. 그런데 우리의 인식에서 **실재적인 것**에 상응하는 것을 **그 자체로 있는 그대로**의 사물들에 내재하는 성질에 한정하게 하고, 이 성질을 사물에 관한 단순히 우리 **인식**의 성질, 그러므로 오로지 **관념적인 것**에 속하는 성질들과 구별하게 하는 것이 바로 그의 실재론이다. 따라서 그는 이제 이 성질은 **제2성질**, 그러나 전자는 **제1성질**로 명명한다. 이것은 사물 자체와 현상을 구별하는 기원으로, 후에 칸트 철학에서 매우 중요해진다. 그러므로 여기에 칸트 학설의 이전 철학, 즉 발생에 관한 **로크**와의 진정한 연결점이 있다. 칸트 학설은 **로크**의 학설에 대한 **흄**의 회의적인 반대에 의해 촉진되었고, 더욱 자극되었다. 반면에 칸트 학설은 라이프니츠-볼프 철학과는 단지 논쟁적인 관계를 가질 뿐이다.

배타적으로 사물들 그 자체의 결정체들이며, 따라서 우리의 표상 바깥에서 그리고 이 표상과는 독립적으로 사물들에 귀속된다고 말해지는 그 **제1성질들**은, 사물들에 그 성질들이 **존재하지 않는다고 생각할 수 없는** 그러한 것으로 밝혀진다. 다시 말해 연장, 불가입성, 형태, 운동 또는 정지나 숫자 같은 성질들 말이다. 다른 모든 것은 **제2의 것**으로, 즉 우리의 감각 기관에 대한 저 제1성질의 영향의 산물로 인식된다. 따라서 이 감각 기관 안에서 색깔, 소리, 맛, 후각, 딱딱함, 연함, 매끄러움, 거칠기 등과 같은 단순한 감각으로 인식된다. 그런 까닭에 이 성질들은 그것들을 유발하는 **사물들 자체** 속의 속성과 조

금도 유사성이 없으며, 그 원인으로서 저 제1성질들로 거슬러 올라
갈 수 있다. 그리고 이 제1성질들만이 순수하게 객관적이고 실제로
사물들 속에 존재한다(『인간 지성론』, 제1권, 8장, 7절 이하). 따라서 사물
들에 대한 우리의 표상은 사물들 그 자체에 존재하는 성질들을 정확
하게 재현하는, 이 사물들의 실제로 충실한 사본이다(제1권, 8장, 제15
절. 나는 여기서 실재론이 기묘한 것으로 변하는 것을 실제로 느끼는 독자에
게 축하를 보낸다). 그러므로 외부로부터 사물들 자체의 표상을 받아
들이는 우리는 **로크**가 그 사물들 자체의 속성으로부터 **감각 기관**의
신경의 활동인 것을 추상(抽象)하는 것을 알 수 있다. 이는 쉽고, 평이
하며, 논쟁의 여지가 없는 고찰이다. 그러나 같은 방법으로 **칸트**는
나중에 우리 **뇌**의 활동인 것을 역시 추상하는 헤아릴 수 없을 만치
더 위대한 행보를 보였다. 그 결과 소위 모든 제1성질은 제2성질로,
그리고 사물 자체로 추정되는 것들은 단순한 현상들로 떨어졌다. 그
러나 실제적인 사물 자체는 이제 마찬가지로 저 성질들을 빼앗기고
완전히 미지의 크기, 즉 단순한 X로 남겨진다. 이는 이제 물론 오해
와 몰이해의 논박으로부터 오랫동안 방어되어야 하는 까다롭고 심
오한 분석을 요한다.

　　로크는 사물들의 제1성질들을 추론하지 않으며, 그것들이 소멸
불가능하다고 말하는 것 외에는 왜 다른 성질들이 아닌 바로 그 제
2성질들만 순수하게 객관적인지에 대해 그 이상 아무런 근거도 제
시하지 않는다. 그는 직접적으로 감각에 영향을 미치고, 따라서 사
실 외부로부터 오는 사물들의 이러한 성질들이 객관적으로 존재하

지 **않는다**고 선언한다. 반면에 그는 우리 지성 자신의 고유한 기능으로부터 비롯하는 것들에 대한 객관적인 실존은(그 이후로 인정되었듯이) 승인한다. 이제 그 이유를 조사해보면 그 근거는 이러하다. 즉 객관적으로 직관하는 의식(다른 사물들의 의식)은 필연적으로 복잡한 기구, 그것의 기능으로서 의식이 나타나는 기구를 요한다. 따라서 그 의식의 가장 본질적인 기본 규정들은 이미 내부로부터 확정되어 있다. 그 때문에 보편적인 형식, 즉 직관의 종류와 방식이—오직 직관으로부터 선험적으로 인식 가능한 것이 생겨날 수 있다—직관된 세계의 기본 구조로서 제시되며, 따라서 절대적으로 필요 불가결한 것, 예외 없는 것, 그리고 결코 제거될 수 없는 것으로 나타난다. 그리하여 그 의식은 다른 모든 것과 그 다양한 상이성의 조건으로서 이미 미리 확정되어 있다. 잘 알려진 바와 같이, 이는 먼저 공간과 시간이고, 그것들로부터 뒤이어 오고, 그리고 단지 그것들을 통해서만 가능한 어떤 것이다. 공간과 시간은 그 자체로 텅 비어 있다. 만약 어떤 것이 공간과 시간 속으로 들어오려면 그것은 **물질**(Materie)로서, 즉 그러나 **작용인**으로서, 따라서 인과 관계로서 나타나야 한다. 물질은 철두철미 순수하게 인과 관계이기 때문이다. 물질의 존재는 작용에 그 본질이 있으며, 그 반대의 경우도 마찬가지다. 물질은 사실 객관적으로 파악된, 인과 관계 자체의 지성 형식일 뿐이다(『충분근거율의 네 겹의 뿌리에 대하여』,『의지와 표상으로서의 세계』I). 따라서 **로크**의 제1성질들은 그것들이 존재하지 않는다고는 생각할 수 없는 그러한 것들이 된다—이러한 사실은 그 제1성질들이 직관 기구의 속성으로부터 직접적으로 생겨남으로써, 그것들의 주관적인 기원을 충분히 분명하게 보여준다—따라서 그는 뇌의 기능으로서 외부로부터 직접 발생한 감각(Sinnesempfindung), 또는 적어도 더 자세히 규정된 감각보다 훨씬 더 주관적인 것을 절대적으로 객관적이라고 간주하는 것이 된다.

한편 이 모든 다른 견해와 설명을 통해 **데카르트**에 의해 제기된 관념적인 것과 실재적인 것 사이의 관계에 대한 문제가 어떻게 점점 더 발전되고 분명해지는지, 그러므로 진리가 촉진되는지 보는 것은 좋은 일이다. 물론 이 일은 2세기라는 짧은 기간 내에 유럽에서 6명 이상의 사상가들이 태어나고 번성하여 무르익을 수 있도록 시대 상황, 혹은 더 정확히 말하면 자연의 혜택을 받고 일어났다. 오직 효용과 쾌락에만 빠진 저속한 성향의 세계 한가운데서 이 사상가들이 사제들의 욕지거리와 그때마다 철학 교수들의 헛소리, 즉 고의적인 짓거리에 아랑곳하지 않고 그들의 숭고한 소명을 따를 수 있은 것은 운명의 추가적인 축하 선물이었다.

그런데 **로크**는 그의 엄격한 경험론에 따라, 인과 관계 역시 경험을 통해 비로소 우리가 알게 해주었다. 그렇기 때문에 **흄**은 마땅히 그랬어야 하지만, 이 잘못된 가정에 이론을 제기하지 않았다. 그 대신 그는 목표물에, 즉 인과 관계 자체의 실재성에 총을 난사했다. 더구나 경험은 사물들 상호 간의 단순한 연속보다 더 많은 것은 결코 제공할 수 없으며, 하지만 진정한 결과와 효과(Erfolgen und Bewirken), 필수적인 연관관계를 감각적으로 또 직접적으로 제공할 수 없다는 그 자체로 옳은 소견을 피력하면서 말이다. **흄**에 의한 이 회의적인 반대가 어떻게 그 문제에 대한 **칸트**의 비교할 수 없이 훨씬 더 심오한 연구의 계기가 되었는지는 널리 잘 알려져 있다. 그 연구는 인과관계, 거기에다가 공간과 시간 또한 선험적으로 우리에 의해 인식되고, 즉 모든 경험에 앞서 우리 안에 깃들어 있으며, 따라서 인식의 **주관적**인 몫에 속한다는 결과를 낳았다. 이것으로부터 다음 사실이 뒤따른다. **로크**가 확립한 사물들의 모든 제1성질, 즉 절대적인 성질들은 모두 공간, 시간과 인과성의 순수한 규정으로 구성되어 있으므로, 사물들 그 자체에 속할 수 없고, 그것들에 대한 우리의 인식 방식에 내재해 있으므로, 실재적인 것이 아니라 관념적인 것에 포함되어야 한다. 이것으로부터 결국 다음 사실이 밝혀진다. 우리는 사물들을 **그 자체로** 있는 그대로 고찰하여 인식하지 않고 유일하게 오로지 **현상들** 속에서만 인식한다. 따라서 실재적인 것, 사물 그 자체는 완전히 미지의 것, 단순한 X로 남겨지고, 직관적인 전체 세계는 단순한 표상, 현상으로서 관념적인 것에 귀속된다. 그렇지만 그 자체로 어떤 실재적인 것, 사물 자체는 이 현상에 대응하는 무언가를 가지고 있다.

이 점으로부터 나는 마침내 또 한 걸음을 내디뎠고, 그것이 마지막 걸음이 될 것으로 믿는다. 나는 모든 존재와 인식 작용을 우리의 자의식의 두 가지 요소, 따라서 그걸 넘어서는 설명 원칙이 있을 수 없는 어떤 것에 소급시킴으로써, **데카르트** 이후 모든 철학함이 관심을 기울여온 문제를 해결했기 때문이다. 우리의 자의식은 가장 직접적이고, 따라서 궁극적인 것이기 때문이다. 다시 말해 여기에 제시된 나의 모든 선대 철학자의 연구로부터 밝혀졌듯, 나는 사실 절대적으로 실재적인 것 또는 사물 그 자체가 외부로부터 단순한 **표상**의 방법으로는 우리에게 결코 주어질 수 없다는 것을 생각해냈다. 실재적인 것은 불가피하게 항상 단지 관념적인 것만을 제공하는 이 표상의 본질 중 일부이기 때문이다. 반면에 우리 자신이 논란의 여지 없이 실재하기 때문에, 우리 자신의 본질의 내부로부터 실재적인 것의 인식을 어떻게든 끌어낼 수 있어야 한다. 그런데 실제로 실재적인 것은 여기서 직접적인 방식으로, 다시 말해 **의지**로서 의식 안으로 들어간다. 그러므로 이제부터 실재적인 것과 관념적인 것 사이를 긋는 선은 공간, 시간, 인과성과 더불어 모든 사람의 신체를 포함하여 직관적인 또 객관적으로 나타나는 전체 세계가, 따라서 **표상**으로서 스피노자의 연장된 것과 로크의 물질과 아울러 **관념적인 것**에 속한다는 것이 밝혀진다. 그러나 **실재적인 것**으로는 오직 **의지**만이 남겨진다. 나의 선대 철학자들은 모두 주저 없이 또 경솔하게, 단지 표상과 사유의 단순한 결과로서 의지를 관념적인 것 속으로 던져넣었다. 그러니까 의지를 데카르트와 스피노자는 심지어 판단과 동일시했다.[18] 그러므로 나의 경우에도 **윤리학**은 매우 직접적으로 또 비교할 나위 없이 다른 어떤 체계보다도 형이상학과 더욱 확고하게 연결되어 있다. 그리하여 세계와 현존의 도덕적 중요성은 그 어느 때보다 확고하게 정립

---

18   스피노자의 『에티카』. 데카르트의 『제1철학에 관한 성찰*Meditationibus de prima philosophia*』, 성찰 4(1641).— 원주.

되어 있다. 그러나 **의지**와 **표상**은 세상의 만물 속에서 최종적이고 근본적인 반대를 이루고, 더 이상 아무것도 남기지 않는 한에서 근본적으로 상이하다. 표상된 사물과 그것에 관한 표상은 같은 것이다. 그러나 또한 단지 **표상된** 사물만 그러하고, 사물 그 **자체**는 그렇지 않다. 이 사물 자체는 표상 속에서 의지가 어떤 형태를 띠고 나타나든 항상 **의지**이다.

부록

    금세기 동안 독일에서 철학으로 통용되었던 것을 잘 알고 있는 독자들은 **칸트**와 나 사이의 기간 동안, 우리가 논의하는 것에 대한 매우 적절한 주제에 속하는 것 같은 피히테의 관념론도 실재적인 것과 관념적인 것의 절대적인 동일성 체계도 언급되지 않는 것을 보고 어쩌면 의아하게 생각할지도 모른다. 하지만 나의 소견으로는 **피히테**, **셸링**과 **헤겔**은 철학자가 아니기 때문에 그들을 함께 거론할 수 없었다. 그들에게는 이를 위한 첫째 요건인 진지하고 솔직하게 연구하는 태도가 결여되어 있기 때문이다. 그들은 단순한 궤변가일 뿐이다. 그들은 존재하려 하지 않고 그러는 척하려고 했으며, 진리가 아니라 세상에서 그들 자신의 이익과 출세를 추구했다. 정부에 의한 임용, 대학생과 서점으로부터의 사례금, 그리고 이 목적을 위한 수단으로 그들의 사이비 철학으로 될 수 있는 한 많은 이목을 끌고 야단법석을 떠는 것―이것이 저 지혜의 사도들을 이끄는 별이자 감격하게 하는 수호신이었다. 따라서 그들은 입학시험에 통과하지 못하고, 인류를 위한 존경 받는 사상가들의 동아리에 들어갈 수 없다.

한편 그들은 한 가지에, 즉 청중들의 마음을 호리고 그들의 실제 모습이 아닌 것으로 그들 자신을 과시하는 기술에 탁월했다. 그러기 위해서는 논란의 여지 없이 재능이 필요하지만, 그렇다고 딱히 철학 재능이 필요한 것은 아니다. 반면에 그들이 철학에서 아무런 실질적 업적을 낼 수 없었던 이유는 궁극적으로 **그들의 지성이 자유로워져서가 아니라 의지**에 봉사하는 데 머물러 있었기 때문이다. 지성은 사실 의지와 그것의 목적을 위해서는 엄청나게 많은 것을 성취할 수 있는 반면 예술뿐 아니라 철학을 위해서는 아무것도 성취하지 못한다. 이 철학과 예술은 지성이 자발성에 기초해 활동하고, 이 활동 기간 동안 의지에 봉사하는 것, 즉 자신의 개인적 목적을 고려하지 않는 것을 바로 첫 번째 조건으로 삼기 때문이다. 그러나 지성 자체는 오로지 자신의 동력(Trieb)에 기초해서만 활동하면 진리 이외의 다른 어떤 목적도 알지 못한다. 따라서 철학자, 즉 지혜(진리와 다름없는 것)의 애호가가 되기 위해서는 지혜가 자신의 이해관계나 윗사람의 의지, 교회의 규약이나 동시대인의 편견과 취향에 부합하는 한 지혜를 사랑하는 것만으로는 충분하지 않다. 그 정도로 만족하는 사람은 단지 자신의 자아의 친구일 뿐 지혜의 벗은 아니다. 이 명예로운 칭호는 어떤 사람이 진리를 진지하게 또 진심으로, 그러므로 무조건, 거리낌 없이 그리고 필요하다면 다른 모든 것을 무시하고도 사랑한다는 것을 의미한다는 점에서 멋지고 현명하게 고안되었기 때문이다. 그 이유는 앞서 언급한 것, 즉 지성이 **자유로워**졌다는 것, 즉 그러한 상태에서 지성이 진리에 대한 관심사 외에는 다른 어떤 관심사도 알지 못하고 이해하지 못하기 때문이다. 그 결과 우리는 온갖 거짓과 속임수에 대해, 아무리 멋 부리고 꾸미든 화해할 수 없는 증오심을 품게 된다. 물론 그렇게 해서는 세상에서 출세할 수 없을 것이다. 그러나 혹시 철학에서는 출세할 수 있을지도 모른다. 반면에 만약 우리가 진리를 탐구하는 척하면서, 모든 정직함, 솔직함, 진정성에 작별을 고하기 시작하고, 단지 우리 자신을 우리가 아닌 어떤 것으로 위장하려고 한다면, 그것은 철학에 좋은 조짐이 아니다. 그러고 나서 우리는 그 세 명의 궤변가들처럼, 때로는 거짓 정념, 때로는 억지로 꾸민 고귀한 진지함, 이제 무한한 우월감의 표정을 짓는다. 이는 어떻게든 납득시킬 수 있다는 인상을 주기 위해서다. 우리가 생각 없이 글을 쓰는 것은, 단지 글을 쓰기 위해서만 생각하면서, 글을 쓸 때까지 사유를 뒤로 미루었기 때문이다. 우리는 이제 명백한 궤변들을 증거로 몰래 들여오려 하고, 텅 빈 쓸데없는 말을 심오한 생각인 양 내세우려고 한다. 또한 우리는 지적 직관 혹은 절대적 사유와 개념의 자기 운동을 원용하고, '반성'의 입장, 즉 이성적 숙고, 편견 없는 고려와 솔직한 설명, 그러므로 일반적으로 이성의 적절하고 정상적인 사용을 꺼린다. 따라서 우리는 이전의 모든 철학이 그러하듯, 근거로부터 결과를 도출하는 모든 일관성 있는 사고 과정을 지칭하는 이름인 '반성 철학'에 대한 무한한 경멸을 선언한다. 그에 따라서 만일 어떤 사람이 시대의 가련함에 고무되어 충분한 뻔뻔스러움을 가지고 있다면, 아마 그에 관해 다음과 같은 방식으로 자신의 의견을 말할 것이다. "어떤 명제를 내세우고, 그에 대한 근거를 제시하고, 반대되는 명제를 마찬가지로 근거를 통해 반박하는 **방식**(Manier)은 진리가 나타날 수 있는 형식이 아님을 간파하기는 어렵지 않다. 진리는 그 자체의 운동이다." 등 (헤겔, 『정신현상학*Phänomenologie des Geistes*』 서문, LVII, 전집 36쪽). 그와 같은 것을 내세우는 사람이 멍청이들을 우롱하려 하고, 19세기 독일인들한테서 자신의 사람들을 발견했다고 알아채는 파렴치한 사기꾼임을 간파하기란 어렵지 않다고 생각된다.

따라서 소위 진리의 신전을 향해 서둘러 발걸음을 옮기면서, 우리는 자신의 개인적 관심사에, 즉 옆쪽으로 또 전적으로 다른 이끄는 별들, 예컨대 동시대인들의 취향과 약점, 그 나라의 종교, 하지만 특히 통치자들의 의도와 손짓과 같은 것들을 바라보는 관심사에 고삐를 넘겨준다—오, 우리는 높고 험준하고 황량한 암석 위에 있는 진리의 신전에 어떻게 도달할 수 있겠는가? 아마 우리는 관심사라는 확실한 끈을 통해, 전도유망한, 즉 보호와 임용을 희망하는 일군의 학생들을 자신과 연결할 수 있을지도 모른다. 그들은 겉보기에는 하나의 종파를, 실제로는 하나의 파벌을 형성한다. 그들의 하나 된 우렁찬 목소리[1]가 이제부터 비길 데 없는 한 명의 현자로서 사방팔방으로 울려 퍼질 것이다. 이로써 그 개인의 관심사는 충족되고, 진리

---

1 스텐토르의 목소리(Stentorstimme). 스텐토르는 트로이 전쟁에서 50명 몫의 소리를 냈다는 그리스의 영웅을 말한다.

의 관심사는 배반당한다.

이 모든 것에서 우리가 앞에서 면밀히 검토한 진정한 사상가들을 연구한 후 피히테와 셸링의 글들, 또는 심지어 독일적 우둔함에 대한 무한하지만 정당화된 신뢰로 뻔뻔스럽게 휘갈겨 쓴 헤겔의 허튼소리에서 받는 곤혹스러운 느낌이 설명된다.[2] 전자에 경우 우리는 어디서나 **솔직한** 진리 탐구와 그들의 생각을 다른 사람들에게 전달하려는 똑같이 **솔직한** 노력을 발견했다. 그 때문에 칸트, 로크, 흄, 말브랑슈, 스피노자, 데카르트를 읽는 사람들은 고양되어 기쁨으로 가득차는 기분을 느끼게 된다. 이는 사상을 지니고 일깨우고 사유하고 사유하게 하는 고매한 정신과 교감하는 작용을 한다. 이 모든 것의 반대 효과는 앞에서 언급한 독일 소피스트들을 읽을 때 일어난다. 그들의 어떤 책을 하나 펴보고 이것이 깨우침을 주려는 어조인지, 아니면 속이려는 협잡꾼의 어조인지 자문하는 편견 없는 독자는 5분 동안 그것에 대해 의심할 수 없다. 여기 있는 모든 것은 너무나 많은 **부정직**을 내뿜는다. 이전의 모든 철학을 특징짓던 차분한 연구의 어조는

---

2 헤겔의 사이비 지혜는 엄밀히 말하자면 『파우스트』(제1부 1947행)에 나오는 학생의 머릿속에 있는 맷돌이다. 만약 누군가가 어떤 젊은이를 의도적으로 우둔하게 만들어 사유 능력을 완전히 없애려고 한다면, 헤겔의 원작을 열심히 연구하는 것이 가장 효능이 확실한 방법일 것이다. 서로 모순되고 서로를 지양해서, 정신이 결국 녹초가 되어 무너져 내릴 때까지 무언가를 헛되이 생각하도록 괴롭히는 이 기괴한 단어들의 결합은 점차 그의 내부에서 사유 능력을 완전히 파괴해 버린다. 그리하여 그때부터 그는 공허하고 속 빈 진부한 구절들을 사상으로 여긴다. 그런데 여기에다 모든 존경받는 사람들의 말과 본보기에 의해 그 젊은이에게 증명된 망상, 저 쓸데없는 말이 참된 고귀한 지혜라는 망상이 더해지는 것이다! ─ 만약 후견인에게 자신의 피후견인이 그의 계획에 비해 너무 영리해질 수 있다고 우려된다면, 이 불행은 헤겔의 철학을 열심히 연구함으로써 예방될 수 있을 것이다. ─ 원주.

모든 시대의 온갖 협잡꾼 부류 특유의 그것처럼 흔들리지 않는 확신의 어조로 교체되었다. 그러나 이 경우 그러한 확신은 소위 직접적인 지적 직관 또는 절대적 사유, 즉 주체와, 그러므로 그것의 오류 가능성과도 무관한 사유를 원용해야 한다. 모든 페이지 모든 행마다, 독자를 홀려 속이려는 노력, 때로는 그에게 감명을 주어 그를 어리둥절하게 만들고, 때로는 이해할 수 없는 구절로, 그러니까 명백한 허튼소리로 그를 마비시키고, 때로는 뻔뻔스러운 주장으로 독자를 아연케 하는 노력이 말을 하고 있다. 요컨대, 독자의 눈에 먼지를 뿌리고 가능한 한 그를 현혹하는 것이다. 그러므로 이론적인 측면에서 한 사람[3]에서 다른 사람[4]으로 넘어갈 때 우리가 받는 느낌은 실제적인 측면에서는 어떤 사람이 명망가들 무리에 있다가 도둑의 소굴에 빠져드는 느낌과 비교할 수 있다. 바로 이 세 명의 궤변가들이 그토록 경멸하며 조롱하는 **크리스티안 볼프**야말로 그들과 비교할 때 얼마나 품위 있는 인물인가! 그는 실제적인 사고를 품고, 그것을 전달했다. 하지만 그들은 속이려는 의도로 단순한 언어 창조물과 무의미한 구절을 제공한다. 그러므로 소위 이러한 전체 칸트 이후 학파 철학의 진정한 특징적인 성격은 **부정직함**이고, 그 학파의 요소는 푸른 증기[5]이며, 그것의 목표는 개인적인 목적 달성이다. 그 학파의 합창 지휘자들은

---

3   진정한 철학자.

4   소피스트

5   푸른 증기(blauer Dunst)는 실체가 없는 것으로 '속임수'와 '기만'을 의미한다.

존재하려고 애쓰는 것이 아니라 그러는 **척**하려고 애썼다. 따라서 그들은 철학자가 아니라 궤변가들이다. 그들의 숭배자들에게까지 확대되는 후세의 조롱과 그런 다음 망각이 그들을 기다린다. 말이 나온 김에 말하자면, 필수적인 반주로서 어디서나 셸링의 글을 관통하는 다투고 질책하는 어조 또한 이 사람들의 뽐내는 성향과 관련 있다.

만약 이 모든 것이 사실이 아니라면, 그들이 위세와 허풍을 떨지 않고 솔직한 자세로 임했더라면, 분명히 셋 중 가장 재능 있는 **셸링**은 철학에서 당분간 유익한 절충주의자의 하위 지위나마 차지할 수 있었을지도 모른다. 그가 플로티노스, 스피노자, 야코프 뵈메, 칸트와 근대 자연과학의 가르침으로 준비한 융합물은 칸트 철학의 부정적인 결과들이 초래한 커다란 공백을 그동안에 메울 수 있었고, 그러다가 언젠가 정말 새로운 철학이 나타나 실제로 전자가 요구한 바를 충족시켜줄 수 있었다. 특히 셸링은 스피노자의 추상적 범신론을 되살리는 데에 우리 세기의 자연과학을 이용했다. 다시 말해 스피노자는 자연에 대한 아무런 지식도 없이, 단지 추상적 개념으로부터 되는 대로 막연하게 철학을 했고, 사물들 자체를 알지 못한 채 자신의 학문 체계를 구축했기 때문이다. 셸링은 이 앙상한 골격에 살과 색을 씌워, 그사이에 성숙한 자연과학을 적용함으로써 할 수 있는 한 그것에 생명과 운동을 부여했다. 비록 때로 잘못 적용하긴 했어도, 이것이 그의 자연철학에서 부인할 수 없는 공로이다. 이러한 이유로 그의 자연철학은 그의 다양한 시도와 새로운 출발들 중에서 최고이다.

아이들이 심각한 목적을 위해 사용하도록 규정된 무기 또는 어른들의 그 밖의 도구들을 가지고 노는 것처럼, 여기서 고려의 대상이 된 세 명의 소피스트들은 내가 여기서 다루면서 논평하고 있는 주제를 가지고 그런 일을 했다. 그들은 심사숙고하는 철학자들에 대한 200년 동안의 고된 조사의 우스꽝스러운 반대를 제공했기 때문이다. 다시 말해 **칸트**는 그 자체로 실존하는 것과 우리의 표상 사이의 관계에 대한 커다란 문제를 그 어느 때보다 더 극단으로 밀어붙임으로써 해결책에 한결 더 가까이 다가갔다. **피히테**는 표상들 배후에 더 이상 아무것도 없다는 주장을 내세웠다. 그 표상들은 단지 인식 주체인 자아의 산물에 불과하다는 것이다. 이 주장으로 그가 **칸트**를 능가하려고 하는 동안, 그는 단순히 칸트 철학의 희화戱畫를 백일하에 드러냈을 뿐이다. 그리하여 그는 저 세 명의 사이비 철학자들이 이미 칭찬한 방법을 지속적으로 적용함으로써 실재적인 것을 완전히 폐기하고 오직 관념적인 것만 남겨놓았다. 그런 다음 실재적인 것과 관념적인 것의 절대적 동일성의 체계에서 그 전체적인 차이를 무효로 선언한 **셸링**은 관념적인 것이 또한 실재적인 것이고, 그 모든 것이 실은 하나라고 주장했다. 그렇게 함으로써 그는 서서히 또 한 걸음씩 힘들게 발전해가는 사려 깊음에 의해 분리되었던 것을 거칠게 내던져 다시 혼란에 빠뜨리고, 모든 것을 뒤섞으려 했다(셸링, 『자연철학과 피히테의 관계에 관하여*vom Verhältniß der Naturphilosophie zur Fichteschen*』, 14~21쪽). 그는 앞에서 질책받은 스피노자의 실수를 모방하여 관념적인 것과 실재적인 것의 차이를 과감하게 부인했다. 그렇게 함으로써 그는 심지어 라이프니츠의 모나드들, 두 가지 난센스, 즉 원자들과 영혼이라 불리는 분할할 수 없고, 원래적으로 또 본질적으로 인식하는 개체들의 기괴한 동일화를 다시 끄집어내어, 엄숙하게 신격화하고 이용했다.(셸링, 『자연철학에 대한 이념*Ideen zur Naturphilosophie*』). 셸링의 자연철학은 동일성의 철학이라는 이름을 지닌다. 그의 철학은 스피노자의 발자취를 따라가면서 스피노자가 없앤 세 가지 구별, 즉 신과 세계, 신체와 영혼, 그리고 마지막으로 직관된 세계에서 관념적인 것과 실재적인 것의 구별도 마찬가지로 없앴기 때문이다. 그러나 이 마지막 구별은 앞에서 스피노자의 고찰에서 보였듯 다른 두 가지에 결코 의존하지 않는다. 사람들이 구별을 강조하면 할수록, 다른 두 가지가 더욱 의심을 받기 쉽다는 것 역시 그것들에 거의 의존하지 않는다. 왜냐하면 앞의 두 가지는 (칸트에 의해 뒤집힌) 독단적 증명에 근거하는 반면, 후자의 구별은 심사숙고라는 단순한 행위에 근거하기 때문이다. 이 모든 것에 따라 셸링 또한 형이상학을 물리학과 동일시했으며, 그에 따라 물리화학적인 통렬한 비판을 받고 『세계 영혼에 관하여*Von der Weltseele*』(1798)라는 고상한 제목을 붙였다. 인간의 의식에 끊임없이 달라붙는 모든 진정한 형이상학적 문제들은 권위자의 명령의 힘으로 뻔뻔스러운 부인에 의해 잠잠해질 수 있었다. 자연이 그 자체로부터 또 그 자신을 통해 여기에 있는 것은 바로 자연이 존재하기 때문이다. 우리는 그것에 신이라는 칭호를 부여한다. 그것으로 자연은 해결된 상태에 있다. 더 많은 것을 요구하는 자는 바보다. 주관적인 것과 객관적인 것 사이의 구별은 칸트 철학 전체가 그렇듯 학파의 속임수일 뿐이고, 칸트 철학의 선험적인 것과 후험적인 것 사이의 구별은 공허하다. 우리의 경험적 직관은 본래적으로 사물들 자체 등을 제공한다. 독자들은 셸링의 『자연철학과 피히테의 관계에 대하여』(51쪽과 67쪽)를 참조하길 바란다. 그 책의 61쪽에도 "아무것도 없는 것이 아니라는 것에 대해 진정으로 놀라워하며, 어떤 것이 실제로 실존한다는 것에 대해 충분히 놀랄 수 없는" 사람들에 대한 노골적인 조롱이 담겨 있다. 그러므로 폰 셸링 씨에게는 그 정도로 모든 것이 저절로 이해되는 것 같다. 하지만 기본적으로 그와 같은 잡담은 소위 상식, 즉 조잡한 지성에 대한 우아한 구절로 포장된 호소다. 아닌 게 아니라 나는 여기서 나의 주요 저작인 『의지와 표상으로서의 세계』 II, 17장 '인간의 형이상학적 욕구에 대하여'의 첫머리[6]에서 한 말을 상기시키고 있다. 또한 언급된 셸링의 책의 69쪽은 우리가 다루는 주제에 특색 있고, 참으로 순진하다. "경험이 그 목적을 완수했다면, 철학에 대한 경험의 반대가, 그리고 이 반대와 함께 철학 자체가 고유한 영역으로서 또는 학문의 유형으로서 사라질지도 모른다. 모든 추상 개념(Abstraktion)은 직접적인 '친근한' 직관으로 용해될지도 모른다. 가장 고귀한 것이 욕망(Lust)과 **소박함**의 유희일지도, 가장 어려운 것이 쉬운 것일지도, 가장 관능적이

---

6 "인간을 제외하고는 어떤 존재도 자신의 현존에 대해 놀라워하지 않는다. 그들 모두에게 현존은 너무나 자명한 일이어서 동물들은 그 사실을 알아차리지 못한다. 자연의 지혜는 동물들의 차분한 눈빛을 통해 이야기한다. 동물들 안에서 의지와 지성은 그들이 다시 마주칠 때 서로에 대해 놀라워할 만큼 아직 충분히 분리되어 있지 않기 때문이다. 그러므로 여기서 전체 현상은 동물들이 생겨난 자연의 줄기에 아직 단단히 붙어 있고, 그리고 위대한 어머니의 무의식적인 전지함에 관여하고 있다."

지 않은 것이 관능적인 것일지도 모른다. 그리고 인간은 자연이라는 책을 기쁜 마음으로 자유롭게 읽어도 될 것이다." 물론 이것은 너무나 사랑스러울지도 모른다! 하지만 그것은 우리가 처한 상황이 아니다. 문은 사유에 그런 식으로 문을 보여주지 않는다. 자신의 수수께끼를 풀게 하는 엄숙한 늙은 스핑크스가 꼼짝 않고 바위 위에 누워 있다가, 여러분이 그녀를 유령이라고 선언했다고 해서 절벽 아래로 몸을 던지지 않는다. 바로 그 때문에 셸링이 나중에 형이상학적인 문제들이 권위자의 명령으로 묵살될 수 없음을 스스로 깨달았을 때, 그는 자신의 논문 「자유에 대하여」[7]에서 진정한 형이상학적 시도를 제공했다. 그렇지만 그 논문은 단순한 환상곡이자 거짓말 같은 이야기[8]다. 그의 설명(Vortrag)이 증명하는 어조를 띨 때마다(예컨대 453쪽 이하) 확실히 코믹한 효과를 내는 것은 바로 이 때문이다.

따라서 실재적인 것과 관념적인 것의 동일성의 학설을 통해 **셸링**은 데카르트가 화제로 삼은 이래로, 모든 위대한 사상가가 다루어 왔고 칸트가 최고 극단으로 밀어붙인 문제를 해결하기 위해 노력했다. 셸링은 두 사람 사이의 대립을 부정함으로써 그 매듭을 끊으려고 했다. 그래서 그는 칸트로부터 출발한다고 공언했지만 칸트와 직접적인 모순에 빠졌다, 그동안 그는 적어도 우리의 **직관**과 존재(Sein), 그

7　「인간 자유의 본질에 대한 철학적 연구와 그와 관련된 문제들Philosophische Untersuchungen über das Wesen der menschlichen Freiheit und die damit zusammenhängenden Gegenstände」(1809).

8　푸른 증기(blauer Dunst).

리고 이 직관에 나타나는 사물들의 본질(Wesen) 그 자체와 관련되는 그 문제의 원래적이고 적절한 의미를 고수했다. 그러나 셸링은 자신의 학설을 주로 **스피노자**로부터 끌어냈기 때문에 그에게서 즉각 **사유**와 **존재**라는 표현을 받아들였다. 논의 중인 문제를 매우 나쁘게 말하는 이 표현은 나중에 가장 미친 괴물로 화하는 계기가 되었다. 스피노자는 "사유하는 실체와 연장된 실체는 때로는 이런 속성(Attribut)으로 때로는 저런 속성으로 파악되는 하나이며 동일한 실체다."(『에티카』 제2부, 명제 7), 또는 "정신과 신체는 때로는 사유의 속성으로, 때로는 연장의 속성으로 파악되는 하나이며 동일한 것이다."(제3부, 명제 2)라는 학설로 맨 먼저 신체와 영혼 사이의 데카르트적 대립을 지양하려고 했다. 그는 또한 경험적 대상(Objekt)이 우리의 표상과 다르지 않음을 인식했을지도 모른다. 셸링은 이제 스피노자에게서 **사유**와 **존재**라는 표현을 받아들였는데, 그것은 점차 **직관함** 또는 오히려 직관된 것과 사물 자체라는 표현으로 대체되었다(〈사변 물리학을 위한 새 잡지Neue Zeitschrift für speculative Physik〉 제1권의 첫 논문 「추가적인 설명fernere Darstellungen」 등). 사물들에 대한 우리의 **직관**과 그 사물들의 **존재**와 **본질 그 자체**의 관계는 내가 여기서 약술하는 역사와 관련해서 큰 문제이기 때문이다. 하지만 이는 우리의 **사고**, 즉 **개념**의 문제는 아니다. 이 개념은 명백히 또 부인할 수 없이, 어떤 성질을 임의로 없는 것으로 생각하거나 또는 빠뜨리고, 다른 성질을 유지하는 데서 비롯하는, 직관적으로 인식된 것의 단순한 추상화抽象化이기 때문이다. 이성적인 사람은 이런 일을 의심할 수 없다.[9] 따라서 **비직관적인** 표상의 범주(Klasse)를 구성하는 이러한 개념과 사고는 따라서 사물의 **본질과 존재 자체**와 결코 **직접적인** 관계를 갖지 않고, 언제나 **직관**의 매개 하에 단지 **간접적인** 관계를 가질 뿐이다. 후자는 한편으로는 개념과 사고에 소재를 제공하고, 다른 한편으로는 사물들 자체와, 즉 직관 속에서 자신을 객관화하는 사물들의 미지의 고유한 본질과 관련이 있다.

그런데 셸링이 스피노자에서 차용한 부정확한 표현은 후에 지적 능력이 없고 무미건조한 협잡꾼 **헤겔**, 이 점과 관련해서 셸링의 어릿광대로 등장하는 헤겔에게 사안(Sache)을 왜곡하여 **사유** 자체, 그리고 본래적 의미에서, 즉 **개념**이 사물들의 본질 자체와 동일해야 한다는 계기를 마련해주었다. 그러므로 추상적으로 사유된 것 자체와 직접적으로 사유된 것은 객관적으로 존재하는 것 그 자체와 동일해야 한다. 그에 따라서 논리학도 동시에 진정한 형이상학이 되어야 한다. 그러므로 우리는 저 바깥 세계가 절대적으로 어떤 속성을 지니는지 알기 위해서는 생각하기만 하거나, 또는 개념이 지배하도록 하기만 하면 되었다. 그러니 머릿속에 나타나는 모든 것은 동시에 참되고 실재적인 것일지도 모른다. 더욱이 이 시기 철학자들의 슬로건은 "미칠수록 그만큼 좋다Je toller, je besser"였기 때문에, 이 불합리는 두 번째 불합리에 의해 뒷받침받았다. 즉 사유하는 것은 **우리**가 아니라, 우리의 관여 없이 홀로 사고 과정을 수행하는 개념이라는 것이다. 그

---

9 『충분근거율의 네 겹의 뿌리에 대하여』 26절.

때문에 사고 과정은 개념의 변증법적 자기 운동이라고 불렸으며, 자연의 내부와 외부의 모든 것에 대한 계시가 되어야 했다. 그런데 마찬가지로 단어들의 오용에 기인한, 더구나 분명히 언급되지는 않았지만, 의심할 여지 없이 그것이 배후에 숨어 있는 또다른 희화(Fratze)는 이러한 희화에 기초하고 있었다. **셸링**은 스피노자의 선례를 따라 세계에 **신**(Gott)이라는 칭호를 내렸다. **헤겔**은 이것을 단어의 뜻 그대로 받아들였다. 그런데 신이라는 이 단어는 엄밀히 말하자면 세계와 완전히 양립 불가능한 다른 성질들 중 **전지**의 성질도 소유한 인격적 존재를 의미하기 때문에, 그에 의해 이 **성질** 역시 **세계**에 넘겨졌다. 그 세계에서 그 성질은 물론 인간의 어리석음 이마 아래 이외에 다른 어떤 자리도 얻을 수 없었다. 그에 따라 인간은 하늘과 땅의 모든 신비를, 다시 말해 헤겔 변증법의 절대적인 난센스 속에서 드러내기 위해서는 자신의 생각을 마음대로 놔두기만(변증법적 자기 운동) 하면 되었다. 이 헤겔이 제대로 터득한 기술 중 **하나**는 독일인을 마음대로 쥐락펴락하는 기술이다. 하지만 그것은 위대한 기술이 아니다. 우리는 그가 그러한 익살극으로 30년 동안 독일 학계의 존경을 받을 수 있었다는 것을 알기 때문이다. 철학 교수들은 여전히 이 세 명의 소피스트들을 진지하게 받아들이고, 철학사의 한 자리를 그들에게 내주는 것을 자랑거리로 삼고 있다. 그러는 이유는 단지 그것이 그들의 밥벌이에 속하기 때문이다. 그럼으로써 그들은 소위 칸트 이후의 철학사에 대해 말과 글을 통한 광범위한 강의 소재를 갖는다. 그 철학사에는 이 소피스트들의 학설이 상세히 설명되어 있고, 진지하게 검토되어 있다. 반면에 우리가 헤겔의 허접한 글들을 공식적으로 선언하고, 심리적으로 작용하는 구토제로 약국에 준비해두려고 하지 않는다면, 이 사람들이 무언가라도 되는 양 내보이기 위해 시장에 가져온 것에 관심을 두지 않는 것이 현명할 것이다. 그의 글들이 일으키는 혐오감은 정말 대단히 특효가 있기 때문이다. 그렇지만 그 글과 저자에 대해서는 이제 그 정도면 됐다. 우리는 구미에 맞는 그를 '뛰어난 철학자summus philosophus'로 인정한 덴마크 왕립학술원 (Dänische Akademie der Wissenschaften)에 그에 대한 숭배를 맡기려고 한다. 따라서 덴마크 왕립학술원은 나의 입선 논문「도덕의 기초에 대하여」에 대한 지속적인 기념으로 덧붙여 인쇄한 판정[10]에서 헤겔에 대한 존중을 요구한다. 그 판정은 명민함뿐만 아니라 기억할 만한 솔직함 때문에라도 잊혀 버리지 않을 만했다. 또한 이와 마찬가지로

---

10   1837년에 제시된 질문, "도덕의 근원과 기초를 의식에 (혹은 양심에) 직접적으로 깃든 도덕성의 이념과 그것에서 발생해 남아 있는 기본적 도덕 개념들의 분석에서 찾을 것인가, 아니면 다른 어떤 인식 근거에서 찾을 것인가?"에 대해 단 한 명의 필자만이 답변을 시도했다. 독일어로 쓰인 그의 논문의 앞에는 "도덕을 가르치는 것은 쉽지만, 그것의 기초를 놓기는 어렵다"라는 모토가 적혀 있었다. 우리는 그의 논문이 수상 가치가 있다고 판정할 수 없었다. 왜냐하면 그는 주로 요구되는 것을 빠트리고, 그 과제가 윤리학의 어떤 원칙을 세우는 것이라고 생각해서, 그가 제시한 윤리적 원칙과 그의 형이상학 사이의 연관성에 대해 설명한 부분을 부록에 넣었기 때문이다. 그 주제 자체는 형이상학과 윤리학 사이의 연관성을 무엇보다도 우선적으로 연구할 것을 요구한 반면, 그 부록에서 그는 요구된 것 이상으로 많은 것을 제공했다. 필자는 도덕의 기초가 연민에 있다는 것을 보여주려고 했지만, 논문의 형식으로 우리를 만족시키지 못했고, 사실 이 기초가 충분하다는 것도 증명하지 못했다. 오히려 그는 그 자신에 대한 반대 주장을 인정하지 않을 수 없었다. 또한 지적하지 않고 넘어갈 수 없는 것은, 최근의 몇몇 저명한 철학자들이 너무 부적절한 방식으로 언급되어서, 그로 인해 정당하고 중대한 반발을 야기할지도 모른다는 점이다.

그 판정이 "공로를 세운 사람을 소홀히 한 것과 같은 이유로, 우리는 멍청이에 대해서도 경탄할 수 있다"라는 **라브뤼예르**[11]의 멋진 발언에 대한 명백한 증거를 제공하기 때문에도 그럴만했다(라브뤼예르, 『성격론』의 '판결에 대하여' 장).

11　라브뤼예르(Jean de Labruyère, 1645~1696): 프랑스의 풍자적 모럴리스트. 처음에는 변호사와 세무관 등의 직에 있었으나 직무를 소홀히 하고 독서에 열중했다. 후에 콩데 공작 손자의 가정교사가 되어 콩데가에서 기숙하면서 사색과 독서의 나날을 보내며 귀족 생활을 자세히 관찰하였다. 1688년 당시의 풍속과 사람들의 성격을 풍자적으로 묘사한 『그리스어에서 옮긴 테오프라스토스의 성격론과 금세기의 성격 및 풍속론*Les Caractères de Théophraste traduits du grec avec les caractères ou les moeurs de ce siècle*』(1688)을 발표하여 큰 성공을 거두었다. 이 작품은 프랑스 문학의 걸작 가운데 하나로 손꼽히고 있으며, 플로베르나 공쿠르 형제 같은 유명한 작가들도 생생한 효과를 거두는 그의 문체에 감탄했다.

독창적이고 도발적인 사상가
쇼펜하우어의 철학 이야기

홍성광

　아르투어 쇼펜하우어(1788~1860)는 19세기의 가장 독창적이고 도발적인 사상가들 중 한 명이었다. 그는 고통과 죽음이 만연한 세상에서 삶의 진정한 의미를 규명하고 이해하기 위해 일생을 보냈다. 쇼펜하우어는 '고통스러운 존재의 수수께끼'를 풀기 위해 인간 존재의 거의 모든 차원을 탐구했고, 문학, 음악, 철학, 심리학에서 깊이 공명한 어둡고 설득력 있는 세계관을 개발했다. 그는 어떠한 비난에도 아랑곳없이 진리만을 따르는 자유인이자 진정한 철학자의 모습으로 인간 행동의 내면에 숨은 동인을 적나라하게 드러낸다. 쇼펜하우어는 어머니와 불화를 겪었고, 칸트의 저작을 읽고 사물과 세상을 보는 눈을 뜨면서 그를 추종하는 칸트주의자로 자처하지만 맹목적 충성을 하지 않고 그의 철학에 비판적 태도를 취하게 된다. 그는 피히테, 괴테와 개인적인 상호작용 속에서 프리드리히 셸링과의 양면적인 관계, 헤겔에 대한 경멸, 자신의 철학을 대중에게 알리기 위한 투쟁을 지속한다. 그는 자신을 무시하고 외면하는 철학 교수들과는 화합할 수 없는 상극관계였다. 쇼펜하우어는 토마스 만, 헤르만 헤세, 레프 톨스토이, 프리드리히 니체, 루트비히 비트겐슈타인, 사무엘 베케트, 호르헤 보르헤스, 지크문트 프로이트, 카를 융, 토머스 하디 등 다양한 인물들에게 큰 영향을 끼친다. 특히 독일어권에서 쇼펜하우어의 문장은 최고의 산문이자 탁월한 문학적 글쓰기로 평가받는다. 알베르트 아인슈타인도 쇼펜하우어의 책을 읽고 독일어 글쓰기의 진수라고 극찬함과 아울러 상대성 원리에 대한 상상력을 키웠다고 고백한다.

쇼펜하우어가 사망했을 때 추도문을 읽은 빌헬름 폰 그비너는 "고인의 유일한 소망은 그 자신이 누린 특혜에 보답하는 것이었고, 그런 소망을 실현하기 위한 사명을 추구하느라 평생 노력했다."라고 하면서 "고인은 세상에서 설정했던 목표를 오랫동안 달성하지 못했지만 지금 고인의 이마에 씌워진 월계관은 그의 인생이 황혼에 접어들고 나서야 이마에 쓰게 되었다."라고 회고한다. 아울러 "고인은 오랜 세월 동안 남들에게 무시당하면서도 꿋꿋하게 고결한 길을 걸었고, 거기서 한 치도 벗어나지 않았다."라면서 고인은 "진리는 다른 모든 것보다도 위대하고 우월하다"라는 명제를 명심하며 백발이 될 때까지 살았다고 주장한다.

쇼펜하우어는 박사 논문 「충분근거율의 네 겹의 뿌리에 대하여 Über die vierfache Wurzel des Satzes vom zureichenden Grunde」(1813, 개정판 1847)에서 칸트의 이성 비판이 이룬 결과가 피히테, 셸링, 헤겔 같은 철학 교수들에 의해 왜곡되고 있음을 비판한다. 그러면서 쇼펜하우어는 칸트가 범한 오류를 지적하며 그의 오류를 보완하는 자신의 이론을 제시한다. 이런 점에서 그는 이 논문을 "일시적이고 헛된 이념을 좇아 사라져가는 자기 세대의 사람들이 아니라 후손들과 인류를 위해" 썼다며 대담한 선언을 했다. 그의 주저 『의지와 표상으로서의 세계*Die Wlet als Wille und Vorstellung*』(1818, 제2판 1844, 제3판 1859)가 근대 철학의 진수를 보여주는 뛰어난 작품성에도 불구하고 오랫동안 외면받은 것은 번번이 오해받은 '의지' 개념 탓이기도 하다. 쇼펜하우어 철학에서 의지는 이성의 힘이 아니라 삶에의 맹목적 본능, 충동, 욕망 등을 가리킨다. 1836년 출간된 『자연에서의 의지에 대하여*Über den Willen in der Natur*』에서 쇼펜하우어는 자연과학에서의 연구 결과를 자신의 형이상학적 연구와 결합시켰다. 그는 물리학, 병리학, 비교해부학, 식물생리학, 물리 천문학에서의 자연과학적 증거들을 통해 '의지'가 인간뿐만 아니라 자연현상과 물리적 과정에도 작용한다는 것을 보여주었다. 1839년 노르웨이 왕립학술원 현상 논문인 『의지의 자유에 대하여*Über die Freiheit des Willens*』에서는 인간 의지의 자유의 불합리함을 명백하고 체계적으로 증명한다. 1840년 덴마크 왕립학술원에서 제시한 현상 논문인 『도덕의 기초에 대하여*Über die Grundlage der Moral*』에서는 칸트 윤리학에 대한 비판과 아울러 쇼펜하우어 자신의 윤리학의 근거를 제시한다. 그는 그 논문에서 칸트의 이론 철학, 특히 초월적 감성론은 탁월한 성찰이라고 극찬한 반면, 그의 명령과 의무 윤리학을 비판하고 자신의 고유한 연민의 윤리학을 내세운다.

쇼펜하우어는 이 책에서 제공하고 있는 철학사가 전통적인 성격의 것이긴 하나 '남의 것을 베껴 쓴 것이 아니라 그 자신이 원작들을 연구하면서 생겨난 생각들'이라고 밝힌다. 그는 현상(phainomena)과 본체(noumena) 사이의 대립을 알게 된 초월적 감성론의 사람들로 엘레아학파 철학자들을 거론한다. 그들은 현상이 아니라 본체야말로 진정으로 존재하는 불변의 부동하는 유일자라고 주장한다. 그러므로 그들은 이미 칸트가 말하는 현상과 사물 자체를 구별한 셈이다. 반면에 절대적인 부동을 가르친 엘레아학파의 파르메니데스와는 반대로 헤라클레이토스는 모든 것의 끊임없는 운동을 설파한다. 그리하여 헤라클레이토스는 자신의 대척점으로서 플라톤의 이데아론을 유발한다. 고대 그리스 철학자들의 학설은 다양하게 펼쳐진다. 즉 정신과 동질의 원소에 대한 아낙사고라스의 가르침, 사랑과 미움, 그리고 네 가지 원소인 물, 불, 공기, 흙에 대한 엠페도클레스의 가르침, 원자와 모사에 대한 데모크리토스와 그의 스승 레우키포스의 가르침, 사물의 연속적인 흐름에 대한 헤라클레이토스의 가르침, 엘레아학파의 가르침, 그리고 수와 윤회에 관한 피타고라스 등의 가르침이 그것이다. 이들의 학설이 어쩌면 이후의 모든 철학적 논의의 총합이었을지도 모른다. 이들 철학의 몇 가지 기본적인 명제가 근대 철학자들인 데카르트, 스피노자, 라이프니츠, 칸트의 저작에서도 무수히 반복되고 있기 때문이다.

그런데 이들 중에서도 헤겔과 쇼펜하우어의 대립을 연상시키는 아낙사고라스와 엠페도클레스의 철학이 특히 눈길을 끈다. 아낙사고라스는 동질성을 띤 무수한 원소들이 서로 결합하고 움직이게 만드는 힘이 누스(nous), 즉 정신이며 이것에 의해 우주는 생성되고 생명체는 발전해 나간다고 믿었다. 반면에 엠페도클레스는 사물의 배열을 지성(누스)이 아닌 의지, 즉 사랑(필리아)과 미움(네이코스)에 맡긴다. 그러니까 아낙사고라스는 분리하는 지성(Verstand)을 통해 그 산물들이 산출되도록 하는 반면, 엠페도클레스는 의지와 같은 맹목적인 충동(Trieb), 즉 인식 없는 의지를 통해 그것들이 산출되도록 한다. 엠페도클레스는 쇼펜하우어처럼 우리 현존의 비참함을 충분히 인식한 비관론자였다. 그의 가르침에 담긴 단호한 비관론은 주목할 만하다. 그에게 세상은 진정한 그리스도교인과 마찬가지로 눈물의 골짜기였다. 엠페도클레스는 나중에 플라톤이 그랬듯이 이미 세상을 우리가 갇혀 있는 어두운 동굴과 비교했다. 그는 지상에서의 우리의 현존을 유배와 비참의 상태로 본다. 그리고 그에게 육체는 영혼의 감옥이다. 이 영혼들은 한때 무한한 행복의 상태에 있었는데, 자신의 잘못과 죄악으로 현재의 파멸에 빠졌다. 그리고 거듭되는 죄악의 행위로 인해 그 영혼들은 점점 더 파멸에 휩쓸렸고, 윤회의 순환에 빠져들었다. 반면에 그 영혼들은 육식을 삼가는 것을 포함하는 미덕과 방정한 행실을 통해 지상의 향유와 소망을 외면함으로써 이전의 상태로 되돌아갈 수 있다는 것이다.

이런 점에서 볼 때 이 고대 그리스인은 브라만교와 불교, 심지어 진정한 그리스도교의 기본 사상을 구성하는 이 같은 원초적 지혜를 이미 알고 있었던 셈이다. 고대인들에 의해 흔히 피타고라스라고 불렸던 엠페도클레스가 이런 견해를 피타고라스로부터 이어받았을 가능성이 다분하다. 특히 피타고라스의 영향을 받은 플라톤 역시 기본적으로 이러한 견해를 공유하고 있기 때문이다. 엠페도클레스는 이러한 세계관과 연관되는 윤회설을 단호히 주장한다. 피타고라스는 주로 이집트에서 사제들에게서 교육받았고, 그곳에 22세에서 56세까지 머물렀다. 56세에 고국으로 돌아온 그는 그리스인들에게 맞게 수정해서 이집트의 신전 위계질서를 모방한 일종의 사제 국가를 세우려고 했다. 이 일은 조국 사모스에서는 성공하지 못했지만, 크로톤에서는 어느 정도 성공을 거두었다. 그런데 이집트의 문화와 종교는 소를 신성하게 보는 것과 그 밖의 여러 가지 점에서 인도에서 유래한 것으로 추측할 수 있다. 특히 피타고라스의 잘 알려진 콩 금지는 순전히 이집트를 기원으로 하며, 단순히 그곳에서 받아들여진 미신에 불과하다. 피타고라스는 심지어 인도까지 가서 브라만들한테서 직접 교육받았을지도 모른다. 따라서 쇼펜하우어는 피타고라스의 지혜와 인식은 그 자신이 생각한 것이라기보다는 오히려 그가 다른 데서 배운 것에 있다고 간주한다.

쇼펜하우어는 자신은 칸트주의 학자이므로 그와 자신의 관계를 이렇게 한 마디로 특징짓는다. "칸트는 우리가 경험과 그 가능성을 넘어서는 것은 아무것도 알 수 없다고 가르친다." 하지만 쇼펜하우어는 경험 자체가 그 전체로서 설명 가능하다고 주장한다. 이전의 모든 철학자가 그랬듯, 칸트는 사실 증명할 수 없었던 것을 경험의 형식을 통해 넘어서려고 시도하지 않았지만, 그 자신은 경험을 글로 된 텍스트처럼 해독함으로써 설명하려고 시도해왔다는 것이다. 소크 라테스와 칸트는 둘 다 모든 독단주의를 배격한다는 점에서 꽤 많은 유사점이 있다. 두 사람 모두 형이상학의 문제에서 완전한 무지를 공 언하고, 그들의 특성을 이 무지의 명백한 의식에 둔다. 반면에 그들 은 실천적인 것, 인간이 해야 하고 하도록 해야 하는 것은 추가적인 근거 제시 없이도 확실하다고 주장한다. 그럼에도 두 사람은 그들의 후계자와 제자 들이 형이상학을 논하면서 독단적인 체계를 확립함 으로써 그들의 기본 토대가 허물어지는 운명을 맞이했다. 그러면서 후계자들과 제자들 모두 스승의 가르침으로부터 출발했다고 주장한 다는 점에서도 둘은 닮았다.

쇼펜하우어는 플라톤에게서 사고의 논리적 법칙인 사고법칙론 (Dianoiologie)의 기원을 발견한다. 형이상학적 최종 목적을 가진 인 식론의 합리주의인 그 학설은 이렇게 요약할 수 있다. 우리 안의 인 식하는 것은 육체와 완전히 다른 영혼이라고 불리는 비물질적 실체 이다. 반면에 육체는 인식의 장애물이다. 따라서 감각을 통해 매개된 모든 인식은 기만적이다. 이와는 달리 유일하게 참되고, 올바르고 확 실한 인식은 모든 감성으로부터 자유롭고 동떨어진, 따라서 순수한 사유다. 즉 추상적인 개념만으로 작동하는 순수한 사유다.

스피노자는 이미 "사유하는 실체(substantia cogitans)와 연장된 실 체(subtansia extensa)는 하나의 실체이며, 때로는 하나의 속성을 통해, 때로는 다른 속성을 통해 이해된다"라는 데카르트 이원론에 반대하며 자신의 학설을 내세웠다. 그럼으로써 그는 자신의 우월성을 보여주었다. 이와는 달리 라이프니츠는 데카르트와 정통주의의 길을 걸어, 로크를 자극함으로써 철학에 유익한 결과를 낳았다. 결국 로크는 "선천적인 개념은 없다"라는 명제를 자신의 철학의 토대로 삼는다. 그의 철학은 콩디야크에 의해 정교해진다. 그러자 프랑스인들은 "사유하는 것은 지각하는 것이다"라는 명제를 내세웠다. 그런데 그것을 강요함으로써 곧 도가 지나치게 되었다. 칸트는 이렇게 말한다. "말할 것도 없이 모든 경험에 선행하는 순수한 이성적 인식, 즉 선험적 인식이 존재한다. 따라서 감각을 통해 매개되는 인식에 기인하지 않는 사유도 존재하는 것이다." 그러나 선험적 인식은 감각에 의한 경험적 인식 없이는 공허하고 무용하다. 바로 그러한 이유로 그의 철학은 순수이성 비판이라고 불린다.

쇼펜하우어는 자신의 가르침이 플라톤의 학설과 유사한 관계에 있다고 말한다. 직각적 인식 작용만 최고의 객관성과 완전성에 도달한다고 가르치는 점에서 말이다. 쇼펜하우어는 아리스토텔레스에 대해서는 기본적으로 부정적으로 말한다. 그가 명민하고 다재다능하긴 해도 깊이가 부족하다는 것이다. 쇼펜하우어는 그의 형이상학을 특히 불만족스럽게 생각한다. 체계적인 형태로 자신의 교의를 세우지 않고 선대 학자들의 학설의 의미를 제대로 꿰뚫지 못하고 있다는 것이다. 그는 플라톤이 전적으로 옳은 지점에서 아리스토텔레스는 대부분 적대적인 태도를 취한다고 본다. 아리스토텔레스는 플라톤의 '이데아'를 자신이 소화할 수 없는 어떤 것처럼 생각한다. 이처럼 아리스토텔레스는 사유 방식뿐 아니라 서술에서도 근본적으로 플라톤과 대립된다. 경험적인 지적 경향에도 불구하고 아리스토텔레스는 일관되고 체계적인 경험주의자가 아니었으며, 결과적으로 그는 경험주의의 진정한 아버지인 베이컨에 의해 타도되고 쫓겨나게 된다.

아리스토텔레스의 『천체론』은 매우 유용하며, 따라서 읽을 가치가 있고, 단순한 개념으로부터 자연의 본질을 인식하고 규정하려는 방법의 진정한 전범이 되지만, 단순한 개념과 상투어를 통한 그의 증명과 별들의 이동 경로 추측은 강변이고 잘못된 것이다. 그의 자연-변증론은 합리적인 것과 적절한 것을 표현하도록 되어 있는 어떤 보편적 원리로부터 자연이 어떠해야 하고, 어떻게 기능해야 하는지를 선험적으로 결정하려고 한다. 그의 학설은 코페르니쿠스, 케플러, 갈릴레오, 베이컨과 뉴턴이 등장할 때까지 서양에서 오랫동안 타당성을 인정받아왔다. 아리스토텔레스는 완전히 터무니없는 천체 배열을 제시한다. 즉 별들은 회전하는 속이 빈 구에, 태양과 행성은 비슷한 좀 더 가까운 구에 고정되어 있다. 회전할 때 생기는 마찰은 빛과 열을 유발한다. 다시 말해 지구는 분명히 정지해 있다는 것이다. 오히려 엠페도클레스, 헤라클레이토스, 데모크리토스가 자연에 대해 훨씬 더 정확한 통찰력을 가지고 있었고, 깊이 없는 아리스토텔레스보다 경험을 더 낫게 관찰했다. 후일 그의 견해는 히파르코스와 프톨레마이오스 우주론의 기초가 되었다. 인류는 16세기 초까지 이 그릇된 우주론을 힘겹게 끌고 다녀야 했다. 확실히 이 체계는 코페르니쿠스의 우주론과는 기본적으로 양립할 수 없는 것으로서 유대-그리스도교 종교 교리에는 무척 유리하게 작용했다. 물리 천문학이 대중화되는 정도만큼 유신론은 사라질 수밖에 없다. 끊임없는 또 더없이 엄숙한 암시를 통해 그것이 아무리 확고하게 사람들의 뇌리에 각인되었다 해도 말이다. 그리하여 가톨릭교회는 이런 사실을 즉시 정확하게 인식했고, 그에 따라 다년간 망설인 끝에 세상과 작별하려는 순간 마침내 그 진실을 감히 선언한 코페르니쿠스 체계를 박해했다. 이처럼 쇼펜하우어는 물리학자들에 대한 교회의 탄압에 아리스토텔레스가 기여했음을 우회적으로 암시한다.

쇼펜하우어는 스토아 철학자들이 세상에 무에서 유를 만들어낸다는 주장을 못마땅하게 생각한다. 이와 다르게 생각하는 사람은 항상 노예와 바보로 모욕당하기 때문이다. 그리고 스토아적 마음 평정인 아타락시아(ataraxia)는 어떤 원칙에서 비롯된 것이 아니며, 세상에서 가장 특이한 신조가 근거도 제시되지 않은 채 우리에게 부당하게 요구된다는 것이다. 우리의 통제하에 있지 않은 것은 우리와 무관하기 때문이다. 그러한 역설적인 사고방식에 대한 명백하고 설득력 있는 근거가 제시되지 않는 한 쓸데없는 장광설에 불과하다. 내용적인 면에서 보면 견유학파와 스토아학파는 신에 헌신하고, 신을 손꼽아 기다린다는 점에서 도덕적인 유신론이고, 진정한 근원적인 스토아와는 전혀 다른 모습이다. 그들은 신과 세계를 하나로 생각하며, 신의 생각하고 의욕하고 명령하고 미리 대비하는 인간적인 면모에 대해서는 전혀 알지 못한다. 또한 견유주의 철학자들은 신의 사자로서 자신을 본보기로 해서 다른 사람들에게 영향을 미치고 그들의 일에 간섭함으로써 그들을 조종하기 위해 존재해야 한다는 가르침을 통해 완전히 날조된다. 이는 옛날의 진정한 견유주의자들의 자족과는 동떨어진 것이다. '철학자 황제' 마르쿠스 아우렐리우스는 아리아노스가 스토아 철학자 에픽테토스의 강연을 청강하고 집필한 작품인 『담론』에 깊이 감화되어 참회록에서 그 내용을 여러 번 인용했다. 이 작품은 중세 시대에 수도원 생활의 원리에 대한 지침서로 많이 사용되기도 했다.

신플라톤주의 철학자들 중에서 쇼펜하우어는 포르피리오스를 좋게 평가하고 이암블리코스는 가장 나쁘게 평가한다. 그들에게 대체로 형식과 표현이 부족해서 많은 인내를 요구하지만, 포르피리오스는 유일하게 명료하고 조리 있게 글을 쓰므로 반감 없이 그의 글을 읽을 수 있다는 것이다. 반면에 이암블리코스는 마술과 요술에 대한 다른 견해, 말하자면 비의적인 견해를 가지고 있지만, 이에 대한 그의 설명은 얕고 미미할 뿐이다. 프로클로스는 얕고 장황하며 무미건조한 수다쟁이로서 비판받는다. 그러나 우리의 삶을 이끌어가는 선택의 결단을 외부가 아니라 우리 자신의 내부에서 내리는 것처럼 보인다는 구절에 대해서는 긍정적인 평가를 받는다. 이 말은 플라톤에 뿌리를 두고 있지만, 또한 칸트의 예지적 성격에 관한 가르침과도 가깝기 때문이다. 신이 사라진 시대에는 교리문답서와 예정설이 아무 쓸모가 없으며, 인간은 오로지 의지의 자존성 속에서만 피난처를 찾을 수 있다. 한편 플로티노스의 산만하고 지루한 장황함과 혼란은 종종 읽는 사람의 인내심을 잃게 한다. 그는 설교자가 복음을 전하는 방식으로 플라톤의 가르침을 진부하게 내놓는다. 그는 실례를 들어 설명하는 방식이 아니라 계시하는 방식으로 진행하며, 정당한 근거를 끌어들이는 대신 자신이 생각하는 대로 사물들을 이야기한다. 그럼에도 통찰력이 없지는 않으므로 위대하고 중요하며 그에게서 심오한 진리를 발견할 수 있다. 그래서 그는 아무튼 읽힐 만하고, 이에 필요한 인내심도 충분히 보상받는다.

쇼펜하우어는 플로티노스와 신플라톤주의자들을 본연의 철학자나 독립적 사상가로 보지 않는다. 그들의 잘 소화되고 동화된 가르침은 인도-이집트인의 지혜라는 것이다. 그는 영혼 말고는 이 우주를 위한 다른 장소가 없다는 플로티노스의 영혼론은 동양에서 유래했고, 이암블리코스가 개진한 윤회론은 인도에서 기원했다고 본다. 특히 플로티노스는 고르디아누스의 군대와 함께 페르시아와 인도로 가기를 원했지만, 그의 패배와 죽음으로 인해 그 계획이 무산되었다. 이집트 종교가 인도에서 기원했음을 이집트에서 소가 신성하게 취급받았고, 결코 도살되어서는 안 되었다는 점에서 확인할 수 있다. 이러한 정황은 플로티노스가 스승 암모니오스의 가르침을 직접 인도에 가서 배워올 생각이었다는 것을 암시한다. 그래서 플로티노스의 제자 포르피리오스는 플라톤 심리학으로 위장하긴 했지만, 전적으로 인도적 의미에서 윤회에 관한 상세한 이론을 제공했다.

카발라 철학과 영지주의 철학은 전지전능하고 자비로운 존재에 의한 세계의 창조와 이 세상의 슬프고 결함 있는 속성 사이의 현저한 모순을 제거하려는 시도다. 그 철학의 창시자들은 일신교 신봉자들로서 유대인과 그리스도교인이다. 이들은 세계와 세계의 원인 사이에 중간 매개체들을 도입하는데, 이것들의 잘못으로 배교가 발생하고, 이 배교로 인해 비로소 세상이 생겨났다는 것이다. 따라서 이들은 잘못을 주권자로부터 대신들에게 전가하는 셈이다. 물론 이 과정은 무릇 유대교의 정점인 타락의 신화에 이미 암시되어 있었다. 그러므로 영지주의자들은 그 매개체를 충만함, 영겁(Aeon), 물질, 데미우르고스 등으로 설정한다. 데미우르고스는 플라톤이 『대화편』에서 세계의 형성자로 생각한 세상의 창조주, 조물주를 말한다. AD 2~3세기에 여러 영지주의파에서는 자신들만이 숭배하는 최고신에 반대되는 질투심 많고 열등한 신을 데미우르고스라 하면서, 불완전한 세계를 실제로 창조한 이 신을 무지하고 평범한 그리스도교인들이 맹목적으로 숭배한다고 주장했다.

스코투스 에리게나는 죄의 근원이 어디에 있는지 파고들면서 "악은 원인이 없다……. 원인도 없고 실체도 없다"라고 말한다. 그는 악의 뿌리를 공격할 수 없었지만 어려운 문제들이 생겨난다. 그는 힌두교의 인자함을 지니고 그리스도교의 영원한 저주와 벌을 배격한다. 모든 피조물은 신의 자애에 의해 창조되었기 때문에 자신의 내적 본질에 따라 영원한 지복에 도달해야 한다. 그러나 신과의 완전한 통일을 이룩하는 자는 성인과 의인뿐이다. 그러나 범신론뿐 아니라 유신론도 낙관론을 포괄하기 때문에 악의 근원이라는 암초를 만나 당혹해한다. 그러나 악과 죄는 끔찍한 규모로 퍼져 있을뿐더러 죄에 대한 약속된 처벌로 인해 악이 더 늘어날 뿐이다. 신이 모든 것을 창조했으니 악과 화도 만든 셈이다. 에리게나는 자유의지를 끌어들인다. 신이 자유의지를 창조했지만 자유롭게 창조했기 때문에 이후에 자유의지가 하는 일은 신과는 무관하다는 것이다. 자유의지는 사실 자유로울 수 있었고, 즉 그럴 수도 또 다를 수도 있었으며, 그러므로 선할 수도 악할 수도 있었기 때문이다.

　그러나 자유로움과 창조됨은 모순되는 성질이다. 따라서 신이 존재들을 창조했고 동시에 그들에게 의지의 자유를 부여했다는 에리게나의 주장은, 엄밀히 말하자면 신이 존재들을 창조한 동시에 창조하지 않았다는 것을 의미한다. 만약 어떤 존재가 창조된다면, 그 존재는 그것에 속성이 부여되는 방식으로 창조된다. 따라서 어떤 존재에 나쁜 속성이 부여되면 그것은 나쁘게 창조되고, 또 그것이 나쁘게 행동하면, 즉 나쁜 영향을 끼치면 나쁜 속성이 부여된 것이다. 그에 따라서 세상의 죄는 세상의 악과 마찬가지로 언제나 그 창시자에게 전가된다. 만약 어떤 존재가 도덕적으로 자유로워지려면, 그것은 창조되지 않아야 하고, 자존성을 지녀야 한다. 즉 근원적인 존재여야 하고, 자신의 고유한 근원적인 힘과 절대 권력으로 존재해야지, 다른 존재에 의존해서는 안 된다. 나아가서 어떤 존재가 자신의 행동에 책임이 있으려면, 다시 말해 책임 능력이 있으려면, 그 존재가 자유로워야 한다. 죄와 악에 대한 책임은 언제나 자연으로부터 그 창시자에게로 되돌아온다. 그런데 창시자가 자연의 모든 현상에서 나타나는 의지 그 자체라고 한다면, 책임이 창시자에게 귀속되는 것이 옳다.

298

반면에 그것이 유일신이라고 한다면, 죄와 악이 창시자 작품이라는 것은 그의 신성과 모순된다. 칸트 역시 경험적 성격의 관점에서 보면 의지의 자유가 없다고 주장한다. 인간의 자의에 의한 모든 현상을 근저에까지 탐구할 수 있다면, 확실하게 예측할 수 없거나 그것의 선행 조건에 의해 필연적인 것으로서 인식할 수 없는 행위가 없기 때문이라는 것이다.

성서를 진리의 최고 기준으로 삼는 스콜라 철학은 실재론과 유명론 사이의 갈등을 겪는데, 그 근원은 이성과 계시 사이의 갈등에 있다. 아리스토텔레스의 사상은 스콜라 철학의 발전에 지대한 영향을 주었다. 아리스토텔레스의 사상으로 인해 보편이 실재하는 것인지(실재론) 아니면 단지 명칭에 불과한 것인지(유명론)를 두고 유명한 '보편논쟁'이 벌어졌다. 실재론이란 보편이 실재한다는 말이다. 플라톤의 이데아론의 확장이 실재론이다. 유명론은 보편이 실재하지 않고 그저 이름뿐이라는 이론이다. 이 중간에 보편이 개체 안에 내재해 있는 것으로 보는 온건 실재론이 있는데 이 사상은 아리스토텔레스적 실재론이라고도 한다. 유명론은 엄밀히 말하자면 유물론으로 이어진다. 모든 성질을 제거한 후에는 결국 물질만이 남기 때문이다. 그런데 개념은 단순한 이름일 뿐이지만, 개별 사물들은 실재하는 것이고, 그리고 그것들의 성질은 개물들 안에서 개체로서 일시적이라면, 물질만은 영속하는 것으로서, 따라서 실재하는 것으로 남는다. 플라톤과 아리스토텔레스, 아우구스티누스와 펠라기우스, 실재론자와 유명론자를 서로 비교해보면, 어떤 친화성, 혹은 적어도 반대되는 유사성이 드러난다. 정통신앙을 대변하며 은총론을 주장한 아우구 스티누스와 달리 선행구원론을 주장한 펠라기우스는 영혼의 구원에 서 인간의 자유의지와 노력이 중요하다고 강조함으로써 아우구스티 누스로부터 강한 반박을 받았다.

아리스토텔레스에 대한 명시적이고 의도적인 반대는 프랜시스 베이컨이다. 아리스토텔레스가 보편 진리로부터 특수 진리에 도달 하기 위한 올바른 방법을 추구했다면, 베이컨은 특수 진리를 통해 보 편에 도달하는 방법을 설명했기 때문이다. 이는 연역과 반대되는 귀 납이다. 아리스토텔레스와 그 스콜라 철학자들은 이미 모든 진리를 가지고 있다고 전제하는 반면, 베이컨은 진리가 아직 인간의 지식 체 계 안에 있지 않으므로 먼저 그것을 체계 안으로 가지고 와야 한다 는 입장이었다. 즉 크고 풍부한 내용을 가진 보편적이고 참된 명제는 먼저 귀납이 얻어져야 했다는 것이다. 먼저 보편적인 것을 확인하려 고 하는 스콜라 철학자들과는 달리 베이컨은 개별 사물들을 완벽히 알고 싶어 한다. 그렇지만 베이컨은 그의 점진적 상승 방법이 아리스 토텔레스의 점진적 하강 방법만큼 규칙적이고 확실하며 오류가 없 는 것이 아니라는 점에서는 아리스토텔레스보다 못하다. 베이컨은 주로 물리학에 집중했으며, 그가 물리학을 위해 시작한 일을 데카르 트는 그 후에 형이상학을 위해 했다.

뒤엉킨 실뭉치를 풀려면 올바른 끝을 찾아야 하듯, 쇼펜하우어는 뒤엉킨 실뭉치의 올바른 끝, 즉 미로의 참된 입구가 우리 안의 의지 라는 점을 분명히 한다. 그런데 데카르트는 아리스토텔레스의 형이상학의 선례를 따라, 실체라는 개념으로부터 출발했으며, 그의 후계자가 모두 이 개념을 가지고 여전히 힘들게 질질 끌고 간다. 데카르트는 사유하는 실체와 연장된 실체라는 두 가지 종류의 실체를 가정했다. 스피노자는 스승 데카르트의 발자취를 따라 실체라는 개념이 주어진 것으로서 당연하게 받아들이며 그것의 기원에 대해서는 신경 쓰지 않고 그 실체 개념으로부터 출발했으나, 사유와 연장이라는 두 종류의 실체를 동일하다고 선언함으로써 데카르트적인 두 대립을 부정하기에 이른다. 그는 신이 세상을 만든 것이 아니라고 직접적으로 말하지 못하고 "세계 자체가 신이다"라는 간접적인 표현법을 택한다. 그럼으로써 그의 가르침은 "세상은 존재하기 때문에 존재하고, 그리고 그런 식으로 존재하기 때문에 그 세상이 존재하는 대로 존재한다"라는 식으로 나아간다. 그러면 이 세상에 분명히 존재하는 물리적 악과 도덕적 사악함은 어떻게 되는가?

물질은 원인 없이 생성된 것이 아니고, 영원하고 유일하며 독특한 것이다. 그 물질의 변용이 연장과 인식이다. 실체 개념을 출발점으로 삼기 위해 무턱대고 그 개념을 받아들이는 이러한 방법을 이미 엘레아학파 철학자 크세노파네스에게서 발견할 수 있다. 그러므로 쇼펜하우어는 스피노자를 진정으로 새롭고 완전히 독창적인 사유를 한 철학자가 아니라 엘레아학파의 단순한 부활자로 본다. 쇼펜하우어는 스피노자가 『에티카』 제2권에서 유일한 실체의 두 가지 방식을 연장과 표상으로 제시하는 것을 잘못된 구분이라고 지적한다. 연장은 오로지 표상에 대해서만 또 표상 속에서만 존재하기 때문에 이것에 반대되는 것이 아니라 종속되어야 하기 때문이라는 것이다. 스피노자는 기쁨은 칭찬하고 슬픔은 한사코 배격하는 태도를 취한다. 이 세상이 신이라면, 그 세상은 목적 자체이며, 세상의 존재를 기뻐하고 찬양해야 하기 때문이다. 그러나 범신론에 기반한 그의 의무적 낙관론은 많은 그릇된 결론을 강요한다. 쇼펜하우어는 "우리는 자연에서 인간들 외에 우리의 정신이 기뻐할 수 있는 어떤 개별 존재도, 그리고 우리가 우정이나 어떤 종류의 교제를 통해 관계 맺을 수 있는 어떤 개별 존재도 알지 못한다."라는 문장에 대해 격분하면서, 그가 거미와 파리에게 가했다는 동물 학대에 대해 부정적으로 평가한다.

라이프니츠 역시 주어진 것으로서의 실체 개념으로부터 출발했지만, 그러한 실체가 파괴될 수 없는 것이어야 한다는 사실에 주로 초점을 맞췄다. 이 목적을 위해 그 실체는 단순해야만 했다. 연장된 모든 것은 분할 가능하고, 따라서 파괴할 수 있을 것이기 때문이다. 따라서 실체는 연장이 없었고, 그러므로 비물질적이었다. 그래서 그가 말하는 실체에는 정신적인 지각, 사유와 욕망 같은 술어 외에는 다른 것이 남아 있지 않았다. 이제 그는 그처럼 단순한 정신적 실체들로 무수히 많은 것을 가정했다. 그는 그 실체를 형식적 원자와 단순한 실체로 정의하고 모나드라는 명칭을 부여했다. 이 실체들에 대한 단순한 생각과 그 자체로 연장된 것 사이의 중개는 중심 모나드에 의해 예정된 조화가 떠맡는다. 쇼펜하우어는 라이프니츠가 자신처럼 의지에 우선권을 부여하지 않고 인식을 모든 정신적인 것의 기초이자 필수 불가결한 조건으로 삼음으로써 오도되었다고 본다. 그렇지만 정신과 물질을 하나의 동일한 원리의 기초로 삼으려는 라이프니츠의 노력은 인정받을 만하다. 그의 모나드론의 밑바탕에는 물질이 사물 자체가 아니라 단순한 현상이라는 생각이 이미 깔려 있기 때문이다. 그런 점에서 그에게서 칸트뿐 아니라 쇼펜하우어의 가르침의 전조를 어렴풋이 예감할 수 있다. 그러나 데카르트가 존재하는 모든 것을 신과 세계로, 인간을 정신과 물질로 나눈 것은 문제가 있다. 거기에다가 의지를 이차적인 본질이 되게 하고, 인식을 일차적인 본질이 되게 하는 오류가 여기에 더해진다. 쇼펜하우어에 의하면 진실한 것의 식별 기준은 단순함이다. 그러나 데카르트는 자신의 근본 오류들을 구하기 위해 동물 정기, 동물의 물질성, 기회 원인, 모든 것을 신 속에서 보는 것, 예정 조화, 모나드, 낙관론과 나머지 모든 것을 생각해내야 했다.

칸트는 실체 문제에 직접적으로 영향 받지 않고 그것을 넘어서 있다. 그의 경우 실체 개념은 하나의 범주이며, 따라서 단순한 선험적 사유형식이다. 그런데 이 형식을 통해서는, 감각적인 직관에 그것의 필연적인 적용을 통해서는, 그 자체로 아무것도 인식되지 않으므로 육체뿐 아니라 영혼의 기초가 되는 본질은 그 자체로 어쩌면 하나이자 같은 것일 수도 있다는 것이 그의 가르침이다. 이 가르침은 각자 자신의 신체가 뇌에서 생기는 그의 의지의 직관에 불과하다는 쇼펜하우어의 통찰을 위한 길을 열어준다. 그런 다음 이러한 관계는 모든 신체로 확장되어, 세계를 의지와 표상으로 분리하는 결과를 낳는다. 데카르트는 우리의 모든 직관적 표상의 대상들의 객관적 실체를 그 창시자인 신의 현존에 근거하여 증명하고, 신의 현존 자체를 선천적 표상으로부터 증명하므로 우리는 신을 가장 완벽한 존재라고 추정하게 된다. 그의 한 동포는 그에 대해 이렇게 말한다. "그는 모든 것을 의심하는 것으로 시작해서, 모든 것을 믿는 것으로 끝난다."

실체 개념은 객관적 개념이기 때문에 이미 철학의 출발점으로는 유용하지 않다. 그러므로 관념론의 아버지인 버클리는 맨먼저 주관적인 출발점을 진지하게 생각했고, 그것의 불가피한 필연성을 논박할 수 없게 입증한 공로가 있다. 로크 역시 신체가 지닌 성질의 대부분을 감각에 귀속시킴으로써, 이미 주관적인 것에서 출발한다. 그러나 이차적 성질로서의 모든 질적 차이를 양적 성질, 즉 객관적 성질을 띤 크기, 형태, 위치 등으로 환원시킨 것은 데모크리토스의 가르침이므로 로크를 데모크리토스의 철학의 부활자로 볼 수도 있다. 그런 점에서 그는 프랑스 유물론의 길을 닦은 셈이다. 칸트는 이제 훨씬 더 높은 의미에서 로크의 방향과 경로를 좇아, 주관적인 것을 객관적인 것으로부터 순수하게 분리하는 데 도달한다. 그런데 이러한 과정에서 너무 많은 것들이 주관적인 것의 소유로 넘어가기 때문에 객관적인 것은 완전히 어둡고 더 이상 인식할 수 없는 사물 자체로 남게 된다. 그런데 쇼펜하우어는 이 사물 자체를 다시 본질로 환원시켜, 그것을 우리의 자의식 속에서 의지로서 발견한다. 여기서 쇼펜하우어는 인식의 주관적인 원천으로 돌아가 존재의 가장 내적 핵심인 사물 자체를 우리 밖이 아니라 전적으로 우리 안에서, 즉 직접적 성격을 띤 주관적인 것 속에서 찾는다.

칸트의『순수이성비판』의 모토는 "대부분의 것을 의심하는 것은 이성적이므로, 우리는 무엇보다도 모든 것을 증명하려고 하는 우리의 이성을 의심해야 한다."라고 할 수 있다. 쇼펜하우어는 칸트의 심오함에 대한 자신의 명료한 견해를 밝히려고 시도한다. 칸트에 의하면 사물 자체는 결코 인식할 수 없다. 이에 대해 쇼펜하우어는 사물 자체에 표상의 방식으로는 도달할 수 없으며, 사물의 내부를 통해야 그곳에 도달할 수 있다고 주장한다. 칸트의 철학은 초월 철학 또는 초월적 관념론(transzendentaler Idealismus)이라고 불린다. 일반적으로 실체에 귀속되는 술어들을 초월적이라고 부르는데, 엄밀히 말하자면 '순수한 이성에 대한 비판'만이 초월적이다. 이와는 반대로 그는 경험의 가능성을 넘어 우리의 인식에서 순전히 형식적인 것의 사용, 또는 오히려 남용을 초험적(transzendent)이라고 부른다. 따라서 간단히 말하자면 초월적은 '모든 경험에 앞서서', 초험적은 '모든 경험을 넘어서서'라는 뜻이다. '초월적'이란 말은 '경험에 앞선다'는 견지에서 보면 '선험적인'의 의미를 지닌다. 또한 칸트는 선험적으로 확실한 모든 것, 하지만 경험과 관계되는 것을 형이상학적이라 부른다. 반면에 순전히 형식적인 것으로서 선험적으로 확실한 것에 대한 가르침만 초월적이라고 부른다. 선험적인 것으로 인식되는 것을 스스로 깨닫게 해주는 철학이 초월적이므로『순수이성비판』, 그리고 일반적으로 칸트적인 비판 철학만이 초월적이다. 반면에『자연과학의 기초』와『덕론』은 경험에 관계되므로 형이상학적이다. 그런데 초월적 관념론은 실제 존재하는 세계의 경험적 실재성(empirische Realität)

에 결코 이의 제기를 하지 않고, 이것이 무조건적인 실재가 아니라고 말할 뿐이다. 그 실재성은 직관의 형식들, 즉 시간, 공간, 인과성을 생성시키는 우리의 뇌 기능에 달려 있기 때문이다. 따라서 초월적 관념론은 경험적 실재성 자체는 어떤 현상의 실재성에 지나지 않는다고 말할 뿐이다.

칸트 철학의 주된 목적은 로크가 이미 이것을 위한 길을 닦은 후에 실재적인 것(das Reale)과 관념적인 것(Ideale) 사이의 전적인 다양성을 입증하는 것이다. 여기서 관념적인 것은 지각할 수 있는 온갖 특성을 지닌, 공간적으로 자신을 나타내는 직관적인 형태인 반면, 실재적인 것은 타인이나 그 자신의 머릿속에 표상된 것과는 독립적인 사물 그 자체이다. 사물 자체는 공간, 시간과는 무관하므로, 비록 사물 자체가 연장과 지속을 갖는 모든 것에 존재하기 위한 힘을 부여함에도 불구하고, 본래 연장도 지속도 사물의 본질에 첨가될 수 없다. 칸트는 모든 인과관계는 우리의 지성(Verstand)의 한 형식일 뿐이며, 따라서 지성에 대해서만, 그리고 지성 안에서만 존재한다고 가르쳤다. 칸트는 실재적인 것, 즉 사물 자체의 물질성을 제거했지만 그에게 사물 자체 또한 완전히 알려지지 않은 X로 남았을 뿐이다. 그러나 쇼펜하우어는 실제적인 현존을 갖는 진정으로 실재하는 것 또는 사물 자체가 우리 내부의 의지라는 것을 입증했다. 그전까지 이 의지는 관념적인 것에 포함되었다. 현상들 배후에 사물 자체가 있다는 가정은 옳았지만 그 점에서 칸트의 철학은 전반적으로 부당한 대우를 받았다. 쇼펜하우어는 칸트가 그러한 사물 자체를 도입해서 자신의 원리와 결합하려고 했던 방식이 잘못되었을 뿐이라고 본다. 슐체는 칸트의 모순을 지적했으나 칸트의 제자 라인홀트는 칸트를 변호했다. 그러나 이것은 별다른 성과를 거두지 못하여, 그 문제는 "이것은 주장될 수 있고, 반박될 수 없다"로 애매하게 처리되었다. 칸트는 우리가 사물들이 존재하는 것만 알 뿐 무엇이 존재하는지는 알지 못한다고 가르친다. 사물들 자체의 본질은 그의 경우에는 미지의 크기인 X로 남는다. 현상의 형식은 어디서나 사물 그 자체의 본질을 덮고 감추기 때문이다.

사실 사물 자체는 경험으로는 결코 도달할 수 없으며, 객관적 인식의 방법으로는 결코 도달할 수 없다. 하지만 일단 관점을 바꾸어야만 사물 자체에 도달할 수 있다. 다시 말해 지금까지 늘 그랬듯, 표상하는 것으로부터 출발하는 대신 일단 표상되는 것으로부터 출발하는 것이다. 하지만 이것은 우리 각자에게 하나의 유일한 사물(Ding)의 경우에만 가능하다. 그것은 우리 내부로부터 접근할 수 있고, 따라서 우리에게 두 가지 방식으로 주어진다. 그것은 객관적인 세계에서 공간 속의 표상으로서 존재하지만, 동시에 우리 자신의 자의식 속에서 의지로서 자신을 알리는 우리 자신의 신체다. 쇼펜하우어는 이런 인식에 도달한 뒤 그것이 자신이 걸어온 길이고, 유일하게 올바른 길이며, 진리에 이르는 좁은 문이라고 발언한다. 그런데 사람들은 칸트에게 대인 논증, 즉 인신공격을 가하면서 대사안 논증이라고 간주했다. 슐체는 자신의 공격으로 칸트의 철학은 유지될 수 없다고 선언했다. 그 결과 이제 피히테, 셸링, 헤겔이 열린 문으로 들어와서 칸트 공격에 가담하며 그의 철학을 훼손했다. 피히테는 사물 자체가 신용을 잃었으므로, 사물 자체가 없는 어떤 체계를 신속히 만들어냈고, 칸트의 가르침에서 본질적인 것과 가장 칭찬할 만한 것, 즉 선험적인 것과 후험적인 것의 구별, 따라서 현상과 사물 자체의 구별을 아무런 증거도 내놓지 않고 즉각 폐기했다. 심지어 대중은 피히테를 칸트보다 훨씬 위대한 철학자라고 선언했고, 칸트가 시도했던 것이 피히테에 의해 이루어졌다고 꽤 진지하게 확신하는 철학적 작가들도 적지 않았다.

셸링은 피히테의 발자국을 따랐지만, 주관과 객관의 절대적 동일성, 또는 관념적인 것과 실재적인 것의 동일성을 선언하기 위해 피히테를 떠났다. 피히테의 주관적 관념론을 객관적 관념론으로 뒤집어 헤겔의 절대적 관념론으로 넘겨준 사람이 셸링이다. 그렇지만 쇼펜하우어는 셸링이 지성을 충동에 종속시켜 지성이 충동의 지배를 받는다고 보는 것에는 동조한다. 셸링은 '신의 역사'를 자신의 상상력을 동원해 구성한다. 태초 이전에 카오스적 상태의 우주가 있었으며 그때 우주는 맹목적 충동 그 자체였다. 태초 이전에 신은 이 카오스적·맹목적 충동이었다. 이 충동이 모든 것의 토대다. 그러므로 이성은 바로 이 비이성적 토대에서 탄생한다. 슬라보예 지젝은 셸링의 그 비이성적 토대를 '나눌 수 없는 잔여'라는 개념으로 파악하고자 한다. 그런데 셸링이 피히테를 떠난 결과 로크나 칸트가 힘들여 분리했던 모든 것이 다시 절대적인 동일성이라는 죽 속으로 한데 쏟아부어지게 된다. 오히려 이 두 사상가의 학설은 관념적인 것과 실재적인 것, 또는 주관과 객관의 절대적 다양성에 관한 가르침이라고 표현할 수 있기 때문이다. 쇼펜하우어는 피히테와 셸링에 의해 철학과 문학이 타락하게 되었다고 본다.

쇼펜하우어는 정치적·물질적 목적에 봉사하는 헤겔이 위대한 철학자로 불리며 뭇사람들의 숭배와 찬사를 받는 것에 분노를 감추지 못한다. 그는 헤겔 철학을 사이비 철학이라고 부르며, 그를 야바위꾼이라고 지칭한다. 반면에 자신의 철학적 업적은 교육받은 카스트 계급에 의해 30년 동안이나 아무것도 아닌 것, 아무것도 아닌 것보다 더 못한 것, 눈길 한 번 줄 가치도 없는 것으로 간주된 것에 대해 분노를 참지 못한다. 이에 대해 그는 디오게네스의 "현자를 알아보려면 현자가 되어야 한다" 또는 엘베시우스의 "정신만이 정신을 알아들을 수 있다"라는 말로 스스로를 위안한다.

칸트는 인식 전반에서의 이성의 위치와 의의를 연구하는 초월적 변증론으로 사변신학과 심리학의 기반을 약화시킨다. 쇼펜하우어는 칸트가 시간 자체가 흘러가는 것이 아니라 단지 시간 속의 현상들만 흘러간다고 말하는 것을 비판한다. 칸트 자신의 가르침과 모순된다는 것이다. 이는 우리 모두에게 내재된 확신, 즉 비록 하늘과 땅 위의 모든 것이 갑자기 정지하더라도, 시간은 그에 방해받지 않고 그것의 흐름을 계속할 것이라는 확고한 확신에 의해 증명되기 때문이다. 칸트의 논리에 따르면 시계가 멈추면 시간도 함께 멈춰 있어야 할 것이고, 그러다가 시계가 다시 작동한다면 시간도 함께 움직여야 할 것이다. 이런 실상에서 우리는 시간의 경과를 우리의 바깥이 아니라 우리의 머릿속에 갖는다는 것을 알 수 있다. 따라서 우리는 모든 운동 일반에 관련하여 먼저 정지된 무언가와의 비교를 통해 그것이 지각될 수 있다는 것을 선험적으로 확인할 수 있다는 칸트의 명제는 잘못된 것이다. 또한 칸트는 내적으로 자의식 속에서, 또는 내적 감각을 통해, 나는 오로지 시간 속에서만 나 자신을 인식한다고 말한다. 그러나 쇼펜하우어에 의하면 인식 주체는 모든 것을 인식하지만, 인식되지는 않는 존재이다. 시간은 시작이 있을 수 없고, 어떤 원인도 초월적 감성론의 시작이 될 수 없다. 두 가지 모두 선험적으로 확실하고, 그러므로 논란의 여지가 없다. 모든 시작은 시간 속에서 이루어지고, 따라서 시간을 전제로 하기 때문이다. 모든 원인은 배후에 이전의 원인이 있어야 한다. 그 원인은 이전의 원인의 결과인 것이다. 만약 우리가 첫 시작을 상정하고 그것으로부터 출발한다면 우리는 첫 시작으로부터 결코 현재에 도달할 수 없다. 이와는 반대로 우리가 주어진 현재로부터 시작한다면, 우리는 결코 첫 시작에 도달하지 못한다. 우리가 거슬러 올라가는 모든 원인은 항상 이전의 원인의 결과였음이 틀림없고, 그런 다음 그 이전 원인은 다시 같은 경우에 처하기 때문이다. 그러므로 세계는 무한한 시간 자체처럼 우리에게 시작이 없게 된다.

한편 사변신학에 대해 고찰해 보면 그리스도교에서 신의 현존은 모든 조사를 초월한 결말 지어진 사실이다. 따라서 신의 현존은 정당하다. 왜냐하면 신의 현존은 당연하고, 계시를 통해 근거 지어지기 때문이다. 신의 현존의 실제성은 경험적 확인에 의해 보여줄 수 없으므로 사람들은 심지어 신의 현존의 필연성을 증명하려고, 즉 신을 필연적인 존재로 입증하려고 노력했다. 그런데 필연성은 근거에 의존해서 결과가 나오는 것에 불과하다. 그리하여 생성(원인)의 근거율과 인식의 근거율에 따른 신학적 증명이 생겨난다. 생성(원인)의 근거율은 세계를 원인이 있어야만 하는 결과로서 파악함으로써 인과법칙에 따라 저 필연성을 자연적 필연성으로 설명하려고 한다. 이 우주론적 증명을 도와주고 지지해주는 것으로서 자연 신학적 증명이 덧붙여진다. 우주론적 논거는 그 결과 "만약 어떤 것이 존재한다면, 절대적으로 필연적인 존재 또한 존재한다"라는 식으로 표현된다. 그러나 결국 우주론적 증명은 인과법칙이 입증된 바와 같이 주관적인 기원이므로, 단순히 우리의 지성을 위한 현상들에만 적용되지, 사물들 그 자체의 본질에는 적용되지 않는 초월적 논거의 토대가 된다. 우주론적 증명은 칸트의 엄격한 검토를 거친 이래 더 이상 진정한 형태로 볼 수 없게 되었다. 두 가지 신학적 증명들, 즉 우주론적 증명과 존재론적 증명은 서로를 뒷받침하지만, 그 때문에 그것들은 일어설 수 없다. 우주론적 증명은 어떻게 그것이 신의 개념에 도달했는지 해명해주고, 그리고 그 부가어인 자연 신학적 증명의 도움으로 이 개념을 그럴듯하게 만들어주는 장점이 있다.

반면에 존재론적 증명은 어떻게 가장 실재적인 존재의 개념에 도달했는지를 전혀 보여줄 수 없으므로, 선천적인 척하거나 또는 우주론적 증명으로부터 그 증명을 차용한 다음, 이미 존재하는 것과는 달리 생각될 수 없는 존재, 그것의 현존이 이미 그 개념에 들어 있을지도 모르는 등의 존재에 관한 고상하게 들리는 명제를 통해 그 증명을 견지하려고 한다. 그러나 아리스토텔레스가 "현존은 본질에 속하지 않는다"(『분석론 후서』)라고 말했듯, 두 가지 신학적 증명은 망상적이고 궤변에 불과하다. 데카르트는 요구되는 것을 성취한 개념으로 신의 개념을 내세웠으나, 스피노자는 홀로 존재하는 실체로서의 세계의 개념을 확립하여, 그 실체는 "그 자신의 원인이고, 즉 자기 자신을 통해 존재하는 것이고, 그 자신을 통해 파악되는 것이며, 따라서 존재하기 위해 다른 것을 필요로 하지 않는다"(『에티카』 I, 정리 1)라고 말한 다음 이렇게 확립된 세계에 명예를 위해 신(Deus)이라는 칭호를 수여한다. 그러나 실제로 필요한 것을 위해 논리적으로 필요한 것을 우연을 가장하여 보여주려는 것은 기만이자 마술사의 눈속임이다. 칸트는 사변신학 비판을 통해 신의 현존이 증명될 수 없다는 것을 밝혔지만, 이에 대한 인상을 부드럽게 하기 위한 진정제로서, 신의 현존에 대한 증명의 대용물로 실천 이성의 요청과 거기에서 생겨나는 도덕 신학을 제공했다. 그의 설명은 죽은 후에 보상하고 벌하는 정의로운 신의 가정이 우리 행동의 진지하고 윤리적인 중요성을 해석할 뿐만 아니라 이 행동 자체를 지도하기 위한 유용하고 적절한 규제적 도식이라는 것 외에 다른 어떤 것도 말하지 않는다. 그 가정이 비록 이론적으로나 객관적으로 정당화될 수 없다고 해도, 그것이 진리의 자리를 대변할 수 있다는 것이다. 이처럼 칸트는 모든 사변신학에 대한 자신의 비판의 불유쾌한 성격을 완화하기 위해, 도덕 신학을 추가했으며, 신의 현존이 증명되지 않은 채로 남아 있어야 한다고 해도, 마찬가지로 그 반대를 증명하는 것 역시 불가능하다는 확신도 추가했다.

이와 유사한 도식은 보상하고 벌하는 윤회에 관한 브라만주의의 교리이다. 더 많은 진실 내용을 담은 그 교리는 훨씬 더 큰 신뢰성, 따라서 더 직접적인 가치를 지닌다. 그러므로 우리는 칸트의 도덕 신학을 특정한 의미에서 받아들여야 한다. 그러나 칸트의 도덕 신학이 실제적인 독단적 유신론(dogmatischer Theismus)인 것처럼, 즉 신의 현존의 새로운 증거인 것처럼 보이게 하려고 노력하는 신학 및 철학 저술가들이 있지만 실상은 그렇지 않다. 오히려 도덕 신학은 단순히 도덕의 목적을 위해 도덕의 범위 내에서만 유효할 뿐 그 이상의 가치는 없다. 철학 교수들은 신의 존재로 강단에서 밥벌이를 했으므로 칸트의 사변신학 비판에 만족하지 못했다. 예로부터 그들은 신의 현존과 성질을 입증하고 신을 그들의 철학함의 주된 대상으로 삼는 것을 그들의 특수한 직분으로 인식해 왔기 때문이다. 심지어 그들은 절대자와 세계와의 그의 관계가 철학의 진정한 주제라고 여전히 뻔뻔스럽게 주장한다. 그러면 당국은 그런 식으로 철학을 하라고 그들에게 자금을 제공한다. 그들은 신의 현존에 대해 어떠한 증명도 할 수 없지만, 그것 또한 필요하지 않다고 주장하는 데 전념했다. 신의 현존은 자명한 일이고, 세상에서 가장 확실히 해결된 문제이므로, 우리는 그것을 전혀 의심할 수 없다는 식이다.

쇼펜하우어는 스피노자의 능산적 자연과 소산적 자연의 구별이 유신론과는 거리가 멀고, 범신론도 분명히 아니라고 말한다. 그의 철학이 범신론이 되려면 세계에 귀속되지 않는 자비, 지혜, 행복감 등과 같은 특정한 도덕적 성질이 첨가되어야 하기 때문이다. 또한 쇼펜하우어는 능산적 자연 또는 사물 자체는 우리 마음속의 의지이고, 소산적 자연 또는 현상은 우리 머릿속의 표상이라고 파악한다. 그는 범신론을 무신론의 완곡 표현에 지나지 않는다고 본다. 신이라는 개념이 신과는 다른 세계를 본질적인 상관관계로 전제하는데 세계가 신이라는 역할을 떠맡아야 한다면, 신이 없는 절대적인 세계가 남아 있게 되기 때문이다. 그러나 범신론이라는 표현은 유신론이 자명한 것이라고 미리 가정함으로써 그 자체로 철학적 궤변을 내포하고 있다.

한편 불교 체계는 하나의 신적인 존재를 알지 못한다. "이러한 생각은 신적인 존재에 완전히 이질적인 것이고, 불교 서적들에서 그 흔적을 조금도 찾아볼 수 없다. 마찬가지로 불교에서는 창조는 없다." 그런데 창세기에 "하느님은 자신의 형상대로 인간을 창조했다."라고 되어 있으므로 신인 동형론(Anthropomorphismus)은 유신론에 절대적으로 본질적인 성질이다. 그러므로 신인 동형론을 순화시키면 가장 깊은 본질을 건드리게 되어 성서에 모순되는 주장으로 이어질 우려가 있다. 철학자와 신학자 들이 원래 여호와였던 하느님을 한 겹씩 벗겨내어 결국 말씀만 남게 된 것이다. 유신론은 사실 인식의 산물이 아니라 의지의 산물이다. 생존의 고통, 이 끊임없는 두려움과 희망은 모든 것이 의존하는 인격적인 존재들을 가정하게 만든다. 처음에는 여러 신이 존재하다가 그 신들은 질서와 통일성을 부여하려는 필요에 의해 점차 하나의 신에 종속되거나 결국 하나의 신으로 축소되었다. 이때 본질적인 것은 빈번하고 비참한 큰 고통 속에서 무릎을 꿇고 도움을 간청하는 두려움에 빠진 인간의 충동이다. 인간은 자신의 공적보다 오히려 낯선 은총을 더 신뢰한다. 그것은 유신론의 주요 기둥 중 하나이다. 그러므로 인간의 가슴(의지)이 기도의 안도감과 희망의 위안을 얻도록 지성은 인간을 위해 신을 창조하지 않을 수 없다. 인간의 지성이 신을 논리적으로 올바르게 추론했기 때문에 신이 존재하는 것은 아닌 것이다. 가슴, 즉 의지는 극심한 곤경 속에서 전능하고 초자연적인 도움을 요청해야 할 필요가 있다. 신학은 흔히 주장되는 것처럼, 머리나 인식이 아니라 가슴, 즉 의지로부터 생겨났다. 콘스탄티누스 대제가 종교를 바꾼 진짜 이유는 전쟁에서 새로운 신에게서 더 나은 지원을 기대해서였다.

그리고 신에 대한 믿음은 이기심에 뿌리를 두고 있다. 초자연적인 존재들의 도움을 불러오고 얻고 싶은 충동이 인간으로 하여금 신들을 창조하게 만든다. 그리스도교에서는 다른 여러 종교와는 달리 진정한 의미에서의 제물이 사라졌지만, 찬양, 영광, 감사 등이 사실상 제물의 대용품 역할을 한다. 신이 찬양과 아부를 기뻐할 것이라고 전제하고 인간들은 신을 찬양하고 과장하는 말 따위를 아끼지 않는다.

종교들의 힘과 존립이 의존하는 두 가지 점이 있다. 첫째는 우리의 행동의 초험적인 도덕적 중요성이고, 둘째로는 죽은 후 우리의 존속이다. 유신론은 사실 도덕에 버팀목을 제공하지만, 그것은 가장 조야한 종류의 버팀목이다. 그럼으로써 행동의 진실하고 순수한 도덕성은 기본적으로 폐지된다. 신을 고려해서 비이기적인 행동을 할 수 있지만, 처벌에 대한 두려움이나 보상에 대한 희망이 그 동기이기 때문에 그러한 행위는 순수하게 도덕적이지 않을 수 있다. 이러한 덕의 내적 본질은 신중히 생각한 현명한 이기심에 해당할 것이다. 그러나 이 세상에서든 미래의 세상에서든, 자신의 행위에 대한 보상을 추구하는 자는 모두 이기주의자라고 볼 수 있으므로, 칸트의 도덕 신학도 엄밀히 말하자면 도덕성의 기반을 훼손한다고 볼 수 있다.

쇼펜하우어는 절대적 당위, 무조건적 의무와 같은 개념들은 형용 모순이라고 본다. 당위는 벌이나 보상과 관련해서만 의미를 가질 수 있으며, 절대적 당위를 의미하는 정언 명령이란 있을 수 없고, 이기적 동기에 근거하는 가언적 명령만 있을 뿐이기 때문이다. 쇼펜하우어는 윤리학의 최고 원리로 "누구도 해치지 마라. 오히려 네가 할 수 있는 한 모든 이를 도와라!"를 제시한다. 이를 통해 그는 정의와 인간애라는 두 가지 근본 덕을 도출해낸다. 쇼펜하우어는 행위자 자신의 쾌락을 추구하고 고통을 제거하려는 행위는 이기적인 행위인 반면, 타인의 쾌락을 증진시키고 고통을 제거하려는 행위는 도덕적 가치를 지닌다고 말한다. 그러나 쾌락의 무한한 추구를 정당화하는 공리주의의 편에 서지 않고, 결핍의 지양과 고통의 사라짐을 행복이라고 보는 에피쿠로스의 정의를 받아들인다. 쇼펜하우어는 인간 행위에 이기주의, 악의, 연민이라는 세 가지 근본 동인이 있다고 말한다. 이기주의는 무한정 자신의 쾌를 바라는 반면, 극심한 잔인성에까지 이르는 악의는 타인의 고통을 원한다. 타인의 쾌를 기뻐하는 연민은 고결함과 관용에까지 이른다.

주어진 존재가 자유롭다는 주장, 즉 주어진 상황에서 자유롭게 또한 다르게도 행동할 수 있다는 것은 그 존재가 모든 본질 없이 실존을 소유한다는 것을 말한다. 이는 그것이 무엇인가로 있지 않음에도 단순히 존재한다는 것을 의미한다. 그러므로 그것은 아무것도 없지만, 그럼에도 존재한다는 말이다. 따라서 창조자가 인간을 자유롭게 창조했다는 것은 본질 없이 실존을 부여했다는 것, 즉 인간이 존재하기를 원하는 모습을 그 자신에게 맡김으로써 인간에게 현존을 단순히 추상적으로 주었다는 것이 불가능함을 말해준다. 존재가 자신의 행위의 진정한 창시자가 되려면, 그는 자신의 현존과 본질에 따라 스스로 그 자신의 업적과 그 자신의 창시자가 되어야 한다. 쇼펜하우어는 자유는 행위가 아니라 존재에 있어야 한다고 주장한다. 자유는 존재하는 것이기 때문이다. 타자에 의해 창조된 것은 그것의 현존의 시작을 가진다. 무한한 시간 동안 전혀 존재하지 않다가, 그 존재가 이제부터 영원히 존속해야 한다는 것은 지극히 대담한 가정이다. 미래의 무한한 지속과 과거의 무는 서로 어울리지 않는다. 만약 처음 태어날 때 무에서 생겨나 창조되었다면, 내가 죽으면서 다시 무가 될 개연성이 매우 높다. 그러므로 유신론을 가정하면 죽은 후의 우리의 존속의 문제는 의지의 자유의 문제보다 훨씬 나은 것이 아니다. 또한 인디언의 미신에서 위대한 영이라는 용어를 듣고 그들의 신앙을 자연 유신론으로 보려는 경향이 있는데 사실 인디언의 종교는 마술 도구와 마술로 구성된 순수한 주물 숭배에 불과하다.

우리는 쇼펜하우어의 철학 체계를 내재적 독단론이라고 부를 수 있다. 그의 명제들은 사실 독단적이지만 경험에서 주어진 세계를 넘어서지 않고, 이 세계를 최종적인 성분들로 분해함으로써 단순히 이세계가 무엇인지 설명하기 때문이다. 칸트 철학의 경험적이고 예지적인 가르침에 영향받은 쇼펜하우어의 철학은 그의 철학을 끝까지 사유하는 것에 불과하다. 반면에 칸트에 의해 전복된 옛 독단론은 초험적이다. 그 독단론은 다른 어떤 것에 기초해 세계를 설명하기 위해 그 세계를 넘어서기 때문이다. 쇼펜하우어의 철학은 원인과 결과가 오직 세계 안에서만 그리고 이 세계를 전제해서 존재한다는 명제로부터 시작되었다. 생성, 인식, 존재, 행위라는 네 가지 형태를 지닌 충분근거율은 지성의 가장 보편적인 형식인 반면, 객관적인 세계는 지성 안에서만 참된 세계의 장소로서 존재하기 때문이다. 라이프니츠는 자신이 충분근거율을 생각해낸 것처럼 뽐내지만 그 이전에도 유사한 생각이 이미 존재했다. 플라톤은 "발생하는 것은 모두 어떤 원인에 의해 발생해야 한다. 어떤 것도 원인이 없이 존재하기 시작할 수는 없기 때문이다."(『티마이오스』)라고 말했고, 플루타르코스 역시 "원인 없이는 아무것도 발생할 수 없고, 모든 것은 선행하는 원인에 따라 발생한다"(『운명론』)라고 서술하기 때문이다. 쇼펜하우어는 라이프니츠가 "모든 것은 왜 그것이 그렇고 다르지 않은가에 대한 하나의 충분한 근거를 가져야 한다"라고 말하는 것 외에는 더 이상 알지 못한다고 지적한다. 쇼펜하우어는 "왜 그것이 존재하는지의 근거 없이 존재하는 것은 아무것도 없다"라는 볼프의 공식을 가장 일반적인 것으로서 받아들인다. 그렇지만 볼프가 인식의 충분근거율과 원인과 결과의 충분근거율의 차이를 명백히 규정하지 않고 혼동하고 있다고 주장한다. 쇼펜하우어는 칸트가 "모든 명제는 그것의 근거를 가져야 한다"라는 인식의 논리적 원리와 "모든 사물은 그것의 근거를 가져야 한다"라는 선험적 원리의 구분을 강조함으로써 비로소 인식근거와 원인이 정확히 구분되었다고 본다.

생성의 근거율은 표상들을 인과적 방식으로, 인식의 근거율은 개념적으로, 존재의 근거율은 시공간적으로, 행위의 근거율은 동기에 의해 필연적으로 결합시키는 원리이다. 특히 생성의 충분근거율과 관련하여 그는 최초원인이란 있을 수 없다고 주장한다. 원죄설도 이성을 가진 사람이 볼 때 터무니없다는 것이다. 모든 이의 현존은 그의 출생과 함께 시작되었으며, 미리 죄를 갖고 세상에 태어날 수 없다는 것은 너무나 분명하고 확실하기 때문이다. 또한 인과관계를 파악한다는 것은 변화에 앞서는 변화를 무한히 찾는 것을 의미하므로, 변화하지 않는 초월적 감성론의 질료 상태는 생각될 수 없는 것이다. 쇼펜하우어는 신을 최초원인으로 생각하는 우주론적 신의 증명을 칸트가 논박했음에도 헤겔이 '절대자'를 최초원인으로 제시하는 것을 비판한다. 거기에는 신학적 의도가 숨겨져 있고, 실체를 변화에 앞서는 원인으로 간주하는 것에는 신학자들의 의도가 반영되었다는 것이다. 강단철학자들은 무에서 세계를 산출한 인격적 신을 철학적으로 증명하려고 하는데 쇼펜하우어는 이런 시도가 칸트의 이성비판에 의해 수포로 돌아갔음을 강조한다. 칸트의 이성비판은 유신론에 대해 지금까지 감행된 가장 치명적인 공격이었다. 칸트의 주장에 대해 아무도 결정적 반론을 제기할 수 없었으므로 신의 현존에 대한 기존의 학설들이 빛을 잃게 되었다는 것이다. 그런데도 철학교수들은 칸트의 공격을 제거하려고 서둘렀고, 야코비가 "신을 직접 인식하고 신이 세계를 창조한 방법을 선험적으로 구성하는" 이성능력을 고안해냄으로써 칸트의 이성비판의 본래적 의미가 퇴색되었다,

쇼펜하우어는 불교가 분명히 무신론적이라고 주장한다. 불교는 만물을 창조한 영원하고 만들어지지 않은 신적 존재를 알지 못한다는 것이다. 불교에 의하면 천체는 일관성 있는 불변의 자연법칙에 따라 빈 공간으로부터 생성되었다. 헤라클레이토스가 "신도 인간도 이 세계를 만들지 않았다"라고 말하였듯이, 불교는 세계가 저절로 형성되었고 만들어지지 않았다고 본다. 쇼펜하우어는 종교와 유신론을 동의어로 보지 않고, 유신론을 종교의 한 종류라고 본다. 그는 신을 세계창조자로 보는 유대교를 유신론으로 간주하므로 유신론과 비유대교로 나누어야 한다고 말한다. 불교와 마찬가지로 중국의 도교와 유교도 무신론적이라는 것이다. 유신론의 유일한 토대는 계시인데, 그것은 인간적 승인도 철학적 증명도 필요로 하지 않는다. 쇼펜하우어는 철학자란 계시가 아니라 이성의 빛만을 따라 최고의 진리를 찾아가는 자임을 강조한다.

쇼펜하우어의 명제는 대체로 추론의 사슬에 의존하지 않고 직접적으로 직관적 세계 자체에 의존한다. 그의 철학함의 독특한 특징은 어디서나 사물들의 근거를 규명하려고 노력한다는 점이다. 그러기 위해 그는 사물들을 실제로 주어진 궁극적인 것에 이르기까지 추

구하는 것을 포기하지 않는다. 범신론은 사물에 작용하는 의지를 신이라고 부르지만, 쇼펜하우어는 그 의지를 삶에의 의지(Willen zum Leben)라고 부른다. 의지에 대한 발언은 옛날로 훨씬 더 거슬러 올라갈 수 있다. 알렉산드리아의 클레멘스는 "그러므로 의지는 모든 것에 우선한다. 이성의 힘은 의지의 시녀이기 때문이다."라고 말하고, 스피노자 역시 쇼펜하우어의 의지 개념과는 조금 다르긴 하지만 "욕망(Begierde)은 모든 사람의 본성과 본질을 이루는 바로 그것이다.", 그리고 그 이전에는 "이 충동(Antrieb)이 정신에만 관계될 때 그것은 의지라고 불린다. 그것이 정신과 신체에 동시에 관계될 때는 욕망이라고 불린다. 그러므로 의지는 다름 아닌 인간의 본질 그 자체이다."라고 말한다.

범신론자들은 진지하게 생각된 도덕을 가질 수 없다. 그들의 경우에는 모든 것이 신성하고 훌륭하기 때문이다. 유신론자들은 누군가가 행하는 것과 그가 당하는 것 사이에서의 균형을 원한다. 그러나 그들은 시간과 재판관, 응보應報를 통해서만 그러한 균형을 가정한다. 쇼펜하우어는 이와는 달리 행위자와 당하는 자에게서 동일한 본질을 증명함으로써 직접적으로 그러한 균형을 가정한다. 시대 상황에 맞지 않아 아무짝에도 쓸모없었던 그의 철학은 갈채도 추종자도 없었고, 입을 모아 고의로 완전히 무시되었고 은폐되었으며, 가능한 한 억눌러졌다. 쇼펜하우어는 제자 도르구트의 말처럼 자신이 철학 교수들에 의해 카스파 하우저 신세가 되었다고 토로한다. 외부로부터 공기와 빛을 차단하여, 아무도 그를 보지 못하게 하고, 그의 주장이 효력을 발휘하지 못하도록 하기 위해서 말이다. 도르구트는 철학 교수들에게서 받은 쇼펜하우어의 부당한 처우를 인생 대부분을 독방에서 지내도록 강요당했다고 주장하는 독일 청년 카스파 하우저의 고통에 비교했다. 쇼펜하우어는 『서동시집』의 한 구절을 인용하여 스스로를 위로한다.

비록 오늘은 나쁜 것이 자리와 축복을 받을지라도
내일은 정당한 것이 호의적인 친구를 얻을 것이다.

그러나 철학 교수들에게서 외면받고 무시당했던 그는 이를 딛고 다시 살아나 대중의 각광을 받음으로써 그들을 아연실색하게 만들었다. 외부로부터 아무런 격려도 받지 못한 채 진리와 자신의 일에 대한 사랑만이 오랜 세월에 걸쳐 그의 노력을 전적으로 지탱해 주었고, 그를 지치지 않도록 해주었다. 그의 수호신이 두 가지 중에 하나를 선택할 것을 제의했다. 진리를 인식하되 그것으로 누구의 마음에도 들지 않는 것, 또는 추종자를 거느리고 갈채를 받으며 다른 사람들과 함께 거짓을 가르치는 것 중의 선택이었다. 쇼펜하우어에게 그 선택은 어렵지 않았다.

아르투어 쇼펜하우어 연보

- 1788년 2월 22일 유럽 폴란드의 항구 도시인 그단스크(단치히)에서 부유한 상인이었던 아버지 하인리히 쇼펜하우어(Heinrich Floris Schopenhauer)와 작가인 어머니 요한나 헨리에테 쇼펜하우어(Johanna Henriette Schopenhauer, 결혼 전 성은 트로지너)의 장남으로 출생했다. 3월 3일 그단스크의 마린키르혜 교회에서 세례를 받는다. 본래 쇼펜하우어 가문은 네덜란드 사람이었으나 아르투어의 증조부 때에 단치히로 이사했다고 한다. 고집스러운 성격의 아버지는 볼테르를 좋아하고 문학에 조예가 깊으며 자유와 독립을 사랑하는 공화주의자였다. 허영기가 있으며 필력이 뛰어난 어머니는 소설과 여행기를 낸 당대 인기 작가였다.
- 1793년 3월(5세) 자유도시 단치히가 프로이센에 합병되자 실망한 쇼펜하우어의 아버지는 재산을 버리고 또다른 자유도시인 함부르크로 이주했다.
- 1797년 6월 13일(9세) 여동생 아델레가 태어났다. 7월 프랑스 르아브르에 있는 아버지의 사업 파트너 그레고아르 드 블레지메르의 집에서 2년간 지내는 동안 그의 아들 앙티메와 친해지며 프랑스어를 배운다. 아버지는 쇼펜하우어가 프랑스어를 확실히 익히길 원했고 그 결과에 무척 만족스러워했다.
- 1799년 8월(11세) 프랑스에서 돌아와 룽게 박사의 사립 상업학교에 입학하여 4년간 공부했다. 아버지는 쇼펜하우어가 자신의 뒤를 이어 상인이 되기를 희망했으나, 아르투어는 자신의 집에 드나들던 저명한 문인들의 영향으로 문학, 예술을 동경하기 시작했다. 아버지 하인리히는 고등학교에 입학하든가 부모를 따라 여행하든가 선택하라고 해서 아르투어는 여행을 하기로 선택했다.
- 1800년 7월(12세) 아버지와 함께 3개월간 하노버, 카를스바트, 프라하, 드레스덴을 여행했다.
- 1803년 5월(15세) 아버지의 권유로 상인이 되기로 약속하고 온 가족과 함께 네덜란드, 잉글랜드로 여행했다. 이 여행은 상인이 되기 싫어하는 쇼펜하우어를

달래기 위한 것이었다. 런던에 도착하여 신부 랭카스터의 집에서 머물며 런던 윔블던의 어느 기숙학교에 12주간 재학하면서 영어 실력을 키웠다.

- 1804년(16세) 프랑스로 여행했으며 다시 스위스, 빈, 드레스덴, 베를린을 거쳐 돌아왔다. 쇼펜하우어는 여행 도중에 사색하며 많은 일기를 썼는데 삶에 진지한 고민이 많았다. 9월 단치히의 무역상 카브룬에게 상인 실습을 시작했으나 관심이 없었다. 9월 단치히의 마린키르헤 교회에서 안수 의례를 받는다.

- 1805년 1월(17세) 함부르크의 거상 예니쉬의 상업사무실에서 수습사원으로 근무하기 시작. 4월 20일 아버지가 창고 통풍창에서 떨어져 사망했는데 실은 우울증에 시달리다 자살한 것으로 추정된다. 이때부터 어머니에 대한 반감을 갖게 된다.

- 1806년 9월(18세) 아버지의 사망 후 어머니 요한나는 상회를 정리한 후 딸 아델레와 함께 바이마르로 이주했다. 아르투어만 함부르크에 남아서 상인 수습을 지속했다. 쇼펜하우어는 몰래 근무지를 이탈하여 골상학[1]으로 유명한 프란츠 요제프 갈의 공개 강연을 들으러 가기도 했으며, 아버지의 희망대로 상인이 될 생각은 없었다. 10월 문학 살롱을 연 요한나 쇼펜하우어는 괴테 등 유명작가들과 친교를 맺고 우정을 나누며 활발한 사교생활을 해나가면서 대중 작가와 문학 살롱의 마담으로서의 입지를 확보한다.

- 1807년 5월(19세) 어머니의 권유로 상인 수습을 중단한 뒤 6월 고타에 있는 김나지움에 입학했다. 고전학자인 교장 되링에게서 매일 2시간씩 라틴어를 지도받았고, 그리스어를 엄청난 열정으로 학습한다. 12월 교사 슐체를 풍자하는 시를 썼다가 질책을 들은 후 김나지움을 그만두고 바이마르로 이사했지만 어머니, 여동생과 같은 집에서 살지 않고 다른 집에서 혼자 하숙한다. 이 무렵 어머니의 행실에 반감을 품고 이후 불화를 겪게 된다. 바이마르의 아우구스트 대공의 애첩인 배우 겸 가수인 카롤리네 야게만을 짝사랑하게 된다.

- 1808년(20세) 대학교 입학준비를 하며 라틴어, 그리스어, 수학, 역사 등을 공부

---

1 골상학骨相學은 골상을 보고 그 사람의 성격·운명 등을 판단하는 학문.

함. 브레슬라우대학 교수 파소우로부터 희랍어를, 김나지움의 교장 렌츠에게 서는 라틴어 개인지도를 받음. 에르푸르트를 방문하여 어느 극장에서 나폴레 옹이 주최한 연극들이 공연되었는데 쇼펜하우어는 관람할 기회를 얻었다. 연극이 시작되기 전에는 나폴레옹에게 욕설을 해대더니 연극이 끝난 후에는 나폴레옹에게 극찬을 해대느라 호들갑 떠는 여성 관객(지위 높은 귀족 여성)들을 쇼펜하우어는 신랄하게 비난했다.

- 1809년(21세) 쇼펜하우어는 21세의 성년이 되어 아버지 유산의 1/3(1년 이자가 약 50파운드)을 물려받는다.

- 1809년~1811년(21세~23세) 괴팅겐대학교 의학부에 입학하여 한 학기 동안 의학을 공부했지만 철학에 더 흥미를 두었다. 대학에서 화학, 물리학, 천문학, 수학, 언어학, 법학, 역사 등 여러 강의에 적극적으로 참여해서 공부한다. 쇼펜하우어는 학교의 몇몇 천박한 교수들의 강의보다도 이미 죽고 없는 과거의 위인들이 남긴 작품들이 더 가치 있을 때가 많다고 생각했다. 강의에 대한 개인적인 감상문과 논평을 많이 썼으며 몇몇 교수들의 견해를 비판하고 논리적으로 반박하는 발언을 서슴지 않았다.

- 1810년(22세) 철학자인 고틀로프 에른스트 슐체(Gottlob Ernst Schulze)의 강의를 들었다. 칸트파 학자인 슐체에게 특히 플라톤과 칸트를 깊이 연구해보라는 조언을 들었다. 스승 슐체의 진지한 조언은 쇼펜하우어에게 큰 영향을 끼친다. 겨울학기에 플라톤, 칸트, 셸링의 저서를 읽는다.

- 1811년(23세) 어머니가 당시 독일 문학계의 거장인 크리스토프 빌란트에게 쇼펜하우어가 철학 전공을 못하도록 설득해줄 것을 부탁. 78세인 빌란트는 23세의 쇼펜하우어를 만나 설득은커녕 쇼펜하우어의 태도에 감명을 받아서 '위대한 인물'이 되리라는 예언을 요한나에게 하며 아르투어에게 자상한 조언과 격려를 해주었다. 결국 쇼펜하우어는 제대로 철학을 공부하기로 결심하여 가을에 베를린대학교(현 베를린 훔볼트대학교)로 전학했다. 베를린대학교에서는 여러 자연과학 강의를 들었고, 피히테, 슐라이어마허의 강의도 들었다. 당대의 유명 학자였던 셸링, 피히테의 사상을 공부했으나 회의를 품고 이들을 혐오

하게 되었다. 반면에 고전학자 프리드리히 아우구스트 볼프가 주도하는 고대 그리스 역사와 철학 강의에 쇼펜하우어는 존경심을 표했다.

- 1812년(24세) 플라톤, 칸트 등 여러 사상가를 본격적으로 탐구함. 베이컨, 존 로크, 데이비드 흄 등의 영국 사상가를 깊이 연구함. 슐라이어마허의 강의를 열 심히 들었지만 종교와 철학의 합일을 주장한 그에게 커다란 감명을 받지 못했 다.

- 1813년(25세) 오스트리아, 프로이센, 러시아 연합군과 프랑스 나폴레옹 군 대 사이에 전쟁이 재발했다. 쇼펜하우어는 5월 2일 베를린을 떠나 바이마르 에 잠시 머물다가 어머니와 다툰 뒤 루돌슈타트에서 학위 논문인『충분근거율 의 네 겹의 뿌리에 대하여*Über die vierfache Wurzel des Satzes vom zureichenden Grunde*』를 완성했다. 이 논문을 예나대학교에 제출하여 철학 박사학위를 받았 다. 11월 바이마르로 돌아온 쇼펜하우어는 괴테에게 자신의 박사학위 논문을 증정했다. 괴테는 이 논문을 보고 나서부터 쇼펜하우어를 제대로 지지하였다. 수개월 동안 괴테와 교제하며 색채론에 관해서 연구하며 토론했고 괴테는 연 구에 필요한 지원을 많이 해주었다. 괴테는 가끔 쇼펜하우어를 자기 집에 초대 해 다양한 주제를 놓고 대화를 나누었다. 동양학자인 마예르와 교제하며 인도 철학을 접하게 되면서 바이마르의 공공도서관에서 아시아 관련 잡지를 읽고 탐구하기 시작했다.

- 1814년 3월(26세) 바이마르의 공공도서관에서『우파니샤드』의 라틴어 번역본 『우프넥하트』를 읽고 탐구했다. 4월 어머니, 어머니의 친구 게르스텐베르크와 쇼펜하우어는 심각한 갈등을 겪었고, 5월 드레스덴으로 간 다음에는 다시는 어 머니를 만나지 않았으나 편지 교류는 가끔 했다.

- 1814~1818년(26세~30세) 드레스덴에 거주하며 1815년부터『의지와 표상으 로서의 세계*Die Welt als Wille und Vorstellung*』를 구상하고 집필하기 시작한다.

- 1816년 5월(28세) 괴테와 색채론에 관해 토론하며 얻은 결실인「시각과 색채 에 대하여*Über das Sehn und die Farben*」가 발표되었다.

- 1818년(30세) 3월 일생의 역작『의지와 표상으로서의 세계』를 완성하여 12월

에 출판일이 1819년으로 인쇄된 초판본이 출간되었다. 자신의 책이 역사적 의의가 있다는 것을 확신하던 쇼펜하우어는 1년 동안 100권밖에 팔리지 않자 자신의 책을 몰라보고 무시하는 태도를 취하는 동시대 교수들에 대한 증오심이 차올랐다. 쇼펜하우어는 괴테의 며느리(오틸리에)와 친분이 있던 여동생 아델레의 편지를 통해 괴테가 이 책을 흡족한 마음으로 읽었다는 것을 알았다. 책 출판을 기념 삼아 이탈리아의 피렌체, 로마, 나폴리, 베네치아로 여행했다. 1819년 봄에는 나폴리를 방문하여 영국 청년들과 교류했다. 쇼펜하우어는 평생 동안 영국을 동경했으며 영국인들조차 그가 영국인인 줄 알 정도로 완벽한 영어를 구사했다.

- 1819년 4월(31세) 로마를 거쳐 베네치아로 가서 부유하고 지체 높은 여인과 사귀었다. 그러나 단치히의 은행 물(Muhl)이 파산하는 바람에 쇼펜하우어 일가가 심각한 재정적 위기에 처했다는 소식을 듣고 이탈리아에서 급거 귀국한다. 어머니는 쇼펜하우어의 충고를 무시하다가 낭패를 겪고 말았다. 여동생 아델레와의 관계도 깨어진다. 바이마르로 돌아와 괴테를 방문한다. 베를린대학교 철학과에 강사직을 지원한다.

- 1820년(32세) 봄에 베를린으로 이사. 베오크 교수 입회하에 '원인의 네 가지 다른 종류에 대하여'라는 제목으로 교직에 취임할 시험강의를 하고 통과한다. 베를린대학에 강사로 취임하여 '철학 총론—세계의 본질과 인간 정신에 대하여'를 매주 강의했다. 강의 계획은 1820~1822, 1826~1831년까지 수립되어 있었지만, 헤겔의 강의와 같은 시간대에 강의하게 해달라고 요청하는 바람에 수강생이 적어서 한 학기 만에 강의가 끝나고 말았다. 이후 쇼펜하우어는 자신의 저서 곳곳에서 헤겔, 피히테 같은 강단철학자에 대한 불만을 표출했고 몽상적인 이론을 퍼트려 대중을 속여먹는 저열한 사기꾼, 대중들의 두뇌를 해치는 난센스 삼류작가, '철저히 무능하고 간사한 대학교수 패거리'의 두목이라며 비난했다. 결국 쇼펜하우어는 철학을 대학교에서 강의한다는 것 자체가 부적합하다고 여겼고 교수들의 파벌 자체를 증오했다.

- 1821년(33세) 훗날 메돈으로 알려진 여배우 카롤리네 리히터와 비밀연애를 시

작함. 8월 문 앞에서 시끄럽게 떠든 재봉사 카롤리네 루이제 마르케와 심하게 다툰 쇼펜하우어는 이후 5년 남짓 지속된 소송에 시달림.『하나의 가지』라는 자서전적인 산문 집필.

- 1822년 5월(34세) 두 번째로 이탈리아의 밀라노, 피렌체, 베네치아로 여행. 이 탈리아의 문화, 예술, 환경을 경험하고 이에 대해서 배우고 기록했다.

- 1823년 5월(35세) 여행을 마치고 독일 뮌헨으로 돌아옴. 여러 질병과 청각장애 를 겪으며 우울한 시기를 보냈다. 뮌헨에서 겨울을 보냈다.

- 1824년(36세) 잘츠캄머구트, 가슈타인(스위스), 만하임, 드레스덴에서 체류함. 쇼펜하우어는 "멀쩡히 잘 걷는다는 사실만으로 나와 수준이 대등하다고 여기 는 인간들과 가급적 사귀지 않기로 결심했다"라고 일기에 적으며 고독한 심경 을 드러냈다. 11월에 데이비드 흄의『종교의 자연사』와『자연종교에 관한 대 화』등을 번역할 계획이었으나 도와줄 출판사를 구하지 못해 실패하고 말았다. 『의지와 표상으로서의 세계』에 대한 악평이 좀 나오기도 했으나 낭만주의 작 가 장 파울은 '천재성, 심오함, 통찰력을 가득 머금었으되 대담하면서도 철학 적 다재다능함도 과시하는 저작'이라고 호평했다.

- 1825년 4월(37세) 베를린으로 돌아와 다시 한 번 강의를 시도하지만 이번에도 헤겔과 강의 시간이 겹쳐 실패한다. 우울한 나날을 보내며 스페인어를 열심히 공부한다.

- 1827년 5월(39세) 재봉사 카롤리네 마르케와의 소송에서 패소하여 그녀가 죽 을 때까지 매년 60탈러를 지급해야 했으며, 소송비용 300탈러까지 부담해야 했다.

- 1828년(40세) 어머니와 여동생이 바이마르를 떠나 본에서 생활함. 발타자르 그라시안의 저서를 번역하기 시작

- 1829년(41세) 칸트의 저작을 영어로 번역할 계획을 세우나 실현되지 못한다.

- 1830년(42세) 「시각과 색채에 대하여」 라틴어본이 「안과학계 소수자들의 논문」 제3권에 수록되어 출판됨.

- 1831년 8월(43세) 콜레라가 베를린에 창궐하자 그곳을 떠나 프랑크푸르트로

피신함. 반면 헤겔은 피난을 가지 않고 있다가 콜레라에 걸려 사망함.

- 1832년 1~2월(44세) 프랑크푸르트의 자신의 방에서만 침거. 4월 발타자르 그라시안의 저서 번역 완료. 7월 만하임으로 가서 다음 해 1832년 6월까지 머무른다.

- 1833년 7월(45세) 프랑크푸르트에 정착하여 평생 그곳에서 거주한다. 유행이 지난 옷을 항상 입고 다녔으며 애완견 푸들을 데리고 정해진 시간에 속보로 산책했고, 혼잣말로 이상한 소리를 하기도 하여 주민들의 희한한 구경거리가 됨. 쇼펜하우어의 저서가 사람들의 관심을 받고 서서히 알려지기 시작. 이쯤에 쇼펜하우어는 여동생과 어머니와 편지 교류를 했고 작품 활동으로 나날을 보내던 어머니는 아들을 걱정하는 편지를 보냈다.

- 1835년(47세) 프랑크푸르트에서는 세상을 떠난 괴테를 위해 기념비 건립 계획을 세웠다. 쇼펜하우어는 당국에 괴테 기념비에 관한 건의서를 제출했다. 인류를 위해 온몸으로 활동한 정치인, 군인, 개혁자 같은 위인들을 기념하려면 전신상으로 해야 하지만 머리를 써서 이바지한 문학가, 철학자, 과학자들을 기념하려면 흉상을 제작하는 것이 좋다는 주장이었다. 하지만 이 의견은 받아들여지지 않았다. 완성된 괴테의 전신상 기념비는 매우 볼품없었고 훗날 미술사학자 프란츠는 이 기념비에 대해 '국가적 재앙'이라는 혹평을 내렸다.

- 1836년 5월(48세) 자연과학이 증명해낸 것과 자신의 학설이 일치한다는 생각을 반영한 『자연에서의 의지에 대하여Über den Willen in der Natur』를 출간. 꾸준히 학문에 매진했다.

- 1837년(49세) 쇼펜하우어는 『순수이성비판』 A판(1판)을 B판(2판)보다 중시하여 칸트 전집 출판에 개입한다. 칸트 전집 출판에 관여한 카를 로젠크란츠는 쇼펜하우어의 건의사항을 받아들여 1판 원고를 실어 출판했다. 노르웨이 왕립학술원의 현상논문 모집에 응모하기로 결정함.

- 1838년(50세) 4월 17일 모친 요한나 쇼펜하우어가 72세의 나이로 사망했지만 장례식에는 참석하지 않았다. 덴마크 왕립학술원의 현상 논문 모집 공고를 보고 응모하기로 결정함.

- 1839년(51세) 1월 현상 논문 『의지의 자유에 대하여 *Über die Freiheit des Willens*』로 노르웨이 왕립학술원으로부터 수상함.
- 1840년(52세) 1월 현상 논문 『도덕의 기초에 대하여 *Über die Grundlage der Moral*』로 덴마크 왕립학술원에 단독으로 지원했지만 입선만 하고 우수상을 받지 못함. 학술원은 '이 시대의 저명한 철학자들'인 헤겔, 피히테 등을 비난했다는 등의 이유로 부당한 판정을 하면서 상을 주지 않음. 이후 쇼펜하우어는 '하찮은 판정'이라 취급했고 이 판정에 반론하는 글을 추가하여 책으로 출판했다. 거기서 헤겔을 심각하게 비난한 것은 인정하지만 그가 대단한 철학자라는 것은 인정하지 못한다고 주장했다.
- 1841년(53세) 두 개의 현상 논문을 묶어서 『윤리학의 두 가지 근본 문제들 *Die beiden Grundprobleme der Ethik*』을 출간하면서 덴마크 왕립학술원 낙선 논문이란 글귀를 덧붙였음. 쇼펜하우어는 죽을 때까지 덴마크 왕립학술원에 대해 서운하게 생각했다.
- 1842년(54세) 여동생 아델레를 20년 만에 만남. 재봉사 카롤리네 루이제 마르케 사망.
- 1844년 2월(56세) 『의지와 표상으로서의 세계』 제2판이 두 권으로 확장되어 출간된다.
- 1845년(57세) 『소품과 부록 *Parerga und Paralipomena*』을 집필하기 시작함.
- 1846년(58세) 쇼펜하우어의 열혈 추종자 율리우스 프라우엔슈태트가 쇼펜하우어를 만나 제자로 지낸다. 특히 도르구트, 베커, 도스 같은 법조인들이 열혈 팬이 되어 쇼펜하우어를 격찬하기 시작한다. 쇼펜하우어는 변호사 요한 베커가 자신의 사상을 깊이 이해하고 있으나 그것을 글로 쓰지 않았다며 아쉬운 마음을 드러내기도 한다.
- 1847년(59세) 빌헬름 폰 그비너와 처음 만남. 『충분근거율의 네 겹의 뿌리에 대하여』 개정판을 출간.
- 1848년 9월(60세) 프랑크푸르트의 길거리에서 48혁명의 총격전을 목격함.
- 1849년(61세) 여동생을 마지막으로 만남. 여동생 아델레가 4월 25일 본에서 사

망했지만 장례식에는 참석하지 않음. 흰색 푸들이 죽자 갈색 푸들 입양해 역시 아트만으로 부름.

- 1851년(63세) 11월 『의지와 표상으로서의 세계』의 '부록' 격인 『소품과 부록』을 5년간 집필한 끝에 어렵게 출간함. 이 책은 무보수로 출간했기 때문에 10권의 책만 증여받았을 뿐이었다. 출판사의 부정적인 예상과는 달리 이 작품은 얼마 안 가 쇼펜하우어의 책들 가운데 가장 많이 팔려나가고 인기를 끌면서 그의 철학이 일반 대중에게 수용되는 계기가 된다. 그러자 『의지와 표상으로서의 세계』도 새삼 대중의 주목을 받게 된다.

- 1852년(64세) 『노령老齡』 집필. 유언장을 작성한다. 함부르크의 〈계절〉지에서 『소품과 부록』에 대한 열광적인 찬사를 게재한 책자를 보내옴.

- 1853년(65세) 영국의 독일어책 번역가인 존 옥슨포드가 〈웨스트 민스터 리뷰〉에 「독일철학에 내재된 우상 파괴주의」라는 글로 쇼펜하우어의 사상을 익명으로 소개하여 초월적 감성론으로 영국에 알린다. 독일의 여성 언론인 린트나가 이를 다시 독일어로 번역하여 베를린의 포스신문에 발표하였다.

- 1854년(66세) 『자연에서의 의지에 대하여』 제2판 출간. 이 책에서도 쇼펜하우어는 헤겔과 헤겔의 '교수 파벌' 때문에 독일 철학계가 오염되었다고 비판하며 대학교에서 철학을 배우려는 것은 인생 낭비에 불과하니 자신의 사상과 칸트의 사상을 공부하라는 충고를 한다. 12월 『시각과 색채에 대하여』 개정판 출간. 쇼펜하우어가 하찮은 철학 교수라 불렀던 셸링이 사망했다. 리하르트 바그너가 쇼펜하우어에게 〈니벨룽의 반지〉의 헌정본을 보내 쇼펜하우어가 바그너를 알게 됨. 바그너는 쇼펜하우어에게 혹평을 받고 냉대받았으나 개의치 않고 기뻐했다. 율리우스 프라우엔슈테트가 『쇼펜하우어 철학에 관한 서간집』을 간행했다.

- 1855년(67세) 라이프치히대학의 철학과가 '쇼펜하우어 철학 원리에 대한 해명과 비판'이라는 현상 과제를 제시함. 여러 대학에서 쇼펜하우어의 사상 관련 강의가 개설되기 시작함. 프랑스 화가 줄 룬테슈츠가 유화로 그린 쇼펜하우어 초상화가 프랑크푸르트 미술 전시회에 출품됨. 다비트 아셔가 '독학獨學의 박

사 쇼펜하우어에게 보내는 공개장' 발표.

- 1856년(68세) 룬테슈츠가 그린 초상화가 화려한 석판으로 나와 판매됨. 라이프치히대학에서 '쇼펜하우어 철학의 핵심 해설 및 비판'이라는 현상 논문을 모집함.

- 1857년(69세) 카를 G. 벨(법률고문관)이 그 현상 논문에 2등으로 당선. 이 논문을 『쇼펜하우어 철학의 개요 및 비판적 해설』이라는 표제로 출판. 쇼펜하우어에 대한 강의가 본대학교와 브레슬라우대학교에 개설됨. 쇼펜하우어의 몇몇 책이 영국, 프랑스에서 번역됨. 프랑크푸르트의 어느 박람회를 구경하면서 유럽에는 매우 보기 드문 오랑우탄을 관찰함. 자주 찾아가서 관찰했으나 관찰할 기회를 너무 늦게 만났다며 한탄했다.

- 1858년(70세) 2월 20일 쇼펜하우어 70세 생일파티가 열렸고 신문 기사에도 생일파티 소식이 실렸다. 룬테슈츠가 쇼펜하우어의 두 번째 유화 초상화를 완성. 유럽 각지에서 쇼펜하우어를 만나기 위해 손님들이 찾아왔다. 베를린 왕립학술원에서 쇼펜하우어를 뒤늦게 회원으로 추대하고자 했지만 쇼펜하우어는 나이가 많다는 등의 이유로 거절했다.

- 1859년(71세) 화가 안기르베르트 게이베르에게 유화 초상화를 그리게 함. 젊은 여조각가 엘리자베트 네이가 쇼펜하우어 상반신을 조각함. 11월 보완되고 내용이 대폭 늘어난 『의지와 표상으로서의 세계』 제3판이 출간됨.

- 1860년(72세) 프랑스 〈독일 평론〉지에 마예르의 「쇼펜하우어에 의해 고쳐 쓰인 사랑의 형이상학」 게재. 『윤리학의 두 가지 근본 문제들』 제2판 출간. 9월 21일 아침 폐렴 증상을 겪었고, 프랑크푸르트 자택에서 소파에 기댄 채 조용히 숨을 거두었다. 26일 프랑크푸르트의 시립 중앙 묘지에 안장됨. 그의 묘비에는 생몰연대 등 일체의 기록 없이 이름만 새겨져 있다.

- 1862년 쇼펜하우어가 번역한 발타자르 그라시안의 『세상을 보는 지혜*Das Handorakel und Kunst der Weltklugheit*』가 독일에서 출간됨.